Esta es una orientación s
los líderes de la vida real.

JOHN ORTBERG,
escritor de gran éxito y pastor, *Menlo Park Presbyterian Church*

¡La Biblia es el mejor libro del mundo sobre el tema de los negocios! Tom Harper extrae la esencia misma del éxito de sus sesenta y seis libros, cosecha los principios más indispensables y los destila en un solo libro: *Lidera en el foso de los leones.* Me asombraron sus conceptos éticos y su aplicación pragmática. Es el éxito bíblico redactado de forma sencilla».

DR. WAYNE CORDEIRO,
pastor y fundador de *New Hope Christian Fellowship* (Honolulú, Hawái)

Lidera en el foso de los leones captó mi atención desde que comencé a leerlo. Los sesenta y seis principios de liderazgo, tomados de cada libro de la Biblia, contienen conceptos bíblicos y prácticos para los líderes en todos los ámbitos de la vida. Si eres líder, sabes lo que significa estar en un foso de leones. El libro de Harper nos enseña la manera de sobrevivir y prosperar sin que nos coman vivos.

GARY L. MCINTOSH,
profesor de Liderazgo, Universidad de Biola

Tom Harper ha adoptado un enfoque único para la formación de líderes, llevándonos a nosotros (sus lectores), a través de los sesenta y seis libros de la Biblia. De esta manera nos ha prestado un servicio al darnos una panorámica de lo que enseñan las Escrituras acerca del liderazgo bíblico. Te animo a que leas este libro si quieres tener una visión general del liderazgo bíblico.

AUBREY MALPHURS,
fundador del *Malphurs Group*, profesor de Ministerios Pastorales en el Seminario de Dallas

¡La Biblia cobra vida de una nueva manera centrada en los líderes en este libro escrito por Tom Harper! El autor extrae con habilidad unas lecciones atractivas y aplicables de cada uno de los libros de la Biblia.

Estos principios no solo son auténticos, sino que son relevantes también. Harper le ha hecho un gran servicio a la Iglesia al recordarnos que los grandes relatos contienen grandes lecciones sobre el liderazgo.

Dr. Bob Whitesel,
profesor de Liderazgo Misionero, Seminario Wesley de la Universidad Wesleyana de Indiana, autor de siete libros, entre ellos *Waypoint: Navigating Your Spiritual Journey*

Veintiuna leyes, siete hábitos y todas las lecciones sobre el liderazgo, desde las buenas hasta las excelentes, se basan en sesenta y seis principios de la antigüedad que son tan relevantes hoy como el Web 3.0. Tom Harper integra los conceptos eternos de liderazgo que poseían los sabios del pasado con las enseñanzas presentes de los expertos actuales. Adopta tanto lo antiguo como lo nuevo, y lo teórico como lo práctico. Los líderes sabios se van a beneficiar en gran medida de la lectura de este antiguo volumen moderno.

Paul D. Borden,
ministro ejecutivo de GHC, autor de *Assaulting the Gates*

La Palabra de Dios «es una lámpara a mis pies; es una luz en mi sendero» [Salmo 119:105, NVI]. En *Lidera en el foso de los leones*, Tom Harper usa con gran sabiduría toda la Biblia para arrojar luz sobre unos principios prácticos de liderazgo que cuando los aplicas, profundizarán tu carácter y motivarán a otros para que te sigan.

Bob Russell,
ministro principal retirado de la *Southeast Christian Church*, Louisville, Kentucky

Tom Harper siente pasión por las iglesias y sus líderes. Es un líder experimentado que se preocupa por la iglesia, su misión y su enfoque en alcanzar a los demás.

Ed Stetzer
www.edstetzer.com

PRINCIPIOS BÁSICOS DE CADA LIBRO DE LA BIBLIA

LIDERA EN EL FOSO DE LOS LEONES

Publicado por
Unilit
Miami, FL 33172

Primera edición 2012

Originalmente publicado en inglés con el título:
Leading from the Lions' Den por Tom R. Harper.
Publicado por B&H Publishing Group,
Nashville, Tennessee.

Traducción: *Dr. Andrés Carrodeguas*
Edición: *Rojas & Rojas Editores, Inc.*
Fotografía de la cubierta: © *2012 Eric Isselee, holbox, Minerva Studio, mast3r. Usadas con permiso de Shutterstock.com*

Producto 495781
ISBN 0-7899-1974-5
ISBN 978-0-7899-1974-8

Impreso en Colombia
Printed in Colombia

Categoría: Vida cristiana /Vida práctica /Crecimiento personal
Category: Christian Living /Practical Life /Personal Growth

Para Alan, el líder de la manada

Reconocimientos

Después de haber escrito cerca de una docena de capítulos, comprendí que el proyecto de este libro iba a ser una especie de maratón. Nunca antes había escrito nada semejante. Sentí un poco de pánico y de temor mientras me preguntaba de dónde me vendrían las ideas.

Mientras oraba antes de cada capítulo, y leía el libro correspondiente en la Biblia, Dios me revelaba con frecuencia un solo versículo que creaba de manera instantánea una conexión con el liderazgo. Sin embargo, Tom Walters, mi editor de B&H, me había pedido que todos los conceptos fueran novedosos. Los clichés son terreno peligroso para esta clase de libros. Gracias, Tom, por haberme guiado con valentía y compasión a lo largo de este desafiante proyecto.

Tengo una gran deuda de gratitud con Mile Lee, uno de mis mejores amigos, quien me proporcionó observaciones detalladas, aliento, ideas y correcciones a lo largo de todo este proyecto. Aunque nos separa el océano Atlántico, sentí que estabas junto a mí todo el tiempo.

Mi gratitud también a Doug Cobb, por leer un primer borrador y hacerme algunos comentarios; a mi madre y a mi hermana por sus oraciones y sus palabras de aliento; a Thom Rainer por abrirme la puerta para que publicara mi primer libro hace algunos años; a Bob Whitesel por su apoyo incansable e incondicional; a Bruce y Nancy Ogle por sus incesantes oraciones cuando yo batallaba para poner las palabras debidas en las páginas; y a docenas de empleados de Starbucks que me proporcionaron el combustible necesario mientras escribía.

Y, por supuesto, a mi esposa Karen, una mujer que manifiesta con claridad un carácter semejante al de Cristo. Las verdades del Señor, su sabiduría y su inconmensurable amor siempre me llegan a través de ti. Gracias por tu paciencia y por apoyarme durante todo este largo proyecto. Alabo al Señor por la divina sociedad en la que nos ha unido.

Contenido

Introducción: Líderes con corazón de león

«Como rugido de cachorro de león es la ira del rey, y su favor como el rocío sobre la hierba».
Proverbios 19:12

Todos los líderes que tienen éxito son domadores de leones. Con el tiempo, van aprendiendo la manera de calmar a esas rugientes bestias, y en esas raras ocasiones en las que los ataca el orgullo, o uno de esos grandes felinos se vuelve loco, encuentran la manera de sobrevivir.

¿Te has encontrado rodeado de repente por críticos carnívoros, competidores o compañeros de trabajo que aparecen desde detrás de los arbustos? Tal vez una socarrona observación en medio de una reunión, o un correo electrónico venenoso te ha echado a perder el día.

Este libro es un manual de liderazgo sobre cómo enfrentarte con los leones que aparecen en tu vida, y cómo ser un líder con éxito en medio de este mundo tan impredecible. Cuando las personas no dicen lo que realmente piensan, y las cosas no son lo que parecen, tenemos que apoyarnos en principios de liderazgo que nunca cambien.

En estas páginas vas a descubrir sesenta y seis formidables conceptos de líderes, sacados de cada uno de los libros de la Biblia. Las Escrituras de la antigüedad hablan sobre manejo de conflictos, motivación, planificación, psicología, persuasión, pasión, formación de relaciones, entrenamiento y sacrificio; toda una miríada de habilidades con las que necesita contar todo líder en su caja de herramientas.

Estas técnicas bíblicas de liderazgo han funcionado durante miles de años, pero lamentablemente, son muchos los líderes que las pasan por alto en la actualidad. Tal vez esto se deba a que no son atajos hacia el poder, la fama o la riqueza. Al contrario; llevan a una vida bien vivida, al verdadero éxito. Y a menos angustias a lo largo del camino.

Si las llegas a dominar, estarás dominando a tus leones.

Las imágenes relacionadas con los leones aparecen en la Biblia por todas partes. Hasta el Señor dice acerca de sí mismo: «Él rugirá como león; rugirá, y los hijos vendrán temblando desde el occidente» (Oseas 11:10). De Jesús se dice que es el León de la tribu de Judá. Fue Él quien dijo: «No penséis que he venido para traer paz a la tierra; no he venido para traer paz, sino espada» (Mateo 10:34).

Como líderes, debemos convertirnos también en leones: rugir cuando sea necesario, temidos por nuestros seguidores, y al mismo tiempo, tranquilos y serenos en medio del calor del día. Y cuando alguno de los nuestros caiga en su propio foso de leones, necesitamos entrar a sacarlos.

Las piedras preciosas que hay en este libro

En estos últimos años, he leído todos los libros de la Biblia en busca de lecciones nuevas para los líderes. Esto me ha llevado a algunos descubrimientos asombrosos.

Por ejemplo, pensaba que los doce libros de los Profetas Menores contenían sobre todo mensajes proféticos de condenación. Lo que menos me imaginaba era que en ellos hubiera secretos sobre la manera de motivar a la gente, de cambiar el rumbo de nuestra carrera, de planificar negocios, de combatir contra fuerzas superiores y de buscar clientela.

Cuando llegué a los Evangelios, no pensaba que encontraría allí nada nuevo tampoco. Pensaba que ya se había escrito cuanto había que escribir sobre las tácticas de liderazgo que utilizó Jesús. Sin embargo, surgieron conceptos nuevos: Mateo me demostró cómo conectarme con mi gente de la manera que lo hacía Jesús. Lucas me enseñó a descubrir con tres pruebas cuál es el verdadero carácter de alguien. En Juan, encontré tres tácticas para elevar mi perfil de liderazgo en medio de mis iguales y seguidores.

He tratado de descubrir la lección de liderazgo más fresca y pertinente de cada libro. Cuando se les une, estos sesenta y seis conceptos revelan una metanarrativa acerca de la manera de guiar a la gente. Aunque la investigación y la sabiduría humanas son falibles, y cambian de acuerdo a los tiempos y las culturas, hay una gran cantidad de investigación moderna que apoya a los cuarenta autores de la Biblia, los cuales estaban separados entre sí por siglos y culturas.

No puedo decir que he encontrado todos los principios divinos sobre el liderazgo. Muchos no llegaron hasta mi escrito original, puesto que la meta era escoger solo uno de cada libro. Sin duda, algunos de ellos no serán nuevos para ti, y otros irán en contra de los consejos de autores muy conocidos. Si cavas por tu propia cuenta, vas a encontrar muchos más.

Tal vez la revelación más significativa que encontré es aquella de la que se hizo eco Ralph Waldo Emerson: «Mis mejores pensamientos me los robaron los antiguos».

La conclusión de la historia

A lo largo de los milenios, algunos escritores que no son cristianos nos han ofrecido principios valiosos de sabiduría, como Sun Tzu en *El arte de la guerra*, el famoso tratado chino del siglo sexto a. C. sobre la destreza en el campo de batalla. Muchas instituciones militares modernas exigen a sus estudiantes que lo lean. Aunque es uno de los libros más antiguos conocidos sobre estrategia militar, miles de líderes lo han aplicado con éxito al mercado de hoy acelerado por la tecnología.

Por supuesto, la Biblia es más antigua aun. Les ha proporcionado orientación y sabiduría a incontables líderes a lo largo de toda la historia[1]:

- **Robert E. Lee**: «En todas mis perplejidades y aflicciones, la Biblia nunca ha dejado de darme luz y fortaleza».
- **Teodoro Roosevelt**: «Una profunda comprensión de la Biblia es mejor que unos estudios universitarios».
- **Woodrow Wilson**: «Siento lástima por los hombres que no leen la Biblia todos los días. Me pregunto por qué se privan de esa fortaleza y ese placer».
- **Abraham Lincoln**: «Creo que la Biblia es el mejor regalo que Dios le ha dado jamás al ser humano».

- **Napoleón Bonaparte**: «La Biblia no es un simple libro, sino una criatura viva con un poder que vence a todos los que se le opongan».
- **George Washington**: «Es imposible gobernar bien al mundo sin Dios y sin la Biblia».
- **Andrew Jackson**: «Ese Libro es la roca sobre la cual descansa nuestra República».
- **Sir Isaac Newton**: «Yo sostengo una creencia fundamental en la Biblia como la Palabra de Dios, escrita por hombres que habían sido inspirados. La estudio a diario».
- **Charles Dickens**: «El Nuevo Testamento es el mejor de todos los libros que han sido o serán conocidos jamás en el mundo».

Líderes bien conocidos del mercado, como S. Truett Cathy, fundador y primer ejecutivo de *Chick-Fil-A*, y David Novak, gerente general de *Yum*! y autor de *The Education of an Accidental CEO* (Crown Business, 2007), van edificando su vida y trabajando a partir de un fundamento bíblico. El escritor Zig Ziglar le atribuye a la Biblia el haberlo hecho quien es hoy. Lo mismo afirma John Maxwell, el prolífico gurú del liderazgo, autor de más de treinta libros y antiguo pastor. Jim Collins, autor de *Empresas que sobresalen* (HarperCollins), descubrió que su llamado «líder nivel 5» coincidía con la descripción de Jesucristo.

Cualquiera que sea tu profesión, tanto si eres maestro como si eres gerente, proteges a alguien, ayudas a ancianos, eres voluntario, piloto de un avión, encargado de limpieza, compites, entrenas, predicas o crías a tus hijos, tengo la esperanza de que los conceptos que van a ir apareciendo a lo largo de todo este libro agucen tus habilidades como líder y te ayuden a hallar el verdadero éxito en tu trabajo y en tu vida.

Y la próxima vez que te encuentres en un foso de leones, mi deseo es que los dientes más afilados de todos sean los tuyos.

1
Activa la creatividad de cerebro en cerebro: *Génesis*

«Creatividad es pensar con mayor eficiencia».
Pierre Reverdy, poeta francés

Cuando yo era muchacho, un hombre que trabajaba con mi padre decía que papá era el negociante más creativo que había conocido. Sin embargo, mi padre apenas podía dibujar un monigote. Aunque nunca se las dio de creativo, ni manifestó lo que yo llamaría creatividad, tenía la habilidad de resolver con inteligencia asuntos de negocios y problemas personales.

La mayoría de la gente tampoco piensa que sus capacidades se parecen a la creatividad. Sin embargo, he visto a un ejecutivo de finanzas presentar datos económicos totalmente insípidos en la forma de una historia emocionante. He visto con admiración cómo un ejecutivo de ventas ajustaba su lenguaje para llevar a un posible cliente de la total resistencia a la aceptación.

¿Qué es creatividad para ti? Mucha gente piensa en el arte. Otros piensan en las innovaciones. También hay quienes van a un nivel más profundo. Alberto Alessi, gerente general de la firma de diseño de productos Alessi, dice: «Nosotros consideramos que nuestra actividad más importante consiste en mediar entre dos cosas. Por una parte, las mejores expresiones posibles para el diseño del producto procedentes del mundo entero. Por otra, los sueños del que terminará siendo su consumidor»[2]. Otro ejemplo de innovación creativa es NineSigma.com, que conecta a las compañías con inventores, gente emprendedora, investigadores y estudiantes por medio de un servicio de vinculación en línea. Estos equipos estructurados con ese propósito crean nuevos productos y soluciones innovadores. Muchas organizaciones fomentan un trabajo de equipo innovador por medio de la colaboración con mensajes instantáneos, ventanas de charlas, juntas de discusión y grupos de proyecto.

Aunque la colaboración en la Internet pueda parecer una nueva forma de intercambio de ideas, en realidad se basa en un modelo antiguo de creatividad. El concepto es sencillo: el mejor pensamiento creativo se logra cuando las personas tienen la oportunidad de pensar antes de colaborar. No todos piensan bien en los grupos. En especial, los introvertidos como yo. Nosotros necesitamos tiempo para madurar y organizar nuestros pensamientos antes de expresarlos de manera verbal.

El acto original de creatividad divina que aparece en el Génesis lo ejecutó una mente (dejando a un lado la cuestión de la Trinidad). Dios no esperó a preguntarnos qué queríamos. Su visión era clara. Más tarde, los seres humanos tendríamos nuestra oportunidad de inventar y originar, pero no mientras el Señor no hubiera terminado su obra fundamental.

A lo largo de toda la Biblia, como irás viendo, Dios y las personas que escogió modelan diferentes aspectos del liderazgo. En el Génesis, Él también modela la perfecta ética del trabajo y el descanso. ¿Por qué no habría de ser también nuestro modelo en cuanto a la creatividad?

A partir del método de creatividad de Dios, podemos deducir que no es imprescindible que se exalte a los equipos por encima de las personas. Por ejemplo, cuando la mayor parte de los ejecutivos se enfrentan con problemas importantes, recurren a las sesiones de intercambio de ideas en grupo. El problema de estos, digamos investigadores sociales, es que las ideas que surgen en un ambiente de grupo raras veces mejoran la cantidad o la calidad de las ideas. Una de las causas es el temor a la evaluación de los demás miembros del grupo. Además de que al escuchar las ideas de otros, nos puede suceder que olvidemos las nuestras. Algunas veces, las personas no tienen suficiente tiempo para pensar en nada.

Otra razón por la que la creatividad en grupo no funciona es lo que llamaríamos «holgazanería social», cuando alguien del grupo decide callarse, porque piensa que no se valoran sus contribuciones, o porque no puede competir con los miembros más atrevidos del grupo. Como consecuencia, las ideas de las personas más calladas se quedan sin decir. Una sencilla solución es recoger lo que piensan todos antes de la reunión, lo que los libera para que piensen sin distracciones, ansiedades ni limitaciones de tiempo. El líder recoge las ideas y envía por correo electrónico una lista anónima de ideas al grupo entero. Después de un refinamiento de estas, el equipo se reúne en persona para ampliar o combinar las ideas por las que más se haya votado.

Cuando necesites una solución creativa, recuerda el modelo del Génesis. Analiza primero la cuestión, sin la influencia del grupo. Así podrás guiar a tu equipo a través del proceso creativo con un máximo de eficiencia, y con todas las mejores ideas sobre la mesa. Si reúnes las tropas demasiado pronto para que colaboren con sus pensamientos, habrá demasiadas dinámicas disfuncionales y distracciones que anularán la creatividad, sobre todo en los grupos más grandes.

Por ser el líder, tú eres el génesis de la creatividad en tu organización. Al animar a cada cual a pensar individualmente, lograrás que el pensamiento en grupo nunca tenga la oportunidad de hacer surgir la mediocridad.

Principio de liderazgo #1 (Génesis)

Los líderes creativos obtienen de los demás los mejores pensamientos de manera individual antes de convocar a una sesión de intercambio de ideas para combinar sus pensamientos.

«En el principio creó Dios los cielos y la tierra».
(Génesis 1:1)

2

Reconstruye tus sueños sobre sus propias ruinas: *Éxodo*

«Me gustan esos momentos en que el mundo entero parece estarse cayendo a pedazos. Me gustó arreglar Papa John's cuando estuvo en quiebra».
John Schnatter, fundador de Papa John's Pizza

Un empresario que publicaba una circular para eruditos se dio cuenta de que su sueño de veras lo estaba matando. Después de quince años de escribir, editar, diseñar, circular y mercadear sin cesar, y todo con fechas límite muy apretadas, no le era posible salir de las pérdidas anuales que tenía. Sus emociones pasaron de la ansiedad a la depresión. Su salud física comenzó a deteriorarse.

«Sabía que ese día iba a llegar», dijo después de decidirse a suspender aquella publicación trimestral. «Lo que he descubierto acerca de mí mismo mientras tomaba esta difícil decisión es que tengo esta honda necesidad de perfeccionar todo lo que toco, y después un profundo deseo de que me valoren por la importancia de mi trabajo». Se sentía aturdido por su fracaso, humillado por lo que había descubierto acerca de sí mismo, y sin embargo, liberado del albatros en que se había convertido su sueño[3].

Mi amigo Mark dejó su trabajo de vendedor y se embarcó en una misión al Asia. Su esposa Diana renunció a su trabajo en un banco. Ocho años y dos hijos después, regresaron muy a su pesar a la cultura estadounidense. Mark organizó el pequeño negocio con el que había soñado siempre, pero precisamente antes que pusiera el letrero del negocio, surgió un nuevo competidor con una oferta de trabajo en la mano. Mark tomó el trabajo en lugar de tratar de competir. «Es todo lo que yo quería», decía. «Tengo unos ingresos asegurados, buenos beneficios, una oficina, participación en el capital, y ofrecen una gran cantidad de servicios excelentes que yo no habría podido lograr por mí mismo». El emprendedor aventurero que había en él había sufrido una decepción, pero el alivio era mayor que la desilusión. Ahora se enfrenta a un futuro mucho más seguro, sin tener que batallar con su competidor.

John Schnatter, el fundador de Papa John's Pizza, cayó de cabeza en este foso de leones en el año 2001. La cuarta cadena de pizzerías del mundo entero estaba creciendo demasiado rápido, y la calidad se vino al suelo. «Yo sabía que íbamos camino al fracaso», dijo Schnatter, quien volvió a tomar las riendas del negocio cuando se marchó su gerente general. «Creí que íbamos a tener que cerrar mil tiendas». Sin embargo, tres años más tarde, la cadena de pizzerías había recuperado el terreno perdido.

En el libro de Éxodo, Moisés regresa a Egipto, su tierra, para libertar a su pueblo de la esclavitud. La meta era convertirlos en una nación y guiarlos hasta la Tierra Prometida. Sin embargo, nadie esperaba que aquello les llevara cuarenta años. El pueblo sentía que Moisés los había engañado y que Dios los había abandonado. ¿Adónde había ido a parar la promesa original de libertad?

Aunque Moisés luchaba con las necesidades diarias de su pueblo, las querellas y la desobediencia de su pueblo, convirtió aquella titubeante sociedad nueva en una poderosa nación. Finalmente, comenzaron a sentirse orgullosos. Eran el pueblo escogido de Dios; ya no eran esclavos. Se multiplicaban en número. La gente los temía. Alcanzarían la Tierra Prometida y vencerían a sus enemigos.

Sin embargo, sufrirían una dolorosa desilusión cuando su sueño se hiciera añicos.

¿Ha muerto alguno de tus sueños? Según *Creative Destruction* (Doubleday/Currency, 2001), tienen que morir. El mercado mismo, dicen los autores, crea y destruye en un abrir y cerrar de ojos. En su mayor parte (dejando a un lado las recesiones y las ayudas de los gobiernos), se mantiene sano a base de eliminar lo que ya no es necesario. Las corporaciones nuevas y más eficientes superan a las ya existentes, y las compañías más débiles deben escoger entre la muerte, el cambio de productos, la unión con otras compañías o la reorganización masiva. Las mejoras graduales no dan resultado. Para poder sobrevivir, las compañías tienen que crear y destruir productos, fuentes de ganancias o divisiones completas a la misma escala y al mismo ritmo del mercado.

Cuando nos sentimos amenazados, podemos escoger entre dos cosas. Podemos eliminar las partes más débiles de nuestras organizaciones, o esperar que unas fuerzas externas las eliminen por nosotros. Muchos líderes toman la decisión de llevar a cabo sus planes originales, cueste lo que cueste, con unas simples variaciones ligeras durante el año. No obstante, para tener éxito a largo plazo, debemos permitir que haya bajas, y a veces causarlas nosotros mismos. Peter Drucker llama a esto «el abandono organizado» de productos, servicios, procesos, mercados o gente que consume recursos sin proporcionar beneficio alguno. Insiste en que debemos convertir este abandono estratégico en una disciplina diaria.

Cuando muere un sueño, deja espacio para un sueño nuevo. Cuando murió uno de mis sueños, me sentí asombrado ante la liberación que sentí. Había quedado libre para volver a soñar, sin tener que desperdiciar energía en una fútil supervivencia.

El que publicaba la circular, mi amigo Mark y John Schnatter vieron cómo se fortalecían sus sueños más grandes una vez que reconstruían sobre las ruinas. Yo me maravillo ante la perseverancia y la paciencia de Moisés mientras soportaba la rebelión del pueblo que él había emancipado. Sí que era la muerte de una visión, pero era lo que hacía falta para edificar el carácter de Israel.

Principio de liderazgo #2 (Éxodo)

Puesto que son unas fuerzas exteriores las que controlan el nacimiento, la muerte y la resurrección de los sueños, los líderes no deben permanecer atados a lo que habrían podido llegar a ser.

«Mejor nos fuera servir a los egipcios, que morir nosotros en el desierto». (Éxodo 14:12)

3

Trata bien a tus empleados: *Levítico*

«Yo juego por divertirme».
Anna Kournikova, estrella internacional del tenis

Dormir parece un desperdicio del tiempo cuando en lugar de dormir uno podría estar produciendo. Yo veo la «diversión» en el trabajo de la misma forma. Está bien en el fin de semana o por la noche, pero no cuando uno debe estar produciendo, ¿no es cierto? A pesar de mis tendencias antisociales, nuestra oficina despacha buenos galones de helado y serenatas todos los meses a los empleados que cumplen años.

Moisés sabía cómo organizar una buena fiesta. Unificó a una nueva nación a base de crear días de fiesta que les hacían recordar su historia y les exigían que se abstuvieran de trabajar. El libro de Levítico marca el establecimiento de numerosos días de fiesta y cenas que todavía observa el pueblo judío, entre ellos la Fiesta de los Tabernáculos, que comenzaba con todo un día de reposo. En el segundo día, comían «frutos selectos» y seguían banqueteando durante siete días más. El octavo día, que era el día final de la fiesta, lo llenaban con más reposo.

¿Qué clase de efecto crees que tendría esta celebración en el pueblo? Imagínate la expectativa y los frenéticos preparativos para el festival, y lo listos que estaban para regresar al trabajo después de este.

Tom Peters, que ha escrito sobre temas de administración, dice: «Celebra aquello que quieras ver a menudo». Aquello por lo cual nos alegramos, comunica a los empleados el mensaje de qué es lo que valora nuestra organización, y qué es lo que recompensa. Las celebraciones pensadas de manera especial para nuestra misión como corporación les hacen comprender por qué existimos y en qué creemos.

Las compañías como la IBM, Alcan, Elías Lilly, Texas Instruments y Cummins comprenden una de las principales razones por las cuales a las personas les gusta celebrar: para hacerlo, tienen que dejar de trabajar. Sin embargo, recuperan la productividad perdida a base de compartir deliberadamente los trabajos entre un grupo grande de personas, y eliminando muchas tareas que no son esenciales. Por ejemplo, la Cummins, que tiene seis mil setecientos empleados, eliminó las llamadas telefónicas no planificadas que les robaban energía y tiempo a unas tareas más importantes. También transfirieron un laborioso proceso de generación de informes a un sistema de autoservicio en línea. Los equipos de atención de clientes se protegían de una sobrecarga, a base de respaldarse unos a otros en las llamadas de servicio. Los ejecutivos de Alban, fabricante de aluminio con cincuenta y cinco mil empleados, animan a sus empleados a resistirse a cantidades de trabajo que no sean razonables. El director ejecutivo de las agencias de autos *CarMax* comienza algunas reuniones con una pregunta que deja a todo el mundo sobresaltado: «¿Qué estamos haciendo que sea estúpido, innecesario o carezca de sentido?». En 2004, la IBM hizo un sondeo entre cuarenta y dos mil empleados, y descubrió que cuatro de cada diez creían que el quince por ciento de sus responsabilidades en el trabajo eran innecesarias, de manera que la compañía desarrolló una herramienta con base en la Internet para capacitar a los gerentes a suspender cualquier trabajo de escaso valor.

Después de eliminar los trabajos y reuniones innecesarios, sigue existiendo una barrera que amenaza con destruir el equilibrio que acaban de encontrar nuestros empleados: el ruido. Aunque eliminemos las tareas innecesarias en los trabajos de todos, la reducción general del trabajo pierde su fuerza cuando los siguientes tipos de ruido llenan los momentos que se han podido crear:

Los ruidos sociales: Las interrupciones o las conversaciones inútiles aumentan cuando la gente tiene más tiempo y está menos tensa. Es estupendo que se conecten entre sí, pero las pausas continuas para decir algo pueden descarrilar un trabajo que de no existir esas pausas fluiría con facilidad. Yo animo a la gente que necesita que no se le interrumpa a que salga de la oficina, o trabaje con la puerta cerrada.

Los ruidos ambientales: Según un estudio realizado por la Universidad de Cornell, el ruido en las oficinas de estilo abierto tiene por consecuencia unos niveles más altos de estrés, y una motivación menor al trabajo[4].

Al contrario de lo anterior, los diseñadores de oficinas afirman que mientras más silencioso es un ambiente de trabajo, más pronunciados se vuelven todos los sonidos. Los sistemas de aislamiento acústico que hacen entrar ruidos sordos pueden neutralizar de manera eficaz las voces aisladas y reducir las tensiones.

Los ruidos externos (ruidos ajenos al trabajo): Las tensiones con las que llegan las personas al trabajo son los ruidos que más alto suenan. Algunas de las grandes compañías contratan personas conocedoras que hagan diligencias para los empleados estresados que se sienten restringidos por las listas de cosas que tienen que hacer en su casa. Para las cuestiones personales, una organización llamada *Marketplace Chaplains USA* puede enviar a su compañía un equipo para aconsejar a los empleados, o consolarlos a ellos y a sus familias cuando se produce una tragedia. Cuando la reducción de los ruidos externos ayuda a la vida de la gente, su productividad, lealtad y agradecimiento aumentan.

Tratar bien a nuestros empleados no es tratarlos flojamente. Cuando los servimos y nos ocupamos de ellos, se les hace más fácil servir a la compañía e interesarse por ella. La celebración, la reducción de la carga de trabajo y el control de los ruidos aumentan la productividad y mejora la cultura laboral.

Principio de liderazgo #3 (Levítico)

El enfoque natural se crea a base de celebrar de forma estratégica las fuerzas básicas, reducir las operaciones que no son importantes y eliminar las distracciones.

«Éstas son las fiestas que yo he establecido, y a las que ustedes han de convocar como fiestas solemnes en mi honor. Yo, el SEÑOR, las establecí». (Levítico 23:2, NVI)

4

Infunde una fortaleza espiritual de estilo militar: *Números*

«Fortaleza espiritual es lo que nos impulsa a sacrificarnos por los demás, por nuestra nación y por el bien de todos».

General John P. Jumper, jefe de personal retirado de la Fuerza Aérea de los Estados Unidos

Un examen relámpago. ¿Qué es mejor: la organización, la disciplina, el entrenamiento o la planificación? Números nos enseña a ejecutar la cantidad perfecta de cada una de estas cuatro cosas, aunque una de ellas opaque a las demás.

La organización: El Señor da instrucciones explícitas para la organización de la nación israelita, formada por dos millones de campesinos y trabajadores, con el fin de convertirla en una máquina de guerra. En este libro se describen al detalle en docenas de páginas la jerarquía apropiada, la ubicación de los campamentos de las tribus, las tareas asignadas a los sacerdotes, el orden de marcha militar, la manera de desmantelar y volver a armar el Tabernáculo y numerosos detalles más. Aunque Dios predice y garantiza que su pueblo obtendrá una victoria tras otra, al mismo tiempo insiste en la organización y la disciplina.

La preparación: El beneficio de una extensa preparación es bien evidente en los deportes. El equipo Astana de carreras en bicicleta, que entrena Johan Bruyneel, ganó su noveno Tour de Francia en 2009, con dos de sus ciclistas entre los tres primeros. Es cierto que en su lista estaba incluido Lance Armstrong, pero Bruyneel no contó con la capacidad de sus mejores atletas para ganar la carrera; en lo que confió fue en la preparación. Como entrenador, planificó de manera meticulosa toda la temporada de seis meses anterior a la carrera, con metas diarias, semanales y mensuales para cada uno de los ciclistas.

El entrenamiento: Según un informe publicado por el Comando del Ejército de los Estados Unidos y la Escuela General de Personal[5], el poder de combate comienza con unos militares bien entrenados y con las máquinas que utilizan. Un extenso entrenamiento es la base de su «fortaleza espiritual» (de seguro que es una curiosa expresión dentro del mundo militar), de la cual el informe dice que es una mezcla de (1) el mando y control de los líderes, (2) la disciplina y el espíritu combativo y (3) una amplia labor de equipo. A lo largo del tiempo, el entrenamiento constante desarrolla todas estas cosas. La conclusión a la que llega el informe es que la fortaleza y la habilidad por sí mismas no pueden superar a estas propiedades intangibles cuando actúan juntas.

Cerca del final de la Segunda Guerra Mundial, los Aliados lanzaron la llamada Operación Overlord, el asalto anfibio más grande de toda la historia. Winston Churchill dijo que la misión era «sin duda el más complicado y difícil» de todos los asaltos que se habían coordinado jamás bajo un solo estandarte. Los soldados de los Estados Unidos, las Islas Británicas y Canadá entrenaron juntos durante meses, y practicaron de manera rigurosa cada uno de los elementos de la invasión.

El general Eisenhower, el comandante supremo de los Aliados, sabía que no se podía apoyar solo en las destrezas del ejército: en la guerra, la mayoría de las estrategias se vienen abajo una vez que comienza la batalla. Por cierto, el asalto por aire fracasó al principio; centenares de paracaidistas nunca llegaron a tocar tierra, y la mayoría de los supervivientes no descendieron donde se quería que descendieran. En las playas, muchos soldados se ahogaron o los acribillaron apenas llegaron a la arena. Eisenhower tuvo que confiar en que la fortaleza interna de sus hombres impediría que su disciplina se desmoronara bajo aquel caos.

El general John P. Jumper, jefe de personal retirado de la Fuerza Aérea, escribió: «La fortaleza espiritual forma parte integral del liderazgo. Nuestros líderes más grandes son capaces de elevar el espíritu humano e inspirar una actuación extraordinaria»[6].

¿Es posible crear esta fortaleza en personas que no se enfrentan a una situación de vida o muerte? Según el informe del ejército norteamericano, la fortaleza individual recibe una gran influencia de parte de los líderes. Aumenta cuando las personas están ansiosas por entrar en batalla contra un enemigo común, y se supera a sí misma cuando los empleados reciben un entrenamiento de calidad y adquieren la seguridad que este les proporciona. Por último, los investigadores militares han llegado a la conclusión de que el poder de un ejército aumenta cuando cada uno de los soldados valora más al grupo que a su propia persona.

¿Cómo traducimos esto a nuestro liderazgo cotidiano? Cuando observamos los elementos de la fortaleza espiritual, el más fácil de controlar es la cantidad y la calidad del entrenamiento. Además, si nos centramos primero en él, les servirá de catalizador a todos los demás elementos:

- El entrenamiento realza el **mando** y el **control**, porque las personas respetan a todo el que las ayuda a hacer un trabajo de mejor calidad.
- El entrenamiento del carácter desarrolla la **disciplina** de las personas.
- El entrenamiento aumenta el **espíritu combativo**, cuando ven que hay oportunidades de poner a prueba sus nuevas aptitudes.
- El entrenamiento aumenta el **espíritu de equipo** cuando cada persona ve lo importantes que son para todo el grupo sus capacidades especializadas.

Un estudio que realizó en 2003 el Consejo de Liderazgo Corporativo revela otro dato interesante más acerca del entrenamiento: más del setenta por ciento de la dedicación de un empleado a su compañía se basa en su interacción con la gerencia. Cuando los empleados ven que sus principales líderes son los que usan la tiza durante las sesiones de entrenamiento, aumenta su respeto por esos líderes. El informe del ejército norteamericano añade: «Las capacidades del que está al mando ejercen una enorme influencia sobre la calidad del factor espiritual de su unidad».

La Organización Gallup calcula que hay veintidós millones de empleados desinteresados en sus trabajos, lo cual le cuesta a la economía de los Estados Unidos hasta trescientos cincuenta mil millones de dólares al año en productividad perdida, lo cual incluye las ausencias, las enfermedades, y otros problemas que se presentan cuando los trabajadores no se sienten contentos. Por supuesto, el entrenamiento no es la panacea, sino una herramienta sencilla que se halla al alcance de la mano de todos los líderes, y que puede afectar de manera drástica la moral de los empleados y los resultados de su trabajo.

Principio de liderazgo #4 (Números)

El líder que siempre está preparando a su personal está también incrementando su fortaleza espiritual, lo cual multiplica los efectos de sus capacidades y recursos.

«No podremos subir contra aquel pueblo, porque es más fuerte que nosotros». (Números 13:31)

5

Guía a través de historias: *Deuteronomio*

«¿Por qué fue reconocido Salomón como el hombre más sabio del mundo? Porque sabía más historias (proverbios) que ningún otro».

Alan Kay, antiguo asociado de Disney y famoso innovador del Grupo IT

Las películas de *Blockbuster* y las novelas captan nuestra atención con unos momentos iniciales dramáticos. Sin embargo, después de la sacudida inicial que reciben nuestros sentidos, los escritores nos conectan con los personajes, y nos revelan datos de la vida de ellos: qué les interesa, a quién aman, cómo se ganan la vida. Ahora, de repente, nos interesan como personas, y estamos de su parte cuando se encuentran con una dificultad. La acción y el drama por sí solos no bastan para mantener cautiva nuestra atención durante dos horas; es necesario que nos identifiquemos primero con las personas.

En una organización, se cuentan grandes relatos de la misma forma: cosas que captan la atención, hechos, trama. Sin embargo, la mayoría de los líderes exageran la fanfarria o saltan de una vez a la trama. Los oyentes quedan enganchados a los datos acerca de ellos mismos, sobre todo sus logros y sus fracasos.

En Deuteronomio, Moisés relata la mejor de todas las historias. Capta la atención de su pueblo, recordándole las aventuras de los cuarenta años que han estado deambulando por el desierto. Les dice con toda firmeza que van a sufrir bajo grandes maldiciones si se apartan de Dios. Y después los sacude con otro dato acerca de su propia mortalidad: «Este día soy de edad de ciento veinte años; no puedo más salir ni entrar» (Deuteronomio 31:2). Le dice al pueblo que Josué, su nuevo líder, los conducirá a la Tierra Prometida. Aun así, tiene que escoger su futuro. Si sigue las leyes de Dios y el liderazgo de Josué, prosperará. Si no lo hace, caerá una catástrofe sobre él. «Mira, yo he puesto delante de ti hoy la vida y el bien, la muerte y el mal» (Deuteronomio 30:15).

Moisés instruye al pueblo en cuanto a la forma de establecer un gobierno, qué fiestas celebrar y cómo ir a la guerra. Aunque todavía no ha llevado a su pueblo a la Tierra Prometida, usa una sencilla ilustración para mantenerlo enfocado y emocionado: hay abundancia de leche y miel allí para que las disfruten. ¡A un pueblo que había subsistido a base de maná durante décadas, aquello le debe haber sonado como música celestial!

Entreteje la historia y los hechos hasta formar una visión para el futuro, sin necesidad de una espectacular presentación de PowerPoint, ni de emotivas súplicas. Los anima diciéndoles que podrán vivir sin él, y derrotar a los habitantes de aquellas nuevas tierras. Cuando su pueblo recuerda lo lejos que han llegado, lo imposible le parece posible. Aunque aquellas tierras están repletas de gigantes y de una multitud de ejércitos, él promete que el Señor cumplirá la promesa de darles una patria.

En su obra *Empresas que sobresalen*, Jim Collins explora una paradoja similar: «Mantente firme en la fe de que al final vas a vencer, cualesquiera que sean las dificultades. Y al mismo tiempo, enfréntate a las realidades más brutales de tu realidad presente, cualesquiera que estas sean»[7].

Aprender el arte de contar historias equipa a los líderes para la comunicación diaria. Son poco frecuentes los discursos acerca del futuro o la sucesión en el liderazgo; pero las reuniones semanales tienden a carecer de comentarios memorables. Los mejores comunicadores tienen el hábito de contar historias. Si eres débil en esto, las siguientes situaciones, que suelen presentarse, te darán una idea de cómo usarlas.

1. Cuenta una historia para ayudar a la gente a entender una idea. Una buena anécdota tiene una sola lección y penetra en la memoria de las personas. Si quieres que la gente comprenda algo, añádele una anécdota.
2. Cuenta anécdotas si necesitas el apoyo de los empleados. Cuando la gente comprende los cuentos dramáticos que se

hallan tras las decisiones del líder, tiene mayor tendencia a apoyar esas decisiones.
3. Cuenta anécdotas cuando necesites ampliar la cultura de la organización. Las anécdotas acerca de clientes satisfechos, o la historia de la organización, les hacen entender quién eres, al recordarle al personal y a los voluntarios cuáles son los valores básicos que necesitan apoyar.
4. Cuenta una anécdota para reforzar tu visión. ¿Que la gente no está siguiendo tu visión? Describe el futuro en forma de historia (como lo hizo Moisés). ¿Qué sucederá cuando la organización alcance sus metas? ¿Cuál es la recompensa que les espera?

El líder que cuenta anécdotas se mantiene firme en la lógica al mismo tiempo que cuenta una aventura. Moisés comienza con los hechos al repasar la historia de su pueblo. Más que limitarse a recordar lo que ya han hecho, comprenden de una forma nueva quiénes son. De esa manera restablece una identidad noble del pasado en una nueva generación.

Cuando le recordamos a nuestra gente las historias de los éxitos y los fracasos del pasado, creen que pueden volver a lograr el éxito. Si antes vencieron sus fallos, eso quiere decir que lo pueden hacer de nuevo. Triunfaron con rachas de gloria; ahora se pueden elevar a alturas aun mayores. Por medio de estas realidades y verdades, podemos despertar la imaginación de nuestra gente en cuanto al camino que tienen por delante.

Principio de liderazgo #5 (Deuteronomio)

Los líderes no tienen necesidad de apoyarse en fanfarrias artificiales, ni en presentaciones de alta técnica para motivar a la gente. Basta que relaten anécdotas.

«Las grandes pruebas que vieron vuestros ojos, las señales y las grandes maravillas». (Deuteronomio 29:3)

6
Sal con lentitud y en silencio: *Josué*

«Una parte importante de mi bienestar psicológico, por no mencionar mi patrimonio, depende de que pueda alcanzar las metas y obtener los resultados que esperan los accionistas».

Un gerente general fracasado que obligaron a retirarse

Se consideraba a Jack Weil como el director ejecutivo de mayor edad en los Estados Unidos, y tal vez en el mundo entero, cuando murió en el año 2008 a los ciento siete años de edad. Casi hasta el día en que murió, dirigió Rockmount, una compañía de ropa del Oeste que él mismo había fundado en 1944. Todos los días, su chofer lo llevaba a la oficina para cuatro horas de trabajo durante las cuales hacía algo de contabilidad y socializaba con los miembros de la corporación. Cuando le preguntaban cómo quería que lo recordaran, decía que le tenía sin cuidado.

Manfred F.R. Kets de Vries escribió extensamente acerca del «síndrome de jubilación». Dice que la pérdida de posición social, de reconocimiento y de ingresos, junto con el envejecimiento físico y el estrés emocional, pueden hacer que todo lo que se deja se convierta en una experiencia amarga y deprimente, lo cual fuerza a muchos a aferrarse de manera indefinida al poder. El ciclo de vida de un director ejecutivo, dice, tiene tres etapas: En la primera, el nuevo líder se enfrenta a retos nuevos y los domina; se siente plenamente comprometido y lleno de vida. Después de producir resultados, va adquiriendo poco a poco una sensación de control y de dominio de la situación. Por último, a menos que sea capaz de reinventarse a sí mismo y llenarse de una energía nueva, se le acaban las ideas y comienza a confiar en soluciones de tipo fórmulas. Esto lo lleva a un agotamiento total.

Mi suegro Alan, que tiene setenta años, ha estado disfrutando de una jubilación parcial durante los últimos cuatro años. Le encanta disponer de más tiempo para él, así como la participación continua en el trabajo. Se mantiene ocupado trabajando con la junta de una corporación no lucrativa, ayudando como voluntario en la iglesia, dedicándole más tiempo a la familia, haciendo reuniones en la oficina y leyendo. Hace poco sufrió una arritmia cardíaca que nos dejó perplejos a todos. De no haberse ido corriendo a la sala de urgencias, lo habríamos perdido. Aunque ahora tiene que tomar medicamentos a diario y lleva puesto un marcapasos, el margen que ya había incorporado a su vida le ha permitido adaptarse a sus nuevas circunstancias con una mentalidad positiva. En lugar de ser presa de la vida de alto octanaje que había conocido durante décadas, Alan halla ahora tiempo para descansar y reflexionar, al mismo tiempo que se siente realizado en la oficina.

Tal vez el mayor ejemplo de jubilación sea el de Moisés, el cual fue impulsando poco a poco a Josué, su sucesor, hasta entregarle la autoridad. La credibilidad de aquel hombre más joven había aumentado notablemente después de haber sufrido la esclavitud junto con su pueblo y vivido con él en el desierto. Había funcionado como segundo de Moisés en el mando, lo había acompañado al monte santo para recibir los mandamientos de Dios, y era frecuente que se quedara velando fuera del santo Tabernáculo.

En los tiempos modernos se han imitado con éxito transiciones similares. En 1981, Jack Welch se convirtió en el director ejecutivo de la *General Electric* a los cuarenta y cinco años de edad. A los cincuenta y ocho, cuando todavía le faltaban siete años para la jubilación que tenía planificada, Welch comenzó a buscar quién lo remplazaría. «A partir de ahora, escoger a mi sucesor es la decisión más importante que voy a tomar», dijo. «Ocupa una considerable cantidad de mis pensamientos casi todos los días».

Bob Russell, ministro principal durante cuarenta años de la iglesia *Southeast Christian* en Louisville, Kentucky, que tiene mil ochocientos miembros, también comenzó a planificar su sucesión siete años antes de retirarse. Comenzó a compartir el púlpito con Dave Stone, su ministro asociado, un poco más con cada año que pasaba. Finalmente, después de una gran cantidad de fiestas de jubilación, asados, reconocimientos públicos, regalos y sermones emotivos, Russell le entregó las riendas a su protegido. Al igual que Josué, Stone había estado durante muchos años junto a su comandante, y la mayor parte de la congregación siguió a su nuevo líder sin titubear. A las lecciones de esta tranquila transición afectuosamente las llamo Reglas de Jubilación de Russell:

Entrega el testigo a toda velocidad. Rusell explica que en una carrera de relevos, el corredor que recibe el testigo se echa a correr a toda velocidad antes de tomarlo, con la meta de ganar un paso en la transferencia. De la misma manera, el nuevo líder ya debería estar corriendo a toda velocidad cuando reciba el mando.

Haz una elegante inclinación y sal del edificio. Russell no visitó su iglesia durante un año entero después de su jubilación. Con toda sabiduría, le dio espacio al nuevo ministro para establecerse y asentarse en su nuevo puesto. Además, cuando Russell notó que si continuaba presente en el púlpito podría estar estirando innecesariamente el proceso de soltar su puesto, acortó varios meses su estrategia de salida.

Esfuérzate por desaparecer. Cada vez que aceptaba premios y aplausos, todas sus palabras de agradecimiento señalaban a lo estupendo que iba a ser David Stone. Siempre apartaba de sí el foco de la atención.

Vete temprano y permanece libre. Después de cuarenta años en la misma iglesia, Russell aun tenía algo más de sesenta años cuando se retiró. Predica en iglesias de todos los Estados Unidos, pero no se deja amarrar por las responsabilidades de guiar a una iglesia grande. Está haciendo muchas cosas que había soñado hacer durante largo tiempo, pero que nunca tuvo libertad para iniciarlas.

Una salida elegante alivia la amargura y las lamentaciones que traen consigo la jubilación. Cuando planificamos nuestra salida, tenemos tiempo para abrirles la puerta a unos sueños que han estado esperando su momento durante largos años. Podemos esperar con ansias los años de nuestro crepúsculo, y no con inquietud.

Principio de liderazgo #6 (Josué)

Cuando te jubiles, todo debe girar alrededor de tu sucesor. Ya ha girado durante suficiente tiempo alrededor de tu persona.

«Como estuve con Moisés, estaré contigo;
no te dejaré, ni te desampararé». (Josué 1:5)

7

Levanta la reputación de quienes te critiquen: *Jueces*

«No estoy dispuesto a hablar mal de nadie, y sí a hablar de todo lo bueno que sé acerca de todo el mundo».
Benjamín Franklin

Me quedé perplejo cuando descubrí que un colega había criticado detrás del escenario mis capacidades. Me le acerqué, después de haber estado luchando por distanciarme de mis emociones iniciales. Coincidió que yo acababa de estudiar la historia de la respuesta que les dio Gedeón a sus críticos, y decidí probar su técnica.

En el libro de los Jueces, Gedeón es el miembro más débil del clan más débil de su tribu hebrea; no obstante, Dios lo escogió para salvar a toda la nación de Israel. Reúne trescientos guerreros para dar caza al ejército madianita, y llama a las tribus vecinas para que lo ayuden. Después de una pequeña victoria por su propia cuenta, algunos de los jefes tribales se quejan de haberse perdido la gloria de la batalla principal de Gedeón. El texto dice que lo critican «fuertemente». Sin embargo él, en lugar de responderles en el mismo tono, les dice: «¿Qué he hecho yo ahora comparado con vosotros? [...] Dios ha entregado en vuestras manos a Oreb y a Zeeb, príncipes de Madián; ¿y qué he podido yo hacer comparado con vosotros?» (Jueces 8:1-3).

Ellos quieren que se les dé crédito por una victoria, cualquiera que sea. Y se seguirán quejando hasta que lo consigan. Cuando Gedeón levanta los logros de ellos por encima de los suyos, se aplacan sus celos y su enojo. Así silencia sus críticas. Cuando yo probé esto con mi colega, nos reconciliamos y él prometió evitar los comentarios negativos en el futuro.

La técnica de Gedeón de ensalzar a sus críticos, sin disminuir por eso sus propios logros, se puede aplicar de dos maneras:

1. *Identificar sus puntos fuertes.* Cuando señalamos los puntos fuertes de alguien que nos critica en las reuniones y en las conversaciones personales con los compañeros de trabajo, se corre la voz de que nosotros lo tenemos en gran estima, y es posible que se sienta culpable cuando nos critique en el futuro.
2. *Pedir una crítica confidencial.* Por lo general, los que me tiran fango en público cambian el tono de sus palabras en las conversaciones privadas. He hallado una pregunta que es contundente cuando hablo con ellos a puertas cerradas: «¿Hay algo que yo pueda hacer para mejorar?». Algunas veces, esto me permite ver algo de lo cual de veras me puedo beneficiar, pero también quita fuerza a los ataques públicos de la otra persona. Me es más fácil aceptar los comentarios que me hacen en privado, porque estoy preparado para ellos y carecen de la emoción que alimenta la presencia de un público. Prevenir un enfrentamiento en público les evita que todos pasen una vergüenza y tengan que ponerse a la defensiva. Anne Mulcahy, Directora Ejecutiva de Xerox, dice: «Mantente asequible. Rodéate de un grupo de buenos críticos. Es el mejor regalo que te puedes dar»[8].

Cuando pedimos una crítica constructiva, por supuesto, que seguimos teniendo que practicar una gentil aceptación. Bob Russell, el ministro que mencioné en el capítulo anterior, no era inmune a las críticas, ni siquiera después de haber pasado cuarenta años en la misma iglesia. Decía que una de las razones por las que había permanecido durante tanto tiempo en el ministerio era que había aprendido a recibir las críticas, y a soportar a la gente negativa. Recuerda con una sonrisa a un hombre que le dijo: «¿Sabe una cosa? Usted parece mucho más joven cuando está lejos».

Hasta a George Washington lo criticaron tan duramente, que dejó la presidencia, prometiendo que la prensa nunca tendría otra oportunidad de maltratarlo así. Finalmente, los historiadores lo elogiaron como el héroe de la independencia de los Estados Unidos. Von Moltke, el gran líder de la resistencia alemana, dijo: «Ustedes tienen en la historia de los Estados Unidos a uno de los grandes capitanes de todos los tiempos. De él se podría decir [...] que raras veces ganaba una batalla, pero que nunca perdió una campaña»[9].

¿Y si un crítico no es más que un intimidador? Unos estudios que hizo la Universidad Griffith en Australia revelaron que la intimidación en los trabajos afecta a una de cada cuatro personas y le cuesta a la economía doce millones de dólares anuales. En Inglaterra, ese tipo de abuso es tan frecuente que se estableció una línea telefónica nacional de ayuda para los que sufrían en sus trabajos[10]. Según el Consejo de Seguridad del Canadá, los empleados que reciben este tipo de abuso desperdician entre el diez y el cincuenta y dos por ciento de su tiempo en el trabajo. En lugar de trabajar, se están defendiendo, buscando apoyo en la Internet, pensando en su situación, enfrentándose al temor, al estrés y a la depresión, o no asistiendo al trabajo por enfermedades relacionadas con el estrés[11].

Cualquiera puede ser blanco de uno de estos abusadores, aunque hay más probabilidades de que las víctimas sean personas competentes, capacitadas, dedicadas, enemigas de los enfrentamientos y estimadas por sus compañeros de trabajo. Sin embargo, por alguna razón, el criticón los ve como una amenaza[12].

¿Cómo manejamos al león de las críticas? Lo primero que tenemos que recordar es la famosa ocurrencia de Benjamín Franklin: «Cualquier tonto puede criticar, y la mayoría de los tontos lo hacen». Muchas veces, el criticón les parece tonto a todos menos a su víctima. Por eso, si te ves en la situación de recibir comentarios amargos en una reunión, evalúa de manera objetiva la situación: ¿quién es el que de veras queda humillado delante del grupo?

Las críticas constantes pueden devastar el estilo de una corporación. Cuando no se controlan, terminan definiendo ese estilo. En cambio, la táctica poco común que utilizó Gedeón de exaltar a sus críticos define lo que es un estilo de humildad.

Principio de liderazgo #7 (Jueces)

Cuando elogias a tus críticos, estos tienden a humillarte menos.

«¿Y qué he podido yo hacer comparado con vosotros? Entonces el enojo de ellos contra él se aplacó». (Jueces 8:3)

8

Mezcla la amistad con los negocios: *Rut*

«El deseo de ser amigos surge rápido, pero la amistad es un fruto que madura lentamente».
Aristóteles

Durante décadas, las investigaciones hechas en los lugares de trabajo han hallado que los beneficios finales de una compañía son mayores cuando sus gerentes ganan amigos que cuando usan el látigo. Los líderes que saben utilizar el poder de la amistad en el lugar de trabajo, suelen superar a los otros que creen que la familiaridad favorece la falta de productividad.

Un director ejecutivo amigo mío bromea incansablemente con sus subordinados. Aunque es introvertido, se siente cómodo dirigiendo a miles de empleados. Durante una visita que le hice en su oficina hace poco, lo vi tirar bolas de papel en las papeleras de los empleados mientras pasábamos al lado de estos, interrumpir reuniones a niveles de vicepresidencia con ocurrencias de buen humor, y hacer dibujarse una sonrisa en el rostro de todos los que encontraba.

El poder de la amistad queda ilustrado en Rut, una de las historias cortas más hermosas y técnicamente perfectas de toda la literatura. En el libro, una mujer llamada Noemí queda viuda en una tierra extraña, con sus dos hijos casados con mujeres del lugar. Después de diez años, mueren ambos hijos, y queda sola con sus dos nueras. Noemí decide regresar a su propia gente, y aconseja a las jóvenes que se queden y busquen nuevo marido. Una de ellas lo hace, pero la otra, que es Rut, se niega a permitir que su suegra se vaya sola, tal como se describe en este famoso versículo: «A dondequiera que tú fueres, iré yo, y dondequiera que vivieres, viviré. Tu pueblo será mi pueblo, y tu Dios mi Dios» (Rut 1:16). Cuando las dos regresan a la tierra de Noemí, esta busca el favor de su pariente Booz, quien era un rico terrateniente. Rut le pide permiso para trabajar en sus campos, y recibe de él una garantía personal en cuanto a su seguridad, y suficiente cereal para que ambas mujeres puedan alimentarse. Booz trata de cumplir su deber de encontrarle un esposo a Rut, pero los ancianos de la ciudad le permiten que sea él mismo quien se case con ella. Al final, la vida de Noemí y de Rut queda liberada del vacío y la desesperación.

Cuando la amistad florece en el lugar de trabajo, los fosos de los leones quedan destrozados. Según la organización Gallup, las personas que tienen un gran amigo en el trabajo tienen siete veces más probabilidades de sentirse identificadas con sus compañías que aquellas que no tienen un amigo así. Un estudio de la Universidad de Columbia afirma que los obreros que acostumbran hacer favores y reciben recompensas son más productivos que los que se centran estrictamente en sus propios trabajos[13].

La satisfacción, la identificación, el entusiasmo, el interés y la dedicación surgen de las relaciones en el trabajo. Por ejemplo, los amigos que trabajan en un departamento y están enojados tienen un incentivo extra para reconciliarse. Según un artículo del *Journal of Industrial Relations*, los empleados dedicados hacen una labor veinte por ciento mejor y tienen un ochenta y siete por ciento menos de probabilidades de marcharse de la organización[14]. La investigación que hicieron Seijts y Crim halló que «la actitud de un empleado hacia su trabajo y su compañía tenía un impacto mayor sobre su lealtad y su servicio a los clientes que todos los otros factores del empleado juntos»[15]. La seguridad en los lugares de trabajo aumentó de manera drástica según otro estudio hecho en una gran compañía de sodas, en la cual los empleados dedicados tenían cinco veces menos probabilidades de tener un incidente de seguridad que los empleados no dedicados. A base de fortalecer la dedicación de los empleados con la empresa, la compañía ahorró $1.721.760 en gastos relacionados con la seguridad[16].

¿Cómo promueven la amistad las organizaciones con el fin de lograr esta clase de resultados? Una de las tácticas consiste en invertir en suficientes medios y recursos, hasta que las exigencias que se les hagan a los empleados sean iguales a su capacidad de producción, o la superen ligeramente. Esto alimenta en ellos el sentirse como personas que están creciendo, están comprometidas con lo que hacen y son productivas. Almacena una energía que beneficia a los empleados en muchos aspectos del trabajo y de la vida[17]. Otra táctica consiste en crear una red de empleados dentro y fuera de la organización, por medio de programas caritativos patrocinados por la compañía, fiestas de oficina, almuerzos en grupo u otras actividades. Las organizaciones también pueden alentar el interés en la empresa asegurándose de que los empleados tienen planes personales de desarrollo, y evaluaciones formales de su rendimiento en el trabajo.

Por supuesto, hay aspectos que pueden ser negativos en esto de las amistades en el trabajo. Pueden distraer y ocupar un tiempo valioso cuando hay trabajo que hacer. Las amistades se pueden deteriorar hasta convertirse en celos y mezquindades que surgen a causa de las estrechas relaciones, tanto si se está esperando un ascenso, como si los dos están compitiendo por la amistad de un nuevo compañero de trabajo. Muchos colegas amistosos se sienten mortalmente temerosos ante la posibilidad de un enfrentamiento, sobre todo si uno de los dos es el supervisor del otro. Cuando los amigos intercambian demasiada información personal en el trabajo, los secretos se pueden volver públicos si uno de los colegas recibe un ascenso, o si la amistad se echa a perder.

A pesar de los aspectos negativos, el poder de la amistad es innegable. El libro de Rut demuestra el efecto dominó que tienen las acciones generosas. Abraham Lincoln escribió estas palabras: «La mejor parte de la vida de uno consiste en sus amistades». Puesto que nos pasamos la mayor parte de la vida trabajando, ¿por qué no convertir también nuestro trabajo en una de las mejores partes de nuestra vida?

Principio de liderazgo #8 (Rut)

Las amistades tienen el poder de transformar tu organización.

«Respondió Rut: No me ruegues que te deje, y me aparte de ti; porque a dondequiera que tú fueres, iré yo». (Rut 1:16)

9
Recluta gente incompleta: *1 Samuel*

«Creo en el poder de la debilidad».
Pat Buckley

He entrevistado y contratado a más programadores que cualquier otro tipo de empleado. Entre los candidatos han estado un veterano de la guerra Tormenta en el Desierto, un estrafalario espécimen con joyas y cicatrices tribales, un curtido personaje del que yo sospechaba que le gustaba hacer fotografías «íntimas» por su cuenta, un genio que no le pude robar a la *General Electric* y un maravilloso joven de la India. Ya estaba listo para contratar a un inteligente estudiante a nivel de maestría que tenía un excelente aspecto en su traje, y presentaba todos los símbolos de un compañero de equipo estelar. Sin embargo, falló pésimamente en una sencilla prueba en la que tenía que escribir un código.

También algunas personas que me habían parecido buenas me han sorprendido después de contratarlas. Un gerente intentó comenzar una aventura amorosa con una asistente administrativa, cuyo enojado esposo envió correos electrónicos llenos de amenazas a todos los ejecutivos. Una de nuestras empleadas con mayor potencial no soportó la presión, y estalló ante su jefe y sus colegas, lo cual atribuyó a litigios familiares ante los tribunales y a cierta inestabilidad mental. Un joven discapacitado que contratamos prometía y prometía, pero nunca cumplía, y nos dejaba en una posición incómoda. Uno de los gerentes más altos presentó repentinamente su renuncia un día, señalando que se debía a las presiones y a unas expectativas que no eran realistas. Una ejecutiva que trabajaba desde su casa nos tenía desconcertados con su falta de resultados, así que mi colega la visitó en la oficina de su casa, y para sorpresa suya, lo que encontró fue una pocilga.

Por supuesto, las personas constituyen un verdadero riesgo; nunca sabe uno lo que va a conseguir de ellas. Como son tan impredecibles, ¿cómo puedes mejorar tus posibilidades de contratar a alguien con éxito?

Según el libro 1 Samuel, después de varias generaciones de jueces, los israelitas están listos para tener su primer rey. Escogen a Saúl, «joven y hermoso. Entre los hijos de Israel no había otro más hermoso que él; de hombros arriba sobrepasaba a cualquiera del pueblo» (1 Samuel 9:2). Su reputación crece a medida que comienza a ganar batallas. Sin embargo, sus errores de juicio causan calamidades en su pueblo, y su reinado se va deteriorando.

A diferencia de Saúl, David, el más joven de ocho hermanos, cuida ovejas hasta el día en que lo escogen para suceder a Saúl. La estatura regia de aquel muchacho emana de su inquebrantable obediencia al Señor. Aunque tiene tiempo de sobra para madurar antes de que lo coronen, las pruebas a las que ve sometido su liderazgo son feroces. En su primera victoria pública, mata sin ayuda de nadie al monstruoso gigante Goliat. Sin embargo, mientras Saúl se vuelve arrogante, David permanece leal a Dios, y se contenta con servir a su pueblo.

La mayoría de nosotros habríamos escogido a Saúl como rey, y no a David. Sin embargo, la Biblia nos enseña a enfocar las cosas de otra manera cuando miramos a la gente, «pues el hombre mira lo que está delante de sus ojos, pero Jehová mira el corazón» (1 Samuel 16:7).

¿Cómo podemos ver el corazón de la gente a la que entrevistamos? A mí me ha engañado la sinceridad de recién contratados que presentaban excusas por su falta de rendimiento. Sin embargo, con frecuencia, los que contratamos que parecen más débiles han superado a los superestrellas. Me vienen a la mente varios que comenzaron con lentitud, pero nunca han dejado de mejorar. Su lealtad se ha traducido en longevidad y rendimiento. He aprendido a mirar más de cerca a los candidatos que no tocan trompetas para demostrar sus habilidades y dan la impresión de ser algo débiles, a pesar de un impresionante currículum vítae.

¿Significa eso que solo voy a contratar gente débil de ahora en adelante? Claro que no. Sin embargo, en un artículo de la *Harvard*

Business Review llamado «Elogio del líder incompleto», nos exhorta a contratar a quienes no les tengan temor a sus debilidades:

> Ya va siendo hora de acabar con el mito del líder completo: la persona impecable que está en la cima, y que lo tiene todo bajo su control. De hecho, mientras más pronto los líderes dejen de tratar de serlo todo para todos, mejor le irá a su organización [...] Solo cuando los líderes se dan cuenta de que son incompletos, con puntos fuertes y también con debilidades, podrán compensar las capacidades que no tienen apoyándose en otros[18].

A partir de esta manera de pensar, una excelente pregunta en una entrevista sería la siguiente: «¿Cómo se ha apoyado usted en los demás en su calidad de líder?» o bien, «¿Cómo compensa usted sus debilidades?». Puesto que no podemos conocer lo que hay en el corazón de una persona, podemos buscar indicios de su carácter. Cuando la imagen que dan solo presenta puntos fuertes, por lo general, debajo de esos puntos existen debilidades significativas. Los autores de Harvard dicen: «Los líderes incompletos difieren de los líderes incompetentes en que [...] tienen buen juicio en cuanto a la forma en que pueden trabajar con otros para aprovechar sus puntos fuertes y compensar sus limitaciones»[19].

Las organizaciones pequeñas tienen un reto mayor en el ámbito de la contratación de personal, debido a sus presupuestos limitados y las diversas responsabilidades que exigen a sus empleados que asuman. En cambio, cualquiera que sea el tamaño de tu grupo, por lo menos hay una cosa que nunca va a cambiar: lo mismo los fuertes que los débiles te van a dar sorpresas.

Principio de liderazgo #9 (1 Samuel)

Permite que tus empleados, y tú también, tengan debilidades. Sospecha de los que solo dan la imagen de ser muy fuertes.

«El hombre mira lo que está delante de sus ojos,
pero Jehová mira el corazón». (1 Samuel 16:7)

10

No te pares en el portal del frente: *2 Samuel*

«A fin de cuentas, el poder sin moralidad ya no es poder».
James Baldwin

En el segundo libro de Samuel se describe la caída del amado rey David, quien pasó por su foso de leones más difícil décadas después de derrotar a sus enemigos en el campo de batalla.

Hacia el final de su reinado, un solo acto de adulterio lo lleva a buscar el perdón de Dios, quien le asegura que aquello tendrá desastrosas consecuencias sobre su familia. De hecho, uno de sus hijos viola a su medio hermana, lo que lleva a Absalón, el hermano de la chica, a esperar durante años mientras trama el asesinato de su medio hermano. Después de matarlo, Absalón huye, y más tarde acaudilla una revuelta contra David su padre, quien se vio forzado a huir para salvar la vida. Decenas de miles de soldados perecen en la batalla que sigue.

Al final, el reino de David se divide en dos cuando el rey Salomón, su hijo y sucesor, cede ante una tentación similar, pero en una escala mayor.

Si los reyes escogidos por Dios tuvieron unas caídas tan fuertes, ¿por qué nos sorprende leer acerca de las hazañas de los maliciosos directores ejecutivos, estrellas del deporte, pastores y políticos atrevidos? La década pasada está repleta de fallos morales monumentales movidos por la lujuria y la codicia. Hay una gran probabilidad de que las simientes de la inmoralidad hayan aparecido también en tu organización. Lo que comienza con un comentario inocente de un hombre acerca del cabello de una mujer, es respondido con un elogio porque él ha perdido peso. Con el tiempo, estos halagos mutuos llevan a la intimidad verbal, excitando los apetitos carnales. Un viejo predicador dijo en una ocasión: «Si no tienes intención ninguna de entrar a la casa, no te quedes de pie en el portal».

Oí hablar de un hombre con una reputación impecable que soportó las atenciones especiales de una joven compañera de trabajo, hasta que finalmente, sus muestras de cariño quebrantaron su resistencia. Comenzó a buscar oportunidades para conversar con ella, convertirse en su confidente, e incluso reunirse con ella en actividades sociales ellos solos después del trabajo. Pronto se corrió la voz de que él la estaba tocando de una manera indebida. Después otra mujer se quejó de que a ella también la estaba tocando. Aunque decía que era feliz en su matrimonio, de repente se encontró en medio de la posibilidad de un litigio legal por acoso sexual.

El pastor Bob Russell habla con frecuencia acerca de una atractiva joven a la que estuvo aconsejando mientras ella pasaba por un proceso de divorcio hace veinticinco años. En la sesión final, ella le hizo una sugestiva observación que a él lo halagó. Con el tiempo, ella comenzó a aparecer en medio del público cada vez que él hablaba en diferentes lugares, y descubrió que estaba pensando en ella todo el tiempo. Sin embargo, un día, cuando estuvo a punto de cruzar los límites, la rechazó con firmeza, y muy pronto ella se marchó de la iglesia. «Yo habría podido herir a mucha gente y anular la influencia que tenía», dice. «Hoy en día miro a mi familia, con todos mis nietos... Todo esto lo habría podido tirar por la borda».

Creo que uno de los peligros morales más grandes para los líderes son los viajes que hacen solos: los canales de la televisión en el cuarto del hotel, las luces de la gran ciudad, la oportunidad de actuar sin que nadie sepa nada. Varios de los nuestros han asistido a reuniones de la industria y caído víctimas de diversas tentaciones. Tal vez se deba a los lugares exóticos, a las fiestas de noche, o a la naturaleza social de las conferencias que duran todo un día. Cualquiera que sea la razón, las inhibiciones se desvanecen.

Todos necesitamos ser cuidadosos en esto, tanto hombres como mujeres. ¿Cómo te proteges de la amenaza de un derrumbe moral? Desde el Génesis hasta el Apocalipsis, la Biblia nos advierte que debemos actuar de manera deliberada en este aspecto. A continuación aparecen unas cuantas medidas prácticas que podemos tomar:

La defensa personal: Los líderes debemos comenzar por purificarnos nosotros antes de poder proteger a nuestras organizaciones. Podemos fortalecer nuestras defensas si usamos filtros en la Internet, si dedicamos más tiempo a nuestra familia y a nuestro matrimonio y si le expresamos nuestro amor a nuestra pareja. Con todo, estas disciplinas no van a ser tan eficaces como un cambio en nuestra manera de pensar sobre las tentaciones. La próxima vez que tengas que batallar con ellas, hazte esta pregunta: «¿Qué beneficio conseguiré si me dejo llevar por esta tentación si lo comparo con la tragedia que voy a traer a mi vida y a mi familia si esto se vuelve público?

La defensa de la organización: Los que se encuentran bajo el cuidado del líder merecen una estructura que los proteja. Además de las precauciones normales contra los acosos sexuales, debemos establecer normas sencillas que todos puedan recordar y seguir con facilidad. La iglesia de Bob Russell instituyó unas directrices que prohíben incluso las apariencias de malas intenciones:

- No comas en un restaurante ni viajes solo con una persona del sexo opuesto; debe haber presente una tercera persona.
- No montes en un auto en compañía de alguien del sexo opuesto, a menos que se trate de una verdadera emergencia.
- Evita los temas íntimos y el contacto físico con los miembros del sexo opuesto.

¿Te parece todo esto algo mojigato o ultraconservador en el mundo de hoy? Tal vez necesitemos hacer todo esto con el fin de combatir la lascivia que invade nuestra cultura. Los valores a la antigua protegen a nuestros empleados y a sus familias. También protegen a nuestra organización de caer en un desastre.

Principio de liderazgo #10 (2 Samuel)

Para protegerte tú y proteger a tu organización de fallos morales, destruye el portal de entrada de las tentaciones.

«Y sucedió un día, al caer la tarde, que se levantó David de su lecho y se paseaba sobre el terrado de la casa real».
(2 Samuel 11:2)

11

No sigas el ejemplo de aguante del rey Salomón: *1 Reyes*

«La resistencia es más noble que la fortaleza,
y la paciencia más que la belleza».
John Ruskin

El rey Salomón, el heredero de David, gobernó Israel durante cuarenta años. Aunque venerado como el gobernante más sabio y rico de todos los tiempos, al igual que su padre, dilapidó su reino por el amor de mujeres prohibidas. En el libro 1 Reyes, Salomón honra a los dioses de sus esposas durante los últimos tiempos de su reinado. El Señor lo castiga enviándole enemigos y maldiciendo el país. Los herederos de Salomón ven dividido su reino. Una rápida sucesión de reyes ocupan los tronos de los reinos del norte y del sur durante dos siglos, hasta que los conquistan los imperios vecinos.

Si Salomón escribiera un libro de consejos para los líderes de hoy, es muy probable que incluyera las siguientes lecciones sobre la forma en que los líderes y las organizaciones pueden perdurar.

Nunca jamás transijas en cuanto a tus valores básicos. Cuando Salomón comenzó a reinar, se propuso buscar la sabiduría y ser leal a Dios. Esos valores lo ayudaron a lograr numerosas victorias y estabilizar su reinado, pero terminó abandonándolos para buscar los placeres a corto plazo. Aunque después fue más sabio que antes, no le fue posible borrar las consecuencias de su insensatez.

En un artículo publicado en 1999 por *USA Today*, Jim Collins (coautor de *Creadas para durar*) predijo que la Internet solo era una burbuja que no produciría compañías duraderas, porque carecerían de valores casi por completo. Todo lo que les interesaba era llegar, alcanzar al público y sacarle dinero. Esto es lo que escribió: «Pero hay algunos ejecutivos en la Internet que quieren ir más allá de un simple enriquecerse. Quieren construir algo que perdure. Por ejemplo, los ejecutivos de Amazon.com han estado trabajando muy fuerte para hacer la transición de una excelente iniciativa a una gran compañía». Más de diez años después, Amazon sigue siendo uno de los pocos éxitos entre todos los que se iniciaron en la Internet.

Collins advierte a los líderes que se abstengan de influir sobre la gente con los valores de su organización. «Los ejecutivos me preguntan con frecuencia: "¿Cómo podemos lograr que la gente tenga nuestros valores básicos?". No se puede. Más bien, lo que les corresponde es *hallar* gente que ya esté predispuesta a tener esos valores básicos».

Trázate metas grandes, difíciles y audaces, y planifica para el futuro lejano. El concepto más popular de *Creadas para durar* es el de esas «metas grandes, difíciles y audaces» (que llaman afectuosamente BHAG, por sus siglas en inglés), y se parece a la mentalidad de Salomón.

El gran rey estaba dedicado a la audacia de conseguir grandes logros. Reclutó a casi doscientos mil trabajadores durante siete años para que edificaran un templo que se convirtió en el centro de la fe del pueblo hebreo. Se pasó trece años construyendo un extravagante complejo palaciego. Sus hazañas inspiraban a su pueblo y llenaban de asombro a los reyes vecinos.

Las organizaciones que perduran establecen metas y toman decisiones que quizá necesiten años, o tal vez décadas, para llegar a dar su fruto. Greg Graves, director ejecutivo de la ya centenaria firma de ingenieros Burns & McDonnell, dijo: «Cuando la compañía ya es vieja, uno no toma decisiones que tengan que ver con los ingresos y los presupuestos del año en curso, porque tiene la bendición de que la gente del pasado no lo hizo. Estamos pasando por un desarrollo que no va a beneficiar económicamente a nuestros empleados durante varios años. Me imagino que así es como se llega a ser una compañía con cien años de existencia»[20].

Convierte tu organización en algo vivo, no en algo dedicado a hacer cálculos. Cada año se van a la bancarrota cerca de cuarenta mil negocios en los Estados Unidos. Según Arie de Geus, autor de *La empresa viviente* (*Harvard Business School Press*, 1997; Ediciones Granica

S.A., Buenos Aires, Argentina, 1998), el promedio de vida que puede esperar una corporación multinacional se halla entre los cuarenta y los cincuenta años. Una tercera parte de las compañías mencionadas en el *Fortune 500* de 1970, por poner un ejemplo, habían desaparecido en el año 1983: compradas, unidas a otras o divididas en pedazos. Al igual que sus hermanos, los negocios pequeños, la mayor parte de las iglesias que se fundan no sobreviven más allá de sus primeros años.

De Geus escribe: «Las compañías mueren porque sus gerentes se centran en la actividad económica de producir bienes y servicios, y se olvidan de que la verdadera naturaleza de su organización es la de una comunidad de seres humanos»[21]. La obsesión con los programas o las ganancias mantiene una correlación negativa con la duración de una organización. Las ganancias y la actividad son síntomas evidentes de la salud de la organización; no son las cosas que predicen esa salud. Esas medidas describen el pasado, pero por lo general, no revelan la posibilidad de que surja una mala salud en el futuro.

De igual manera, Salomón contemplaba sus riquezas, sus amplias fronteras, sus numerosas victorias y su gran ejército. Sin embargo, no observó que sus valores se estaban desmoronando. Tal vez los resultados visibles lo hicieran pensar que era invencible.

Principio de liderazgo #11 (1 Reyes)

Para crear una organización o un equipo que perdure, forma una comunidad y dale dos cosas: valores inconmovibles y metas a largo plazo.

«Cuando Salomón era ya viejo, sus mujeres inclinaron su corazón tras dioses ajenos». (1 Reyes 11:4)

12
Levanta un ejército de profetas: *2 Reyes*

«Cuando del futuro se trata, hay tres clases de personas: las que dejan que suceda, las que hacen que suceda y las que se preguntan qué ha sucedido».
John M. Richardson

Un colega me contó hace poco de una experiencia que tuvo en su último trabajo. El periódico para el cual trabajaba había venido decayendo durante largo tiempo, y los empleados tenían el temor de perder su trabajo. Un día, el jefe convocó a todo el mundo a una reunión en la que les habló fuerte. Mi compañero de trabajo recordaba la forma en que les había hablado:

> «¿Cómo se atreve, pensé, a humillar de esa forma a todo el mundo? ¡La gente lo que necesita es energía positiva. Sin embargo, él había hecho un gran llamado. La gente respondió a lo que comprendió que era un desafío, y se sintió respetada, porque alguien se había puesto a su nivel. En lugar de marcharse cabizbajos... se marcharon llenos de seguridad y con la sensación de que tenían que actuar con urgencia».

Las palabras negativas surten buen efecto cuando se dicen en el momento oportuno, de la manera apropiada, y si las dice la persona que tiene derecho a decirlas. En 2 Reyes, el profeta Eliseo fue esta clase de consejero para los reyes de Israel. Aunque con frecuencia era enviado a hablar de verdades incómodas y de juicio divino, también los aconsejaba en cuanto a orientación y estrategia, ungía a los demás para darles autoridad y hablaba con toda valentía ante los que se le oponían. Exigía de los que estaban capacitados que se ayudaran a sí mismos, aunque era paciente con los errores inocentes. Insistía incansablemente en hacer que se cumpliera la ley.

Tal vez la tarea más importante de Eliseo fue de predecir el futuro, capacidad que Dios le había dado. Aunque en muy pocas ocasiones vamos a disponer de un Eliseo que nos facilite un conocimiento del futuro que proceda de Dios, sí podemos aprovechar el conocimiento profético colectivo de nuestro personal, nuestros voluntarios, vendedores y otros miembros de nuestra organización. A través de sus comentarios, podremos sentir hacia dónde se dirige la organización, o hacia dónde debería dirigirse.

Los futurólogos profesionales utilizan técnicas como las de escudriñar el ambiente y analizar las tendencias para determinar qué les sucederá a los gobiernos y las economías a corto y a largo plazo. En una escala menor, hay compañías como *Starbucks* que aprovechan el poder de la Internet y de su gran base de clientes. «MyStarbucksIdea.com» permite a los clientes y empleados escribir allí sus ideas sobre posibles mejoras de los productos o de los establecimientos, comentar las ideas de otras personas y votar por sus ideas favoritas. La corporación *Starbucks* clasifica las ideas como «bajo revisión» cuando está estudiando activamente una manera de convertirlas en realidades.

Starbucks está levantando un ejército de profetas que le digan la verdad, pero esas personas son más que mensajeros. Perfeccionan las mejores ideas, debaten y perfilan mejor sus propios pensamientos sin que la corporación les diga ni una sola palabra. Estos dinámicos grupos de evaluación dan a la compañía una lista de cosas por hacer ya priorizadas y revisadas por miles de clientes. La naturaleza anónima del portal de Internet permite que la gente se exprese, vote y comente sin temor a represalia alguna.

Peter Drucker dijo: «La mejor manera de predecir el futuro es crearlo»[22]. Una forma excelente de crearlo es combinar las predicciones de los expertos con los pensamientos de sus propios miembros, clientes, empleados y proveedores. Esta inteligencia obtenida por colaboración es lo mejor que podemos conseguir, con excepción de la posibilidad de tener un Eliseo como parte de nuestro personal. Por ejemplo, la IBM ofrece «bloques de innovación» en los que intervienen ciento cincuenta mil empleados, miembros de sus familias, socios de negocios e investigadores universitarios. Los participantes lanzan todo tipo de sugerencias desde más de cien países distintos, durante veinticuatro horas al día por varios días.

La planificación para el futuro necesita ir más allá de un portal que solo contenga «mi idea». Necesita una convergencia masiva de cerebros, o una banda de gente que expresen verdades. Cuando perfilamos nuestra propia visión y actuamos en la dirección que queremos seguir, debemos prepararnos para futuros alternos. Sin embargo, son demasiados los líderes que permiten que las fuerzas culturales, económicas y de mercado los desvíen de su curso. Así es como cambian sus productos, sus estructuras o sus métodos, basándose en lo que está haciendo todo el mundo. Cuando las cosas no mejoran, vuelven a cambiar. Por supuesto, el problema está en que están actuando a partir de tendencias del presente y contextos comunes, en lugar de trazar estrategias a fin de alcanzar el mejor futuro posible para su visión particular.

¿Por qué ir donde ya está todo el mundo, si el plan de Dios para usted es que sea un pionero? En *El arte de la conjetura*, Bertrand de Jouvenel escribe: «Los que actúan de una manera deliberadamente sostenida y firme son los creadores del futuro»[23]. Cuando tenemos un ejército de profetas que nos digan la verdad y que no nos dejen desviarnos del camino evidente, nuestras organizaciones se vuelven más seguras contra las fuerzas exteriores que nos tratan de empujar hacia el camino que todos siguen.

En el próximo capítulo nos centraremos en la forma en que las medidas de rendimiento y operación complementan la sabiduría de nuestros profetas. Algunas veces, ni siquiera las personas más capaces de identificar el futuro nos pueden decir qué es lo que está sucediendo de veras bajo la cubierta de la organización.

Principio de liderazgo #12 (2 Reyes)

Reúne las piezas del futuro a partir de la inteligencia colectiva de tus clientes, miembros, empleados y proveedores.

«Entonces el rey de Israel envió a aquel lugar que el varón de Dios había dicho; y así lo hizo una y otra vez con el fin de cuidarse». (2 Reyes 6:10)

13

Desfragmenta tu empresa mediante el descubrimiento de sus fuerzas débiles: *1 Crónicas*

«Notamos que las cosas grandes están hechas de cosas pequeñas».
Robert Browning

¿Se halla tu organización en condiciones óptimas? A veces siento que hay como una especie de enfermedad que está haciendo que la nuestra marche con mayor lentitud. Aflora en diferentes departamentos o personas; algunas veces tiene su origen en mí mismo. Me encantaría poder desfragmentar las faltas de eficacia que haya en el disco duro de nuestra organización.

Hay numerosos fragmentos que le pueden servir de lastre a una organización: las redundancias, las faltas de eficiencia, los errores, los trabajos sin hacer, los problemas escondidos que la gente se siente demasiado avergonzada para revelar. Hay computadoras, programas o equipos obsoletos. Hay conflictos interpersonales sin resolver. Empleados o miembros de los equipos que tienen poco entrenamiento. Otros que no comprenden como se debe la razón de ser de la organización o el negocio. En nuestra pequeña oficina donde solo hay cincuenta personas, hay algunos que apenas se conocen entre sí. Ejecutamos procesos mensuales, tenemos reuniones con regularidad o preparamos algunos informes solo por hábito, no porque se necesite que todos se hagan de esa forma. Los conocimientos fragmentarios llenan de impedimentos nuestra oficina.

Entonces, te preguntas, ¿por qué no arreglamos nuestros fragmentos y seguimos adelante? La respuesta es sencilla: estamos demasiado ocupados tratando de apagar los fuegos de todos los días, los proyectos nuevos, las reuniones y el logro de resultados. Lo típico de las organizaciones al estilo de la nuestra es que se enfrentan a los síntomas de fragmentación, en lugar de pasar tiempo lidiando con las raíces que los causan.

En 1 Crónicas se presenta una interesante solución a este problema. Este libro, que es una verdadera obra maestra en cuanto a organización, detalla todos los aspectos y las medidas del templo que construiría Salomón. Una sola desviación haría que el templo se volviera imperfecto e imposible de usar. Se señala incluso la posición exacta que deben tener todos los artefactos. Se especifican los colores de las cortinas, y también el mobiliario y las ornamentaciones más diminutas. No se deja espacio para las interpretaciones subjetivas.

Los planes incluyen la forma en que la sociedad israelita debía estructurarse, organizarse y mantenerse. Describe las fronteras entre las tierras familiares de los israelitas, delinea quién hace qué trabajos dentro del templo, presenta descripciones de responsabilidades, hace inventario de los recursos disponibles, recoge por escrito los nombres de los líderes y del personal del templo, aclara los papeles y las responsabilidades de los militares y revisa los diversos puntos de referencia históricos.

Adquirimos la imagen de una máquina organizativa que ha sido construida calculando hasta los detalles más mínimos. No hay esfuerzos desperdiciados ni confusiones en cuanto a las responsabilidades en el trabajo. En cierta forma, se deja de lado por un tiempo el cuadro general; durante varios capítulos, el autor dedica todo su esfuerzo a los detalles estructurales y orientados a los procesos.

Hoy en día, muchos líderes se dejan consumir demasiado con los detalles de las predicciones financieras, lo cual es algo así como conducir un auto mirando solamente por el espejo retrovisor. Cuando por fin aparecen los problemas, el auto ya está metido en un problema. Y después están también los Indicadores Clave de Desempeño (ICD), cálculos no financieros como el tiempo de comercialización, medición de los procesos y las quejas de los clientes. Aunque contribuyen al diagnóstico sobre la salud de una organización, estos factores solo miden el rendimiento del pasado.

Cuando descubramos las causas poco perceptibles o indirectas que se hallan tras los ICD, podremos evitar con mayor eficacia el bajo rendimiento con un plan proactivo, en lugar de tener que idear planes reactivos cada vez que vemos malas tendencias.

Piensa en la importancia que tiene la débil fuerza nuclear. Aunque de una energía sumamente baja, y eficaz solo a distancias muy cortas, es la única fuerza del universo que produce la radioactividad que ayuda a generar la luz solar, nos permite dar diagnósticos y tratamientos médicos avanzados, nos proporciona energía solar y calienta la tierra.

¿Cuáles son las fuerzas bajas de energía, pero altamente reactivas, que están obrando en tu organización? Piensa más allá de los atascos en la producción, los procesos anticuados, los malos planes de producción en la fábrica y las aplicaciones alocadas. Piensa en las abejas. En *Fruitless Fall*, de Rowan Jacobsen (Bloomsbury, 2008), se revela el verdadero valor de las abejas: sin sus esfuerzos de polinización, nos quedaríamos sin manzanas, almendras, cerezas, café, pepinos y cacao. La leche y los helados desaparecerían, porque las vacas comen tréboles polinizados por las abejas.

En otras palabras, es importante que aislemos las causas de los defectos menores que encontremos a todo lo largo y ancho de nuestras organizaciones, antes de enfrentarnos a los defectos mismos. ¿Cómo controlamos las fuerzas que no aparecen en los estados de pérdidas y ganancias, ni en los tableros de Indicadores Clave de Desempeño, ni en las encuestas entre los clientes ni en las proyecciones estratégicas? Un lugar donde debemos mirar es la calidad de los líderes, medida por las percepciones de sus subordinados. Unas encuestas anónimas acerca de la eficacia de un líder pueden revelarnos las causas de un rendimiento pobre que sin esa encuesta, el líder seguiría escondiendo muy bien. Si un líder o gerente no es capaz de motivar, por ejemplo, es posible que culpe a la poca habilidad de su gente para vender por el mal rendimiento de su división, una historia que se puede creer hasta que uno lee los resultados de la encuesta sobre la gerencia.

¿Es hora ya de que le des una revisión general a tu organización, departamento o equipo? Si te dedicas a extraer los detalles, es posible que llegues a asombrosos descubrimientos. Nos esperan avances significativos cuando buscamos sus débiles señales.

Principio de liderazgo #13 (1 Crónicas)

Evita un rendimiento pobre estudiando los detalles que forman tu organización, y también las débiles fuerzas que se hallan tras ellos.

«Todas estas cosas, dijo David, me fueron trazadas por la mano de Jehová, que me hizo entender todas las obras del diseño». (1 Crónicas 28:19)

14

Alinea tus reuniones externas de tres maneras: *2 Crónicas*

«Por lo general, la gente menos productiva es la que está más a favor de celebrar reuniones».
Thomas Sowell

Cuando Salomón construyó el primer gran templo en Jerusalén, el pueblo de Dios por fin tuvo un centro religioso permanente para los sacrificios que se hacían continuamente, y para una adoración organizada. Era un verdadero santuario. Se reunían en el templo para relacionarse a un nivel más profundo entre sí y con Dios.

Hoy en día, la gente tiene ansias de disponer de diferentes tipos de «santuarios» como maneras de escapar a su vida repleta de estrés. En nuestra propia oficina, algunos de los espacios para trabajar han sido transformados en «minisantuarios». Cuando entro en la oficina de uno de nuestros ejecutivos, su suave iluminación, su acolchonado sofá y sus plantas me tranquilizan de inmediato. Los estantes atestados de libros de otro de mis colegas me estimulan mentalmente cuando paso por su oficina.

Cada vez son más los trabajadores que están hallando un «santuario» fuera de la oficina. Los trabajos realizados a distancia, los horarios flexibles, las reuniones y las conferencias fuera de las oficinas ofrecen menos estrés y una productividad mayor. Por otro lado, para aquellos de nosotros que tenemos que estar metidos en la oficina todos los días, las reuniones en otro lugar son acontecimientos especiales.

A pesar de la excelente experiencia que proporcionan, la mayoría de las actividades fuera del lugar de trabajo son un desperdicio de dinero y de tiempo. Los ejercicios para consolidar equipos producen pocos beneficios duraderos después que se termina la reunión. Las presentaciones de PowerPoint que hacen los ejecutivos dan a conocer los números y la visión de una manera majestuosa, pero si les preguntas a los empleados un mes más tarde qué recuerdan de la reunión, lo más probable es que mencionen el bufé.

Los buenos organizadores de reuniones crean una experiencia remota semejante a la de un templo; un «santuario» lejos de las tensiones y las distracciones de la oficina y el hogar. Van creando expectativas con respecto a la reunión, y desbordan de energía positiva durante la misma. Sin embargo, la mayor parte de las organizaciones no logran tres alineamientos importantes que hacen de una reunión fuera del lugar de trabajo algo más que una buena sensación.

Alinea el propósito con la gente. El templo de Salomón no era solamente un centro de retiros ni el centro de reunión de la ciudad. La razón de su existencia era la adoración. Las conexiones sociales se producían como un producto secundario.

Muchos líderes piensan que su propósito primario en estas reuniones fuera del lugar de trabajo es cultivar el espíritu de equipo. Las fijan en su agenda en el mismo tiempo todos los años, no porque haya ninguna razón imperiosa para reunir a todo el mundo, sino para crear un ambiente en el cual se puedan estrechar lazos dentro del equipo.

Las mejores reuniones fuera del lugar de trabajo reúnen a personas que normalmente no están en el mismo equipo, o al menos no se reúnen con regularidad. Entre ellas se incluyen los empleados más remotos, los vendedores, los clientes clave o gente procedente de diferentes departamentos. Cuando todos tienen parte en la resolución de un problema común, o en la contemplación de un nuevo rumbo, tendrás en tus manos una reunión estelar fuera del lugar de trabajo. El fortalecimiento de los equipos se produce de manera natural.

Alinea el ambiente con el propósito. La ubicación de una reunión fuera del lugar de trabajo se debe escoger de manera estratégica. Según un artículo de *Fast Company*, «no se puede llevar arrastrada a la gente a un centro de conferencias aburrido al máximo y esperar que se logre algo que no sean unos resultados totalmente aburridos». El artículo presenta un gran ejemplo:

> «El lugar que escojas es crítico», dice Brenda Williams, del Lab. «Hemos alquilado estadios de fútbol y tenido sesiones en los vestidores cuando vamos a hablar acerca de productos deportivos. Para una reunión sobre un nuevo producto de cereal para niños, es posible que planifique una reunión en un parque infantil. La cuestión está en hallar un espacio que le recuerde a la gente las metas estratégicas y los temas centrales de la reunión»[24].

Si no tienes acceso al lugar perfecto, puedes crear un lugar virtual por medio de un vídeo. Las secuencias documentales o de viajes de alta calidad transportan al que las ve a otro lugar y a otro tiempo, al liberar la imaginación y relajar las inhibiciones. Las entrevistas con clientes también son eficaces. Las películas cortas que se relacionan de manera directa con el propósito de la reunión le abren la mente a la gente.

Alinea el propósito con el conflicto estratégico. Cuando están presentes los que deben estar presentes, se ha identificado la meta y la escena está preparada, es necesario enfrentarse al elefante.

Los líderes deben animar a los participantes a hablar abiertamente acerca de los conflictos sin resolver. No se debe desperdiciar el ambiente neutral. Un escritor de la revista Inc. Dice: «Anima a tu personal a hablar con libertad y recuérdales que no están en la oficina y que, por tanto, las reglas de la oficina no se aplican allí»[25].

Pero no se trata de enfrentarse a cualquier elefante presente en el lugar. ¿Cuáles de las diferencias existentes en el momento son las que se deben resolver para que tu organización pueda seguir adelante? Por ejemplo, ¿da por sentado el departamento de ventas que al de mercadeo no le importan las cuotas, y el de mercadeo se queja de que los representantes los tratan como ciudadanos de tercera clase? Con frecuencia les echamos la culpa a los malos procesos o estrategias, cuando un simple conflicto interpersonal es la causa de la existencia de ese punto débil. No hay mejor lugar para resolver estas diferencias que una reunión fuera del lugar de trabajo, donde hay más posibilidades de aclarar las situaciones.

Además de estas tres alineaciones, el éxito de una reunión fuera de las oficinas depende de una sensación general de «santuario».

Cuando las personas se sienten protegidas de las distracciones, libres de todo ataque, y libres también para revelar verdades que creen profundamente y que son aceptadas por sus colegas, pueden surgir soluciones reales a los problemas más difíciles con los que se tenga que enfrentar cualquier organización. Es muy probable que las únicas normas formales que necesites sean una sinceridad total y una cortesía profesional.

Principio de liderazgo #14 (2 Crónicas)

Las reuniones fuera del lugar de trabajo resultan mejores cuando se enfocan solo en el propósito con el cual fueron convocadas.

«Y la casa que tengo que edificar, ha de ser grande; porque el Dios nuestro es grande sobre todos los dioses». (2 Crónicas 2:5)

15

Construye primero un templo y después levanta una cultura: *Esdras*

«Las culturas de las compañías son como las culturas de las naciones. Nunca trates de cambiar una. En lugar de intentarlo, trata de trabajar con lo que tienes en las manos».

Peter F. Drucker

Me siento escéptico ante el concepto de una cultura de la organización. ¿Surge de manera natural de la gente y las tradiciones, como insinúa Drucker, o la puedes cambiar deliberadamente, tengas lo que tengas en las manos?

¿Qué es entonces una cultura? La literatura actual sobre el liderazgo la identifica con actitudes, experiencias, creencias y valores de una organización; es su personalidad; la prevalencia del pensamiento independiente sobre el proceso, o en términos sencillos, «como se hacen las cosas por aquí».

En *El efecto halo*, el escritor Phil Rosenzweig desacredita la idea de que la cultura deliberada siempre afecta al rendimiento. «Muchas de las cosas que [...] solemos *pensar* que contribuyen al rendimiento en una compañía, y son muchas veces atribuciones *basadas en* el rendimiento[26]». Cita la crisis del Tylenol en 1982, que terminó con siete muertes debidas a cápsulas que contenían cianuro. La Johnson & Johnson gastó cien millones de dólares para quitar todos los frascos de todos los estantes en la nación. Su director ejecutivo, James E. Burke, le atribuyó a la cultura de integridad de la J&J el que la compañía resolviera con éxito la crisis. Rosenzweig escribe: «Esta [...] es una anécdota memorable, pero es posible encontrar una buena anécdota para apoyar prácticamente todo lo que sucede»[27]. Por ejemplo, el director ejecutivo le habría podido acreditar el éxito con la misma facilidad a la excelencia en la forma de operar, a unas relaciones públicas excelentes, a la velocidad dentro de la cadena de proveedores o a la calidad de sus líderes.

Larry Page y Sergey Brin, los fundadores de Google, inventaron su famosa tecnología de búsqueda como parte de un proyecto para su colegio universitario. ¿Comenzaron el proyecto creando de manera consciente una cultura que fuera a producir resultados óptimos? No me parece que el garaje de una casa pueda pasar como cultura creada a propósito. El caso es que necesitaban un lugar barato para crear su tecnología, de manera que pudieran conseguir dinero. ¿A quién le importa la cultura, cuando está batallando por levantarse del suelo?

En un artículo publicado en 2008 por la revista *Fortune*, Page dijo que le gusta el ambiente de las oficinas satélite más pequeñas que tiene la compañía *Google*. «Me parece que a medida que crezcamos, esta es la forma en que vamos a tratar de mantener nuestra cultura: asegurarnos de tener grupos que sean del tamaño adecuado». En cambio, Brin dice: «No me parece que mantener la cultura sea una meta. No creo que debamos estar mirando siempre hacia atrás, a nuestros años dorados en aquel garaje. La meta es mejorar mientras crecemos, y ciertamente, tenemos más recursos para tener peso sobre las cuestiones culturales, y quién sabe cuántas cosas más, a medida que va aumentando nuestra escala»[28].

El antiguo libro de Esdras rectifica toda esta cuestión de la cultura. Habla de cómo los israelitas reconstruyeron su cultura a partir de las cenizas, después de haber sido gobernados por extranjeros. El templo de Salomón había permanecido en ruinas durante varias décadas desde que los babilonios conquistaron Jerusalén, pero ahora que los propios babilonios habían sido derrotados, los judíos desterrados restauran la antigua estructura a su gloria anterior. El gran templo es la esencia misma de su nación. Sin él, no hay cultura.

Cerca de veinte años después de terminado el majestuoso edificio, un valiente líder llamado Esdras reconoce que su pueblo ha vuelto a caer en las prácticas de pecado que había desarrollado mientras estaba en el destierro. Se está agotando la emoción por la reconstrucción del templo. Esdras reacciona a base de instituir nuevamente las viejas tradiciones y leyes del pueblo hebreo, haciendo saltar la chispa de un avivamiento espiritual. Una vez más, la nación es de manera distintiva el pueblo de Dios.

¿Cuál es la esencia de tu organización? ¿Hay una marca fuerte, un producto insignia o un icono ejecutivo sin el cual no habría cultura? Para nosotros, se trata de nuestros portales de industrias en línea. Ellos son los que generan la mayor parte de nuestros ingresos. Si se viene abajo uno de ellos, miles de personas del mundo entero quedan afectadas negativamente. Esos grandiosos portales producen nuestra cultura.

Los judíos vieron en el templo el catalizador para la recuperación de la herencia de la cual estaban orgullosos. De igual forma, las organizaciones saludables edifican culturas después de haber edificado sus templos. El templo de la *General Electric* es la calidad excelente de su gerencia, que es también su modelo en los negocios. Con todas las organizaciones diversas que posee, las culturas van y vienen. Sin embargo, una cosa que nunca cambia en la *General Electric* es este núcleo central.

¿Está tu organización dedicada a la creatividad, como lo pueden estar una firma de diseños o una casa de publicaciones? Si así es, quizá tu personal disfrute de realizar su trabajo en cafeterías de vez en cuando. Necesitan las herramientas de diseño mejores de su clase, y las críticas positivas de sus colegas. Si tu modelo exige la innovación de sus sistemas de investigación y desarrollo, ¿qué clase de entrenamiento te agradecerían tus ingenieros? ¿Sacarían su inspiración de viajes a distintos lugares para ver las grandes obras de la ingeniería mundial? Si tu éxito depende de una imagen de integridad suprema dentro del mercado, como en el caso de la Johnson & Johnson, las recompensas que les des a tus empleados deben reflejar esos altos niveles. Y por supuesto, cuando te golpee algún desastre, debes responder con una inquietud y unas inversiones abrumadoras.

¿Has podido ver cómo se entrelazan la estrategia y la cultura? El modelo estratégico guía a la cultura; raras veces sucede lo opuesto. La gente necesita un templo antes de poder adorar en él.

Principio de liderazgo #15 (Esdras)

Identifica aquella cosa de la cual no puede prescindir tu organización. Edifícala, y después edifica toda una cultura alrededor de ella.

«Nosotros somos siervos del Dios del cielo y de la tierra, y reedificamos la casa que ya muchos años antes había sido edificada, la cual edificó y terminó el gran rey de Israel». (Esdras 5:11)

16

A continuación, levanta un muro: *Nehemías*

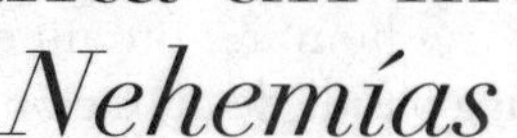

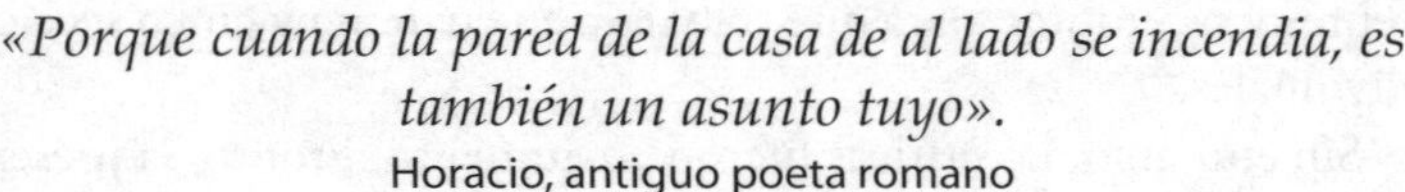

«Porque cuando la pared de la casa de al lado se incendia, es también un asunto tuyo».
Horacio, antiguo poeta romano

Hace poco visité la Gran Muralla China. De pie en una de sus almenas, mis ojos perdieron su enfoque ante la estructura que se deslizaba hasta desvanecerse en la neblina del horizonte. En algunos lugares, los escalones de piedra que había sobre la muralla eran tan empinados como los riscos que los rodeaban.

Durante los siglos que fueron desde el siglo quinto a. C. hasta el dieciséis d. C., se calcula que entre dos y tres millones de personas murieron mientras trabajaban en esta red de murallas. Más de un millón de hombres se encargaron de guardar una sección importante durante la Dinastía Ming. En 1644, un general chino traicionó a su emperador, y abrió las puertas a sus enemigos.

Mientras la Gran Muralla iba tomando forma hace veinticinco siglos, otro líder llamado Nehemías estaba construyendo un anillo de defensa alrededor de Jerusalén. Nehemías era un funcionario judío de confianza en la corte del rey Artajerjes de Persia, y este lo había autorizado para llevar a un grupo de israelitas a su tierra con el fin de reconstruir su capital.

Nehemías tenía la visión de conseguir que la ciudad floreciera alrededor del nuevo templo: casas llenas de risas, calles repletas de gente, una plaza de mercado llena de bullicio. Sin embargo, ninguna de aquellas cosas sería posible sin protección contra unos vecinos que no tenían nada de amistosos. El nuevo templo de Esdras y los incipientes asentamientos serían un blanco fácil.

Cuando Nehemías entró a las ruinas de Jerusalén, todos sus pensamientos iban centrados en su restauración. En su calidad de gobernador general, cargo al que había sido nombrado, convocó a una reunión de todos los sacerdotes, nobles y funcionarios, para hacer planes. De inmediato, tres hombres prominentes dudaron de su autoridad, y levantaron una oleada de oposición. Nehemías comenzó de todas maneras la construcción. Organizó una inmensa fuerza laboral formada por familias, tribus, funcionarios del gobierno, mercaderes, orfebres y sacerdotes, para que trabajara en cuarenta y cinco secciones individuales.

Sin embargo, las críticas fueron en aumento. Pronto, la presencia misma de Nehemías comenzó a molestar el equilibrio local del poder y el comercio. ¿Qué te parece la lista siguiente como ejemplo de lista de causas de tensión para un líder?

- Tuvo que inspirar a sus abrumados obreros al mismo tiempo que rechazaba a sus violentos críticos.
- Tuvo que reasignar la mitad de su fuerza de trabajo que estaba edificando los muros a la responsabilidad de *defenderlos.*
- Sus guardas se iban a la cama todas las noches totalmente armados.
- Cuando comenzó una hambruna, él mismo alimentó a centenares de personas.
- Cuando el trabajo estaba casi terminado, sus enemigos trataron de manchar su reputación.

Estos obstáculos no pudieron impedir que se terminaran los muros en solo cincuenta y dos días. Cuando se supo la noticia de que la estructura del muro estaba en pie y era sólida, sus enemigos se echaron atrás. Entonces, el gobernador Nehemías retocó algunas de las casas que se estaban derrumbando, hizo un censo de todas las familias y pobló a Jerusalén con judíos procedentes de los pueblos y aldeas de los alrededores. Por último, organizó una gigantesca ceremonia de celebración y dedicación. Misión cumplida.

¿Te puedes identificar con la situación del liderazgo de Nehemías rodeado de leones? Tal vez te enfrentes a amenazas debidas a la competencia, peligros en cuanto a seguridad, fluctuación del mercado, clientes enojados, una pesadilla de relaciones públicas, una moral por los suelos, riesgos de responsabilidades legales, amenazas procedentes del ambiente u oposición interna. Tal vez venzas uno de estos problemas, y venga otro a ocupar su lugar. La protección contra amenazas de este tipo exige una muralla formidable. Veamos las tres leyes que siguió Nehemías en la construcción del muro:

Primera ley: *La gente construye una protección más fuerte cuando está defendiendo su territorio.* Esta tendencia psicológica es igualmente cierta en el mundo egoísta de hoy. Nehemías agrupó a los habitantes en equipos de personas de mentalidad similar, y a muchos de ellos les asignó la construcción de la sección que se hallaba frente a sus hogares. No necesitaron mucha más motivación para trabajar.

Segunda ley: *No hagas caso de la mayoría de los comentarios amenazadores.* La dignidad que demostró Nehemías cuando lo atacaban nos recuerda la de Gedeón. Cuando estábamos construyendo nuestro primer portal de Internet, una gran compañía, a la que yo tenía la esperanza de venderle publicidad, amenazó con construir un sitio similar en la web para competir directamente con nosotros. Lo que hicimos fue seguir adelante en nuestro proyecto, y ellos terminaron demostrando que todo había sido una bravata. Esa compañía al final se convirtió en cliente de nuestra publicidad. Si hubiéramos reaccionado ante su amenaza, habríamos desperdiciado una gran cantidad de dinero y de energía.

Tercera ley: *Prepara a tu gente en técnicas de gerencia defensivas.* De manera similar a lo que indica la primera ley, las amenazas internas las debe manejar la gente a la que más afectan. Por ejemplo, un estudio hecho en 2004 revela cómo pueden tratar con eficacia los maestros a los estudiantes que los desafían. El estudio recomendaba varias técnicas de «gerencia defensiva» como evitar los conflictos, reaccionar ante los alumnos de maneras positivas y animar a un alumno inmediatamente después de un problema disciplinario[29].

En todos los niveles de una organización, las personas de vez en cuando practican por instinto la autodefensa. Tal vez todo lo que necesiten sea un poco de orientación para ayudar a proteger el templo que con tanto esfuerzo has edificado.

Principio de liderazgo #16 (Nehemías)

Protege el núcleo y la cultura de tu organización con un grueso muro edificado por gente que quiere salvar su pellejo.

«El remanente, los que quedaron de la cautividad, allí en la provincia, están en gran mal y afrenta, y el muro de Jerusalén derribado, y sus puertas quemadas a fuego». (Nehemías 1:3)

17

Espera cincuenta respuestas cuando preguntes por qué: *Ester*

«Se puede hacer dinero en los mercados financieros totalmente al azar».
Nassim Nicholas Taleb

La pregunta «¿Por qué?» confunde a todo líder en algún momento de su carrera. En *El efecto halo,* el escritor Rosenzweig señala lo irracional que es la falacia de esa pregunta: «Nos gusta creer que [...] el mundo de los negocios es un lugar justo y predecible, regulado por unas leyes exactas [...] Pero las preguntas más importantes del mundo de los negocios no se prestan a la posibilidad de predicción y de repetición que distingue a la física»[30].

Cuando leo la historia de Ester me impresionan las ironías, una aparente suerte y la labor de la providencia. Con cada giro que da esta historia, aparecen nuevas preguntas. ¿Por qué escoge el rey Jerjes a Ester, una joven judía, para que sea su nueva reina? ¿Qué hace que Amán, uno de sus funcionarios, deteste al pueblo judío de una manera tan vehemente que haga planes para aniquilarlo en medio de un holocausto? ¿Qué hace que el rey Jerjes suavice de repente sus sentimientos hacia su reina y la familia de esta? Y, ¿cómo se las arregla Ester para terminar revelando su herencia judía, y después forzar a Amán a condenarse a sí mismo en frente del rey?

Esta historia parece demasiado inverosímil. Con todo, así son también las historias de los éxitos logrados por muchas organizaciones de hoy. El mensaje que contiene el libro de Ester es que Dios lo tiene todo bajo su control; la realidad de hoy es que hay fuerzas que no podemos controlar que están actuando dentro y fuera de las organizaciones. Veamos algunas.

Una respuesta lenta: La Real Academia define *histéresis* como «el retraso del efecto sobre la causa que lo produce». Un sistema en el que no hay histéresis es como un bombillo eléctrico intermitente. Las personas y las organizaciones tienen histéresis. Sus respuestas tienden a quedarse rezagadas tras las fuerzas que las afectan.

Durante estos retrasos, es frecuente que sucedan otras cosas que afectan aun más el resultado final, o que presentan dilemas totalmente nuevos. De manera similar, y contra el consejo de su tío, Ester esperó a apelar al rey para salvar a su pueblo. Esto permitió que las piezas se pusieran en su lugar para que ella lograra la victoria definitiva.

Puro azar: Burton Malkiel, en su libro clásico *A Random Walk Down Wall Street*, explica que el valor futuro de las acciones depende muchas veces de sucesos imposibles de predecir. En la década de 1960, la industria de las empresas de servicio público, que había permanecido estable durante largo tiempo, se vino abajo a causa de la repentina subida del precio del petróleo. De nuevo sufrió en la década de 1980 durante la catástrofe nuclear de *Three Mile Island*. La década de 1990 trajo consigo la liberalización de los precios, y los males continuaron en el nuevo milenio con el escándalo de la Enron y otra subida repentina en el precio del petróleo en 2008 que contribuyó a la recesión de los Estados Unidos.

La historia de Ester da un giro clave debido a que su tío Mardoqueo se halla en el lugar adecuado y en el momento debido. Allí ve por casualidad a unos asesinos en potencia que se preparan para matar al rey, y frustra sus planes. La recompensa por este acto de valentía salvará más tarde su vida y abrirá el camino para la caída de su enemigo Amán.

El momento oportuno: Mediabistro.com es un sitio en la web donde se presentan listas de trabajos para escritores. Fue fundado por Laurel Touby en 1996. Laurel, editora de la revista *Glamour*, se sintió aislada trabajando desde su hogar en la ciudad de Nueva York, así que comenzó a organizar lugares de encuentro para profesionales de los medios, que crecieron hasta convertirse en reuniones de asistencia imprescindible. Construyó una versión en línea de sus reuniones, y amplió su red a base de invitaciones por correo electrónico. Cuando

Monster.com saltó al mercado de clasificados de trabajos en línea, Laurel probó usar también listas pagadas en su sitio. La sabiduría de esa decisión produjo fruto inmediatamente antes de la recesión de 2007, cuando vendió su sitio por veintitrés millones de dólares.

La historia de Ester está repleta de situaciones que se produjeron en el momento perfecto, y que al mirarlas desde nuestro punto de vista parecerían calculadas. Tal parece como si se hubiera hecho un guion de todo, y se hubiera ejecutado a la perfección. Sin embargo, para Ester y para su tío, todo aquello carecía por completo de planificación.

El efecto mariposa: El famoso «efecto mariposa» de Edward Lorenz afirma que los efectos pequeños llevan a cambios grandes. Explica cómo algo tan minúsculo como el mover de alas de mariposa en Brasil puede causar un efecto dominó en la atmósfera que más tarde desatará tornados en Texas[31]. En términos más generales, su ley describe cómo unas alteraciones minúsculas en un sistema pueden desencadenar una cadena de sucesos que lleve a fenómenos en gran escala.

En el libro de Ester vemos en pleno funcionamiento este efecto mariposa. Por ejemplo, era algo nunca visto que a los judíos, quienes se hallaban bajo el dominio de los persas, los emplearan como funcionarios del Imperio Persa. De algún modo, Mardoqueo retiene un trabajo de influencia en el palacio, donde se halla en la posición perfecta para guiar a Ester mientras esta salva a los judíos de la aniquilación.

Estas cuatro leyes no son infalibles, pero subrayan el poder que tienen el azar y la oportunidad, y la facilidad con la cual el Señor se cubre con ambas cosas.

Principio de liderazgo #17 (Ester)

No pierdas tiempo preguntando por qué pasan las cosas. Nunca lo sabrás con una seguridad total.

«¿Y quién sabe si para esta hora has llegado al reino?»
(Ester 4:14)

18

Admite tu impotencia: *Job*

«Mi vela arde por ambos extremos; no va a durar toda la noche;
pero ah, mis enemigos, y oh, mis amigos,
¡qué luz tan hermosa!»
Edna Saint Vincent Millay, «First Fig»,
de *A Few Figs from Thistles* (1920)

Un amigo mío pensó que podría conquistar el mundo de los negocios lanzándose a él en cuerpo y alma. Según aumentaban los retos, su llama ardía más fuerte, hasta que no quedó nada. Perdió su trabajo y su matrimonio. Entonces se dio cuenta de que se había vuelto adicto a algo más que al trabajo, y que necesitaba ayuda. Necesitó todo un año para recuperarse y encontrar otro trabajo.

El libro de Job nos da la perspectiva adecuada con respecto al sufrimiento. Job es un hombre generoso, muy respetado y apreciado por los demás. Un día, Satanás se le queja a Dios de que Job solo lo está sirviendo debido al poder y la popularidad que esto le da. El Señor invita a Satanás a demostrar que es cierto lo que dice, y este forma un tornado que mata a los diez hijos e hijas de Job. Por último, recibe permiso para afligir a aquel hombre en pleno sufrimiento con dolorosas llagas. Job queda reducido al nivel de un bebé indefenso. «Desnudo salí del vientre de mi madre, y desnudo volveré allá», afirma (Job 1:21). Se siente avergonzado. Su dignidad del pasado rivalizaba con la de un rey, y ahora se arrastra por el polvo, lleno de llagas desde la cabeza hasta los pies. Sus amigos tratan de consolarlo, pero al final terminan culpándolo a él mismo de sus circunstancias. Nadie conoce la verdadera razón de sus sufrimientos.

Un compañero de trabajo que de vez en cuando cae presa de la depresión, sabe que puede entrar en mi oficina, y desahogarse, o amohinarse, según se sienta en ese momento. No soy psiquiatra, pero cuando le hago preguntas y lo dejo hablar, él mismo saca a la luz la fuente de su depresión. Solo basta con sentarse con él en el foso de los leones para ayudarlo.

Según la Sociedad para la Neurociencia, la depresión aqueja a 18,8 millones de adultos en los Estados Unidos, lo cual representa el diez por ciento de la población sobre los dieciocho años de edad de la nación. Muchos líderes deprimidos se resisten a buscar tratamiento, debido al estigma de la debilidad. Tom Johnson, antiguo director ejecutivo de CNN, se hundió en la depresión en 1989 cuando perdió su trabajo como editor en *Los Angeles Times*. «Mi autoestima estaba muy atada a mi posición», dice. «Me sentía como si me estuvieran envolviendo en tinieblas. Sentía que había perdido el entusiasmo, la felicidad, y que mi autoestima había declinado de manera significativa». Trató de aguantar solo esa situación, pero su esposa al final lo llevó a buscar ayuda. Una combinación de terapia conversacional y medicamentos le restauró la salud mental[32].

Todos tenemos que rendir cuentas de nuestra manera de reaccionar ante las presiones y los momentos difíciles, pero cuando mi gente pide ayuda, no debo imitar a los amigos de Job, que lo culparon en lugar de escucharlo. Sus consejos, nacidos de corazones insensibles, no resolvieron nada. Aunque no podemos controlar la mayor parte de las fuerzas que causan sufrimientos a los miembros de nuestro personal, podemos ofrecerles algún alivio:

- **Manifiéstales un interés sincero:** La atención que le preste alguien con autoridad quizá es el único refugio seguro que tienen.
- **Reconoce y disipa su orgullo:** Deben reconocer que tienen un problema que no pueden arreglar solos.
- **Ahórrate las acusaciones:** Es importante que evites acusarlos de lo que les está sucediendo, y que más bien te concentres en las cosas positivas.
- **Háblales con serena sinceridad:** La premisa básica de la «terapia conversacional» consiste en sacar a la superficie pensamientos bien enraizados.

- **Dirígelos a buscar ayuda profesional:** Es probable que nunca puedas descubrir los problemas de la persona. Tal vez un profesional tenga que pelar más la «cebolla».

¿Y si eres tú el que estás sufriendo? Recuerda lo destruido que estaba Job. No tenía más capacidad para cambiar las circunstancias que un bebé recién nacido.

Cuando por fin Dios le habla, Job espera que le dé una explicación de sus tribulaciones. Sin embargo, el Señor se limita a recordarle que él no tiene control alguno sobre su propia vida, y que solo Dios sabe lo que depara el mañana. En el sorprendente punto culminante del libro, Dios reprende a los necios amigos de Job, y después lo prospera con el doble de la riqueza que había tenido antes. Con el tiempo, Job recibe una nueva familia de siete hijos y tres hijas: exactamente los que había perdido. Vive para ver a sus descendientes hasta la cuarta generación.

Muchos líderes hacen como Tom Johnson y batallan con la depresión durante la mayor parte de su carrera. Cuando sufrimos, sería muy inteligente que evitáramos a gente como los consejeros bien intencionados, pero necios, que tuvo Job. Si hay alguien entre tu gente que se está tambaleando bajo el peso de la depresión, recuerda a la esposa de Tom, que con amor lo forzó a reconocer su impotencia y extender una temblorosa mano en busca de ayuda.

Principio de liderazgo #18 (Job)

Trata el sufrimiento y la depresión con reconocimiento de debilidad y una mano extendida.

«Desnudo salí del vientre de mi madre, y desnudo volveré allá».
(Job 1:21)

19

Mueve la mente y calma el espíritu con la música: *Salmos*

«Cuando el dolor se apodera del corazón hasta herirlo, y lúgubres pensamientos oprimen a la mente, la música, con su argentino sonido, ayuda a reparar con rapidez lo perdido».
William Shakespeare

En algunas reuniones del personal, el estado de ánimo se transforma cuando una melodía de fondo se abre paso. Alguna otra parte de mi cerebro se despierta, y mi atención y mi creatividad se aguzan. Veo sonrisas disimuladas en toda la sala, a medida que el mal humor de los demás se va disipando también.

Cuando la gente espera rutina, monotonía, seriedad o estrés, se siente gratamente sorprendida al escuchar poesía en movimiento. Los antiguos escritores de la Biblia estaban muy conscientes del poder que tiene la música sobre las emociones humanas. A lo largo de cerca de mil años, varios autores, entre ellos Moisés y David, escribieron ciento cincuenta obras poéticas que hoy componen el libro de los Salmos. Este libro se convirtió en el himnario de Israel, y terminó siendo el libro más largo de la Biblia. El comentarista Ray Stedman dice: «No hay libro como los Salmos para satisfacer las necesidades del corazón cuando se siente desalentado y derrotado, o cuando se siente eufórico y animado»[33]. Varios Salmos reflejan las emociones más comunes de la vida:

Temor	Salmos 23, 56 o 91
Desaliento	Salmo 42
Soledad	Salmos 62 o 71

Preocupación o ansiedad	Salmos 37 y 73
Ira	Salmo 13 o 58
Resentimiento	Salmo 77 o 94
Felicidad	Salmo 66 o 92
Gratitud	Salmo 40
(http://www.raystedman.org/adventure/0219.html)	

Las palabras poéticas de este libro exploran los límites de las emociones humanas, y de inmediato resuenan con familiaridad en el corazón del que escucha. Los judíos conocían las historias de David por haberlas leído en otros textos de las Escrituras, pero se solidarizaban con David como hombre a través de las emociones que expresan esos cánticos.

Los estudios han hallado que hay una parte del cerebro, llamada corteza insular o ínsula, que ayuda a procesar la música, y produce diversas reacciones de tipo fisiológico, como la llamada «piel de gallina». En la Universidad de Newcastle, en Inglaterra, los investigadores estudiaron a un anunciador de radio de cincuenta y dos años de edad que dejó de reaccionar emocionalmente al oír música después de un derrame cerebral. Cuando descubrieron que la música clásica que en el pasado le había encantado ya no lo conmovía, comprobaron que su falta de reacción se debía a daños en la ínsula izquierda[34].

La música produce otras cosas, además de emociones y respuestas físicas. En *Tu cerebro y la música*, el autor Daniel Levitin escribe: «Cuando la música golpea nuestros tímpanos, parte de la señal fluye hacia arriba, hasta la corteza motora, y crea una conexión»[35]. Esta parte del cerebro nos impulsa a movernos físicamente. En efecto, la música manipula nuestra mente consciente; no solo nuestro subconsciente. Queremos movernos. Algunos estudios han demostrado que la música reduce el estrés y aumenta la sensación de bienestar y la conexión social.

Albert Einstein decía: «Si yo no fuera físico, es probable que fuera músico. Pienso con frecuencia en la música. Vivo mis fantasías con música. Veo mi vida en función de la música [...] La mayor parte del gozo que hallo en la vida me viene de la música»[36]. Einstein consideraba a Mozart como un genio, alabando sus obras como «tan puras que parecería que siempre han estado presentes en el universo, esperando a que las descubriera el maestro». Veía similitudes entre las simetrías en las composiciones del maestro y las leyes que él mismo estaba descubriendo a lo largo y ancho de todo el cosmos. Mientras batallaba con las complejas matemáticas que evolucionaron hasta convertirse en la teoría general de la relatividad, Einstein buscaba inspiración con frecuencia en la simple belleza de la música de Mozart. Durante los tiempos de intenso pensamiento creativo, tocaba violín[37].

El «efecto Mozart» es una teoría según la cual escuchar la música de Mozart puede realzar algunas partes del intelecto. Aunque es motivo de discusión como conclusión científica, la música barroca, que se suele medir a base de seis compases por minuto, ha demostrado tener resultados positivos en las personas que se centran en sus tareas. Favorece la concentración y el enfoque al relajar los latidos del corazón y la presión sanguínea, lo que permite que una mente más en calma se centre en la tarea que tiene delante. Hay estudios que demuestran que la música barroca afecta la amplitud y la frecuencia de las ondas cerebrales[38].

En 1940, la BBC de Londres fue la primera estación de radio que rompió con el formato general de solo dar noticias y puso música. Su programa llamado «Música mientras trabajas» quería llegar principalmente a los obreros de las industrias. Las orquestas que tocaban en vivo en el programa solían hacer popurrís de músicas distintas, pero con un ritmo constante que mantenía viva la atención de los obreros y su productividad[39]. Como la música mantiene despierta la mente, aumenta la calidad del trabajo y disminuyen los accidentes. La música también desempeña un papel en el ánimo, la salud mental y el humor de la persona.

La música es una forma sencilla de favorecer la productividad y la satisfacción del obrero en el trabajo. Todas las compañías se pueden beneficiar si proporcionan a sus empleados sonidos relajantes en el trabajo. George Eliot decía: «No hay sentimiento alguno, con la excepción de los extremos del temor y la angustia, que no halle alivio en la música».

Principio de liderazgo #19 (Salmos)

Usa la música para despertar las emociones y lograr que la gente se sienta identificada con su trabajo.

«Me acordaba de mis cánticos de noche; meditaba en mi corazón, y mi espíritu inquiría». (Salmo 77:6)

20 No discutas... ¡Nunca!: *Proverbios*

«El espíritu deportivo y la tolerancia son buenos, pero lo que atrae a las multitudes es la perspectiva de una buena pelea».
John McGraw, jugador y mánager de béisbol

Al libro de Proverbios no le faltan fascinantes contrastes. Cualquiera pensaría que una verdad tan sencilla como la de que «hierro con hierro se aguza; y así el hombre aguza el rostro de su amigo» (Proverbios 27:17) serviría para alentar sanos conflictos, fricciones y debates, más que para buscar consuelo y consenso. Por otra parte, antes de esta cita en el mismo libro encontramos algo que parece contradecirla: « Honra es del hombre dejar la contienda; mas todo insensato se envolverá en ella» (Proverbios 20:3). Entonces, ¿debemos enzarzarnos en un debate, o abstenernos de manifestar desacuerdo?

La Biblia enseña que debemos debatir sin pelear. El debate y la discusión son cosas opuestas, aunque ambos surgen de un conflicto. El debate da por sentado que ambas partes tienen el mismo objetivo, mientras que la discusión considera que estamos intentando dominarnos el uno al otro. Cuando yo discuto contigo, solo quiero lo que yo quiera; cuando debatimos, tú y yo queremos la misma cosa. El líder experimentado conoce la forma de convertir una discusión en un debate, y evitar que un debate se convierta en discusión. También sabe manejar ese resbaloso reptil que se llama conflicto.

¿Por qué tantos líderes se valen de las discusiones fuertes? El libro de Proverbios revela la locura que es tratar de dominar a los demás con palabras, de establecer autoridad por medio de la ira. Los siguientes principios deberían gobernar nuestras reuniones, relaciones y conversaciones; es más, debe gobernar toda interacción entre seres humanos.

El que siempre parece tener razón no la tiene. Si una persona persuasiva monopoliza una reunión, muchos de los participantes se callan y parecen estar de acuerdo, aunque albergan una callada resistencia. «Justo parece el primero que aboga por su causa; pero viene su adversario, y le descubre» (Proverbios 18:17).

Controla tu carácter. Robert E. Lee decía: «No puedo dejar que controle a los demás un hombre que no se sabe controlar a sí mismo». He aquí algunos versículos relacionados con la ira:

- «El hombre iracundo promueve contiendas; mas el que tarda en airarse apacigua la rencilla» (Proverbios 15:18).
- «Mejor es el que tarda en airarse que el fuerte; y el que se enseñorea de su espíritu, que el que toma una ciudad» (Proverbios 16:32).
- «El que ahorra sus palabras tiene sabiduría; de espíritu prudente es el hombre entendido» (Proverbios 17:27).
- «El necio da rienda suelta a toda su ira, mas el sabio al fin la sosiega» (Proverbios 29:11).

No protejas a nadie de las consecuencias de su ira. «El de grande ira llevará la pena; y si usa de violencias, añadirá nuevos males» (Proverbios 19:19).

La reconciliación reaviva a las personas y las llena de energía. «La lengua apacible es árbol de vida; mas la perversidad de ella es quebrantamiento de espíritu» (Proverbios 15:4).

Para las discusiones antes que suban de tono. «El que comienza la discordia es como quien suelta las aguas; deja, pues, la contienda, antes que se enrede» (Proverbios 17:14).

En lo que de ti dependa, no te asocies con gente que siempre está enojada. «No te entremetas con el iracundo, ni te acompañes con el hombre de enojos, no sea que aprendas sus maneras, y tomes lazo para tu alma» (Proverbios 22:24-25).

Permanece lo más callado que puedas y cuida cada una de tus palabras. «El que guarda su boca y su lengua, su alma guarda de angustias» (Proverbios 21:23).

Quédate sin hablar todo el tiempo que puedas. «¿Has visto hombre ligero en sus palabras? Más esperanza hay del necio que de él» (Proverbios 29:20).

Cuando la envidia entra en el escenario, la pelea ha ido ya demasiado lejos. La envidia es una de las emociones más poderosas con las que contendemos los seres humanos. Tiene sobre nosotros unos efectos más amplios incluso que la misma ira. «Cruel es la ira, e impetuoso el furor; mas ¿quién podrá sostenerse delante de la envidia?» (Proverbios 27:4).

No dejes que nadie hable demasiado tiempo en las reuniones. Es más, todo lo que se va a decir se debe decir de manera breve, o al menos dividido en partes. Los monólogos efusivos suelen estar plagados de manipulación, alegatos, orgullo o falta de sinceridad. Los grandes discursos suelen fomentar resistencia y resentimiento si los que escuchan no tienen la oportunidad de responder a medida que se va hablando. «En las muchas palabras no falta pecado; mas el que refrena sus labios es prudente» (Proverbios 10:19).

Calla para que te crean sabio. El versículo anterior lo expresa bien, como también lo hace este: «Aun el necio, cuando calla, es contado por sabio; el que cierra sus labios es entendido» (Proverbios 17:28).

No reacciones de manera excesiva ante el enojo del líder. Una actitud defensiva y unas respuestas airadas todo lo que hacen es incitar a los que están en autoridad a hablar con mayor intensidad aun. «La ira del rey es mensajero de muerte; mas el hombre sabio la evitará. En la alegría del rostro del rey está la vida, y su benevolencia es como nube de lluvia tardía» (Proverbios 16:14-15). «Como rugido de cachorro de león es la ira del rey, y su favor como el rocío sobre la hierba» (Proverbios 19:12).

Las discusiones las provoca la ira; los debates los provocan el razonamiento y la convicción. Los que son mejores en los debates participan en un conflicto sano para buscar la verdad y la sabiduría. Sin embargo, son demasiados los líderes que piensan que están en la arena del circo, como los gladiadores, tratando de mantener a raya a unos leones hambrientos.

Principio de liderazgo #20 (Proverbios)

Saca de tus reuniones los conflictos emocionales, pero favorece que se produzca un debate sano.

«El hombre iracundo provoca peleas; el hombre violento multiplica sus crímenes». (Proverbios 29:22, NVI)

21

Combate la inutilidad del éxito: *Eclesiastés*

«La mejor manera de asegurar la felicidad futura consiste en ser tan felices como tengamos derecho a serlo en el día de hoy».
Charles W. Eliot, educador

En una helada mañana del mes de enero, una joven conductora perdió el control de su auto, que vino patinando por la carretera de frente hacia el mío. Me puse tenso en espera del impacto. La cabeza se me inclinó con fuerza hacia delante, y el impulso que llevaba me hizo apretar con tanta fuerza la mandíbula, que se me rompieron las puntas de varios dientes. Después que cesaron los ecos del metal y los vidrios destrozados, el polvo de la bolsa salvavidas llenaba el aire como una neblina.

La joven que estaba en el otro auto abrió de un golpe la puerta y salió tambaleando hacia el pavimento. Más tarde supe que se había fracturado la espina dorsal. Mientras se arrastraba hacia mí buscaba a tientas su teléfono. Se puso histérica cuando llegó la ayuda de emergencia. Nos llevaron juntos al hospital, ambos con collares protectores y firmemente amarrados a tablas. Mientras daba tumbos dentro de aquella ambulancia, me maravillé de la forma en que la vida acababa de cambiar. Solo un momento antes me dirigía a una reunión de desayuno mientras pensaba en la lista de cosas por hacer durante el día. En un abrir y cerrar de ojos, estaba aturdido, sentado en un auto deshecho.

Había un hombre que trabajó en un banco durante veinticinco años. Se había labrado una gran reputación, había trabajado duro y le habían dado muchos premios por sus servicios. Sus colegas y los líderes de la comunidad simpatizaban con él y lo respetaban. Cuando se retiró, la vida le iba bien. Después de su muerte, su esposa recogió todos sus premios, plumas y resplandecientes recuerdos, y los metió en una caja. Se los llevó a un joyero, e hizo que los derritiera, y que con el metal fabricara un anillo para ella.

¿Para qué trabajamos tanto, si al final en realidad no importa? El rey Salomón se hizo la misma pregunta. Como no tenía guerras de qué ocuparse, se pasaba el tiempo estudiando los pensamientos más grandiosos de sus tiempos. Probaba los placeres del mundo, para ver si podían satisfacer de verdad los apetitos más profundos de la vida. Compró esclavos, mandó plantar viñedos y arboledas con árboles florecientes, fue dueño de coros que le cantaban y tuvo centenares de esposas y concubinas.

Después de todo este probar las cosas de mejor calidad, terminó encontrando que tenían poco valor permanente. Llegó a una conclusión: cuando desapareciera, ninguna de aquellas cosas que había conseguido tendría importancia. Todo lo pasaría a la siguiente generación. En el futuro lejano, el mundo seguiría girando, y surgirían y caerían nuevos reinos. Entonces, ¿para qué trabajar tan duro por todas esas cosas? Salomón llegó a otras conclusiones en su ya antiguo libro de Eclesiastés:

La envidia hace que el hombre trabaje en exceso. «He visto asimismo que todo trabajo y toda excelencia de obras despierta la envidia del hombre contra su prójimo. También esto es vanidad y aflicción de espíritu» (Eclesiastés 4:4). Lo que estaba diciendo es que nos volvemos adictos al trabajo por una razón básica: para cumplir con las normas de opulencia de la sociedad.

Las riquezas tienen personalidad. El rey Salomón sabía mejor que nadie lo que era el dinero. Dijo que el dinero nunca duerme porque está lleno de inquietud por sí mismo, y nunca deja de preocuparse por el lugar donde lo van a gastar. Medita de continuo en hallar formas de defenderse contra el fraude, las pérdidas o los impuestos. Por mucho que alguien acumule, cuando llegue al final de una vida de duro trabajo, «¿de qué le aprovechó trabajar en vano?» (Eclesiastés 5:16).

La codicia nos roba el gozo de vivir. Salomón da testimonio de haber conocido «un hombre solo y sin sucesor, que no tiene hijo ni hermano; pero nunca cesa de trabajar, ni sus ojos se sacian de sus riquezas» (Eclesiastés 4:8). La codicia lleva a este hombre a trabajar en exceso; sin embargo, por mucho que acumule, su afán de ganancias siempre excede a sus medios. Por fin se da cuenta de que la vida no es otra cosa sino trabajo e insatisfacción.

El disfrute de nuestro trabajo es parte de una actitud adecuada ante la vida. «He aquí, pues, el bien que yo he visto: que lo bueno es comer y beber, y gozar uno del bien de todo su trabajo con que se fatiga debajo del sol, todos los días de su vida que Dios le ha dado; porque esta es su parte» (Eclesiastés 5:18). Un par de versículos después, Salomón describe al hombre que disfruta de sus labores: «No se acordará mucho de los días de su vida; pues Dios le llenará de alegría el corazón» (v. 20). (Exploraremos el gozo en el capítulo 22).

La sabiduría triunfa sobre la capacidad. Salomón consideraba las destrezas como mercadería, y la sabiduría como un raro tesoro. Se puede ser muy hábil en el trabajo y sin embargo, hallar mayor éxito y felicidad en la práctica de la sabiduría. O se puede tener poca capacidad, y sobrepasar a gente de mayor experiencia apoyándose en principios sabios.

El rey Salomón llegó a comprender el falso eslabón que parece unir al dinero con la felicidad: «El fin de todo el discurso oído es este: Teme a Dios, y guarda sus mandamientos; porque esto es el todo del hombre» (12:13). Descubrimos la felicidad por medio de un trabajo lleno de gozo, de la comunión con familiares y amigos, y de un concepto saludable de lo que son las riquezas.

Principio de liderazgo #21 (Eclesiastés)

La felicidad consiste en disfrutar sabiamente de la vida en el momento presente; no en asegurarnos un futuro económico que tal vez nunca lleguemos a ver.

«Porque ¿qué tiene el hombre de todo su trabajo, y de la fatiga de su corazón, con que se afana debajo del sol?» (Eclesiastés 2:22)

22

Aprende el secreto de amar tu trabajo: *Cantar de los Cantares*

«El hombre que no trabaja por amor al trabajo, sino solo por dinero, es probable que no gane buen dinero ni encuentre mucho gozo en la vida».
Charles Schwab

En Eclesiastés, Salomón estableció el principio de que el disfrute de nuestro trabajo es uno de los secretos de la felicidad. En Cantar de los Cantares, revela el secreto de amar el trabajo, en vez de solo disfrutarlo.

Para ilustrar la forma en que Dios define el amor, Salomón monta un drama poético entre una pareja de recién casados. La novia revela a un grupo de jovencitas solteras el secreto de su felicidad: «No despertéis ni hagáis velar al amor, hasta que quiera» (Cantar de los Cantares 2:7; 3:5; 8:4). Ray Steadman escribe: «Lo que quiere decir es que no estimulen al amor de manera prematura [...] Sería como tratar de abrir el capullo antes de que esté listo para abrirse, porque se destruye»[40]. No forzar al amor antes que haya llegado el momento es igualmente importante en nuestro trabajo.

Cuando comencé a trabajar después de la universidad, me enamoré de la radio. Esperaba tener una carrera dedicada a codearme con las estrellas del *rock*, las agencias publicitarias y los *disc-jockeys*, pero pronto aprendí que el trabajo de ventas solo se veía bonito desde afuera. El potencial de conseguir comisiones y el estilo glamoroso de vida perdieron su atractivo después del primer año. Cuando me pasé a una estación diferente, pensaba que cambiaría mi manera de ver las cosas. Sin embargo, mi enamoramiento con mi trabajo también se desintegró allí. Ahora, dedicado a la publicación por la Internet, comprendo que no era la radio lo que me gustaba, sino el mundo de los medios de comunicación.

La mayoría de los líderes se siente insatisfecha con las circunstancias que la rodea en el presente, y añora un regreso al glorioso pasado, o la llegada de un futuro ideal. Analiza lo que me cuenta un amigo que trabaja en labores de gerencia:

> «Yo solía pensar que este lugar sería mi última parada. Sin embargo, a medida que han ido pasando los años, el estrés y el aburrimiento han tomado el lugar de la emoción y la diversión. Siento que he perdido mi sueño original de trabajar aquí durante todo el resto de mi carrera. Me faltan las energías; no alcanzo a hacer todo lo que se espera que haga, y aquello que **sí puedo** hacer resulta inadecuado. La compañía y yo nos hemos ido separando. Siento que estoy defraudando a mis compañeros de trabajo y a mi jefe».

Thom Rainer es un amigo cuyo perfil presenté en *Career Crossover* (B&H Publishing Group, 2007). A los doce años, trabajaba para su padre, quien era presidente de un banco en una pequeña ciudad. A los veinticinco, era el vicepresidente más joven de *SouthTrust*, con un emocionante futuro en las altas finanzas. Sin embargo, siguió el llamado a pastorear una iglesia, y varios años más tarde, el Dr. Albert Mohler lo reclutó como decano fundador de la Escuela Billy Graham en el *Southern Seminary*, donde realizó investigaciones estadísticas sobre la iglesia, la mezcla perfecta de su llamado al ministerio y su talento con los números. Esto floreció en una serie de libros que ha escrito sobre la iglesia (veinte la última vez que los conté). Nueve años después de iniciada su carrera en el seminario, lo contrataron como director ejecutivo de *LifeWay Christian Resources*, uno de los mayores proveedores de productos y servicios cristianos del mundo. Su experiencia en los negocios, su ministerio y su credibilidad como escritor lo habían llevado a la posición perfecta.

Aunque sus diferentes trabajos eran totalmente distintos, a Thom todos le gustaban por igual. Nunca dio el salto de uno a otro, pensando que la hierba estaba más verde del otro lado, o en que ganaría más dinero, sino más bien como consecuencia de su crecimiento personal. En el «momento adecuado» en sus diversos puestos, comprendía que su pasión había crecido más que su trabajo del momento, y aceptaba con reticencia su nueva asignación. Ahora cree que ha encontrado un trabajo con el cual podrá crecer durante el resto de su vida en la fuerza laboral.

Como la novia del drama de Salomón, Thom se entregaba totalmente de corazón a su trabajo. No pensó en el puesto de director ejecutivo de *LifeWay* hasta que lo colocaron en la lista breve de candidatos. Porque el trabajo que tenía le gustaba, se destacaba en él; o tal vez, porque se destacaba en él, le gustaba. Comoquiera que fuera, tal combinación atrajo la atención de *LifeWay*.

Bob Buford, autor de *Medio tiempo*, y *Acabando bien* dice en un blog: «Un oficio es lo que haces porque te pagan. Un llamado es la tarea para la que te hicieron». Los matrimonios más felices siempre creen que fueron hechos el uno para el otro. Para ellos, el amor es más que una emoción; es una dedicación. Para gente como Thom, un trabajo es más que lo que paga las cuentas y permite que consigamos las cosas mejores. Es un llamado.

A aquellos de nosotros que no estemos a la altura de nuestras expectativas, la novia de Salomón nos dice que no debemos tratar de amar nuestro trabajo. Dejemos que el amor se desarrolle, y si tarda, no nos inquietemos. Algunas veces nuestra descripción de responsabilidades se transformará en algo mejor, o se abrirá una nueva posición dentro de la compañía. Por supuesto, otras veces ese amor nunca se veía venir.

Principio de liderazgo #22 (Cantar de los Cantares)

El secreto para llegar a amar nuestro trabajo es la paciencia, no las grandes expectativas.

«No despertéis ni hagáis velar al amor, hasta que quiera».
(Cantar de los Cantares 2:7; 3:5; 8:4)

23

Guía con el puño de hierro de la fe: *Isaías*

«Son la fe en algo y el entusiasmo por algo los que hacen que valga la pena estar vivo».
Oliver Wendell Holmes

El rey Acaz de Judá se enfrenta a un inminente ataque de un poderoso enemigo. Él y su pueblo se estremecen de miedo, pero el profeta Isaías les recuerda que esos enemigos son hombres, no superhéroes. Es más, Isaías predice que ese ataque fracasará, y exhorta a Acaz a que crea en la victoria que Dios prometió: «Si vosotros no creyereis, de cierto no permaneceréis» (Isaías 7:9). Sin embargo, en lugar de creer que Dios va a liberar a su pueblo, Acaz le pide ayuda militar a un reino vecino. A la postre, el pueblo tiene que pagar un alto precio por su decisión.

Una de las prácticas más críticas de los líderes es la de convencer a sus seguidores para que tengan fe en la causa de la organización. Si yo creo en la causa de mi país, estaré dispuesto a arriesgar mi vida por ella. Si creo en la misión de mi organización, le daré más de lo que ella pide de mí.

A principios del año 2002, nos preguntábamos si nuestra organización sobreviviría otros seis meses. Los sucesos del 11 de septiembre y el descalabro de las «punto com» hicieron que cerraran muchas compañías de la Internet. Encima de todo esto, el año fue uno de los peores de la industria publicitaria en cincuenta años. Por fortuna, nuestro director ejecutivo había pasado la depresión de los bienes raíces en la década de 1980 y la recesión de principios de la década de 1990. «En primer lugar, todos tenemos que estar de acuerdo en que vamos a vencer esta situación», dijo Dick en una reunión de emergencia del personal. «Yo he guiado compañías a través de caídas como esta, y ustedes se van a tener que limitar a confiar en mí, y hacer lo que yo les diga. Tenemos que volvernos creativos en cuanto a la reducción de costos y la creación de ingresos. Necesitamos cobrar lo que nos deben con mayor rapidez y pagar las facturas lo más lento que podamos. Estaremos retrasando los aumentos, los bonos y las contrataciones».

Durante aquellos tiempos tan oscuros, lo peor brotó en cada uno de nosotros. Andábamos de mal humor, las reuniones se alargaban y los chismes volaban. Mientras los leones merodeaban, varias personas se marcharon. Nuestras líneas de crédito rebotaban del techo. Cuando se propagó la desesperación, la fuerza de mando de Dick nos sacudió para que volviéramos a la acción. La compañía entera era un hervidero de conflictos, en especial dentro del equipo de gerencia. Si hubiéramos perdido la fe en nuestro director ejecutivo, nos habríamos derrumbado por completo. Pronto, la economía comenzó a rebotar. Nuestro vicepresidente de ventas nos informó acerca de éxitos obtenidos en el campo de trabajo, y los clientes dejaron de cancelar sus anuncios.

Otro ejemplo de liderazgo bajo fuego es el de Vince Lombardi, uno de los entrenadores de campeones con mayores victorias en la historia de la Liga Nacional de Fútbol. La temporada anterior a cuando se hiciera cargo de los Packers de 1958, el equipo había ganado un solo juego. Tres años más tarde, eran un equipo de campeones. Durante sus nueve años como principal entrenador, Lombardi consiguió seis títulos de división, cinco campeonatos en la Liga Nacional de Fútbol, dos campeonatos en los partidos finales de la temporada (el I y el II) y un récord de 98-30-4. Esto fue lo que dijo Lombardi: «El liderazgo se basa en una cualidad espiritual: el poder para inspirar, el poder para inspirar a otros a seguirnos»[41]. Este poder se presenta cuando los seguidores ven los éxitos de su líder en el pasado, y tienen fe en que los seguirá teniendo. (Lee el capítulo 4, donde hallarás más acerca de la fortaleza espiritual). Lombardi era la personificación de la enigmática unión entre la fe y las agallas. Sus ocurrencias han estado en labios de los líderes durante décadas:

- «Es esencial comprender que las batallas se ganan principalmente en el corazón de los hombres. Los hombres responden al liderazgo de una manera muy notable, y una vez que les has ganado el corazón, estarán dispuestos a seguirte dondequiera que vayas».
- «Es fácil tener fe en ti mismo y tener disciplina cuando eres un ganador, cuando ocupas el primer lugar. Lo que necesitas tener es fe y disciplina cuando todavía no eres un ganador»[42].

Lombardi se enfrentaba a cada juego con puño de hierro. Levantaba la fe de su equipo a lo largo de toda la temporada, y no solo cuando la necesitaban durante los juegos difíciles.

Steve Jobs, director ejecutivo de *Apple*, pronunció un popular discurso de graduación en Stanford en el año 2005[43]. Reconoció que su éxito en *Apple* y en *NeXT* no se habría producido «si no me hubieran despedido de Apple». Su pasión por la innovación de la técnica terminó llevándolo de vuelta a la compañía después de su fracaso tan abiertamente público. Los empleados lo siguieron a pesar de sus errores, porque creían que su pasión y su capacidad los llevaría de nuevo al éxito. Y tuvieron razón.

Principio de liderazgo #23 (Isaías)

Para superar la mediocridad en un mundo tan altamente competitivo y tan poco dispuesto a perdonar, los líderes deben ser la encarnación de una fe idealista, al mismo tiempo que una fortaleza para la batalla.

«Si vosotros no creyereis, de cierto no permaneceréis».
(Isaías 7:9)

24

Combate el agotamiento con el regreso al trabajo #1: *Jeremías*

«La pasión y la razón de existir van mano a mano. Cuando descubras tu razón de existir, verás que es algo que te apasiona sobremanera».
Steve Pavlina

Hace varios miles de años, el profeta Jeremías sufrió un gran agotamiento. Las décadas de anunciar castigos contra un Israel que no se quería arrepentir lo habían desgastado. En el libro que lleva su nombre, le pide a Dios que lo libere de un trabajo tan horrible, pero Dios le prohíbe que lo deje. La batalla de Jeremías contra su agotamiento revela quién es él como líder: una mezcla de rasgos de carácter y debilidades que hoy podemos valorar.

Aun cuando la labor es horrible, Jeremías no se rinde. Como en el programa de la vida real *Trabajos sucios,* del canal Discovery, nadie quiere hacer el trabajo de Jeremías. Otros profetas se ponen a hablar de sucesos magníficos para el futuro, pero Jeremías solo habla de destrucción. Como los israelitas nunca cambian su manera de comportarse, él nunca cambia su mensaje.

En público es fiel y no tiene temor; en privado es débil y lleno de dudas. Jeremías mantiene una firme posición contra los reyes y los líderes que lo amenazan. Por dentro, en cambio, el digno profeta se derrumba bajo la depresión y el resentimiento. Acusa a Dios de abandonarlo: «¿Serás para mí como cosa ilusoria, como aguas que no son estables?» (Jeremías 15:18).

Está solo. Se aparta más aun de su pueblo cuando evita todo contacto social. Jeremías prefiere sentarse en soledad a confraternizar con quienes está condenando.

Lentamente toma otro rumbo. El gran profeta exige saber por qué Dios ha permitido que él caiga en aquel hoyo. Tantos años de lanzarse a su labor sin resultado ni recompensa de ninguna clase lo han dejado exhausto y resentido. El problema, le dice Dios, es que se ha olvidado de su llamado. Es necesario que regrese a la visión original que lo lanzó a su ministerio.

En el año 2000, la revista *Fast Company* les preguntó a los ejecutivos de qué forma combatían el agotamiento extremo. Un controlador del tráfico aéreo respondió: «Por fin me di cuenta de que el trabajo no iba a cambiar, y yo sí tenía que cambiar. Fue entonces cuando comencé a correr en el Maratón de Chicago. Cuando llego a mi casa y me pongo las zapatillas de correr para entrenarme, dejo de pensar en la torre». Otro ejecutivo dijo: «Para mantenerme fresco y enfocado, me aseguro de tener ciertos ritos de alejamiento»[44].

Según Christina Maslach, autora de *The Truth About Burnout*, (Jossey-Bass, 1977), el agotamiento es una respuesta prolongada a estresantes crónicos emocionales e interpersonales que se presentan en el trabajo, y se puede definir como una confluencia de extenuación, desconfianza e ineficacia. Maslach escribe en el artículo de *Fast Company*: «Incluyo ciertas rutinas en mi calendario semanal y mensual. Esa es la única manera de asegurarme de hacer cosas que disfruto y me dan energía. Necesitamos aprender a alejar de nosotros ciertas partes de nuestra vida para proteger esos pedazos de tiempo y decidir de qué manera los vamos a utilizar. Porque si no lo hacemos, otro lo hará por nosotros»[45].

Ciertas rutinas nos puedan ayudar a enfrentarnos al estrés, pero el agotamiento extremo es algo profundo. En el libro de Jeremías, el consejo que Dios le da al profeta también se aplica al líder descorazonado: regresa a tu llamado y tu pasión originales. En dos momentos diferentes de mi carrera, propuse a mis empleadores nuevas descripciones de responsabilidades. Las posiciones ajustadas a la medida me alinearon con mis pasiones y mis capacidades. Así pude hacer lo que me encantaba hacer, mientras seguía creciendo y desarrollándome en la misma compañía.

Leí algo acerca de un director ejecutivo que se resiste al agotamiento inoculando a toda su compañía contra este. Jason Fried, el fundador de la desarrolladora de software *37Signals*, le prohíbe a su gente que sucumba ante la complejidad. En una entrevista, dijo acerca de sus competidores: «Todo el mundo trata de hacer demasiado: resolver demasiados problemas, construir productos con demasiados detalles [...] Así que le decimos «no» a casi todo. Si incluimos todas las ideas decentes que aparecen, terminaremos con una versión a medio hornear de nuestro producto. Lo que queremos hacer en realidad es construir un medio producto que [domine]» [46]. La compañía *37Signals* busca clientes con presupuestos pequeños y problemas sencillos que exijan soluciones de software más simples. Para mantener llenos de energía a sus empleados, introdujo recientemente una semana de trabajo de cuatro días. Fried se resiste a contratar más gente hasta que haya agotado los otros medios de resolver las cuestiones relacionadas con la productividad, como optimizar los procesos o emplear tecnología[47].

Esta filosofía complementa la lección de Jeremías sobre regresar a nuestra pasión. Si yo digo que sí a todas las influencias externas, incluyendo las expectativas, opiniones y críticas de los demás, termino con una versión de mí mismo a medio hornear y con agotamiento extremo. Sin embargo, si me puedo mantener firme sobre mis puntos fuertes mientras me centro en lo que disfruto cuando lo hago, mi trabajo y mi vida adquieren un sentido totalmente nuevo.

Principio de liderazgo #24 (Jeremías)

Combate el agotamiento extremo enfrentándote a tus tensiones actuales y buscando las oportunidades, capacidades y pasiones que solían revitalizarte.

«Si te convirtieres, yo te restauraré, y delante de mí estarás».
(Jeremías 15:19)

25

Cumple tus amenazas: *Lamentaciones*

«La ley consiste en mandatos unidos a amenazas de castigo».
John Austin

El libro de las Lamentaciones habla de la aparente contradicción que existe entre los principios bíblicos de un duro castigo, la mansedumbre y el amor. En este capítulo, veremos cómo llevar a nuestra vida esta paradoja del líder sin que nuestra gente se distancie de nosotros.

A Jeremías, el autor de este libro, el pueblo al que tanto amaba y quería salvar lo consideraba una amenaza. Cuando sus advertencias, desoídas por largo tiempo, se convirtieron en realidades, Jeremías presenció con profunda angustia la destrucción de la nación. Dios hizo lo que dijo que iba a hacer, aunque «no aflige ni entristece voluntariamente a los hijos de los hombres» (Lamentaciones 3:33).

La definición bíblica de la integridad no es solo hacer lo que se debe, ni hacer lo que uno dice que va a hacer. Es también recompensar y castigar en los momentos adecuados. Dios mismo reúne con frecuencia las bendiciones con las amenazas.

Veamos más de cerca el proceso de control de las disciplinas y recompensas que usa Dios: (1) Establece reglas, (2) advierte cuáles serán las consecuencias de la desobediencia, (3) suplica a los desobedientes que obedezcan, (4) disciplina cuando se quebrantan las reglas, y (5) restaura las relaciones por medio del perdón y la reconciliación. El paso que más se pasa por alto en las organizaciones de hoy es el tercero: si uno es líder, hay ocasiones en que tiene que suplicar. A través de Jeremías, Dios le imploraba a su pueblo que se arrepintiera. Le daba un tiempo amplio para apartarse de sus caminos y evitar el castigo. Aunque no disfrutaba al hacerlo, su carácter lo obligaba a cumplir sus amenazas.

Una manera de mejorar nuestra propia reputación como líderes es obligarnos a cumplir nuestras amenazas. Jeremías hizo esto proclamando en público las promesas de Dios. En un artículo para la Escuela de Negocios de Harvard, «Six Steps for Making Your Threat Credible», el autor Deepak Malhotra aconseja a los líderes que aumenten su poder de negociación restringiendo de manera visible su capacidad de retractarse. «Una afirmación hecha en público le dificulta a un negociador dejar de cumplir una amenaza. [...] No hay mejor manera de hacer creíble tu amenaza que asegurarte de que no te puedes retractar de lo que has dicho»[48].

Las amenazas se oyen más altas y claras cuando el líder tiene la valentía de enfrentarse de manera directa a un grupo, en lugar de mantenerlas como advertencias individuales. Si el líder tiene la reputación de que cumple sus amenazas, la probabilidad de que tenga que cumplirlas se reduce. Por supuesto, debemos hacer amenazas de castigo *sensatas*, no como las del padre enojado que amenaza con regresar a la casa, y después tiene que volver a amenazar cuando las riñas continúan en el asiento trasero. El otro extremo es que los castigos extremos y poco razonables roban la motivación. ¿De qué vale tratar de seguir agradando al líder si nos ha dejado sangrando en el suelo?

El poder de un principio también da peso a las amenazas. Conozco a un líder que es tan fanático del «principio que está en juego», que dedica horas de su tiempo personal y energía a enderezar un entuerto, al precio que sea. Lo que recibe por su inversión le llega bajo la forma de influencia. Nadie quiere que descubra lo que ha hecho mal.

¿Es tu reputación lo que quieres que sea? Tu forma de liderazgo personal es lo que los demás piensan de ti. En otras palabras, si alguien le dice a un compañero de trabajo rebelde: «Esteban no va a permitir eso», los diferentes empleados lo pueden interpretar de distintas maneras: «Esteban es un líder con ética», «Esteban no tiene temor de guiarnos con convicción», o bien «Voy a dejar de pelear con Esteban acerca de esto; tiene demasiados aliados». El liderazgo por reputación es algo así como tener tus propios mini profetas que hablen por ti. Esto no solo te hace más eficaz, sino que también significa un inmenso ahorro de tiempo.

Cuando nuestra gente nos teme y ama a la vez, tenemos preparado el escenario para un rendimiento estelar que producirá satisfacción en el trabajo y mejores resultados. Este ciclo lo alimenta el líder de naturaleza dual que no tiene miedo de usar un amor firme y la presión debida. Robert Rosen, autor de *Just Enough Anxiety*, dice que un nivel adecuado de ansiedad puede ser algo valioso. «Sé constructivo y apasionado al mismo tiempo. Ser constructivo es crear un ambiente de trabajo en el que haya seguridad; ser apasionado es extendernos más allá de lo que parece posible»[49].

La relación de amor/odio es la antítesis del estilo perfecto de liderazgo de amor y temor que usa Dios. En el modelo divino, mucho amor mezclado con algo de temor produce resultados saludables a largo plazo. Cuando el Señor disciplina, sufre. Cuando castiga, se lamenta. Y cuando su pueblo le obedece, Él lo bendice.

Principio de liderazgo #25 (Lamentaciones)

Guía como un padre amoroso que a veces tiene que cumplir sus amenazas y castigar.

«Antes si aflige, también se compadece según la multitud de sus misericordias; porque no aflige ni entristece voluntariamente a los hijos de los hombres».
(Lamentaciones 3:32-33)

26

Sé un rey del drama (o una reina): *Ezequiel*

«En una cultura como la nuestra [...] algunas veces produce una verdadera sacudida el que se nos recuerde que, en cuanto a la operación y la práctica, el medio es el mensaje».
Marshall McLuhan, 1964

Como Jeremías antes que él, el profeta Ezequiel luchó para que los israelitas lo escucharan. Estos persistieron en su desobediencia a pesar de estar sufriendo el castigo que Jeremías les había anunciado. Aunque estaban seguros de que pronto regresarían a su tierra desde el destierro, el propósito de Ezequiel era hacer añicos sus sueños con una profecía que les anunciaba un nuevo castigo. Dios le ordenó que entregara su mensaje con unos actos dramáticos poco usuales.

Ezequiel es ejemplo de que «el medio es el mensaje», expresión que popularizó Marshall McLuhan en su clásico libro de 1964 titulado *Understanding Media*. McLuhan dice que la forma de un medio se entreteje en la urdimbre del mensaje que está presentando, sea cual sea: «La gente no lee los periódicos», escribe. «Se mete dentro de ellos todas las mañanas, como quien se da un baño caliente». La experiencia de leer el periódico de la mañana añade a la vida una corriente interior de tranquilidad y relajación. En cambio, los medios en línea toman el control. El lector los publica cada vez que pulsa sus sitios, blogs o vídeos favoritos. En los medios sociales, la publicación se produce en un tiempo real, y por medio de un gran número de personas.

En el siglo sexto a. C., Ezequiel se convirtió en el medio de su propio mensaje. Literalmente, acampó al aire libre en la plaza de la ciudad y les predicó sus advertencias divinas a todos los que lo podían oír. Sin duda, atrajo multitudes boquiabiertas mientras representaba de forma simbólica sus profecías:

- Se rasuró la cabeza y la barba, y quemó, cortó y esparció los pelos para simbolizar la destrucción de los israelitas.
- Cavó un hoyo debajo del muro de la ciudad y lo atravesó con su equipaje como símbolo del destierro que les esperaba.
- Estuvo acostado de lado un total de trescientos noventa días entre una cosa y otra, para simbolizar el número de años que tenía ya la iniquidad en Israel.
- Comía raciones miserables para simbolizar el hambre que sufrirían durante el sitio de los babilonios.

La historia ha visto otros comunicadores de tipo dramático. Como Ezequiel, Gandhi fue un hombre de convicciones y acciones extremas, que se identificó por completo con la gente más humilde de la India. Vivió en las mismas condiciones de pobreza que ellos, y estuvo dispuesto a que lo golpearan para demostrar su dedicación a lograr la libertad. Cuando se enfrentaba a los jueces, se declaraba culpable, y pedía que se le aplicara el castigo debido por sus «delitos». Durante su campaña de resistencia no violenta contra el dominio británico, ayunó hasta casi morir para protestar por la violencia que había estallado entre algunos de sus seguidores. Puesto que el Imperio Británico tenía más interés en el comercio que en un solo líder indio que estaba sufriendo, Gandhi detuvo todo el país durante un día (sin obreros en los edificios del gobierno, sin trenes, sin servicios públicos), a fin de demostrar que el pueblo de la India era más poderoso que su ocupante imperial. Al final, el Imperio Británico se tuvo que dar por vencido.

En 1517, otro maestro del drama llamado Martín Lutero clavó sus *Noventa y cinco tesis* en la puerta de la Iglesia del Palacio de Wittenberg, Alemania. Este ampliamente difundido documento de protesta contra la Iglesia Católica Romana lo llevó a su excomunión. Pero a pesar de las persecuciones, su mensaje perseveró. Su traducción de la Biblia a la lengua vernácula causó un profundo impacto en la cultura, la religión y el idioma de Alemania. La celosa resistencia de Lutero inspiró la Reforma Protestante y ayudó a definir la cultura occidental.

La historia de Rosa Parks, costurera de una tienda por departamentos que en 1955 se negó a cederle su asiento del autobús a un pasajero blanco, dramatizó la tensión racial creciente que existía en los Estados Unidos en esos momentos. Su acto de desafío inspiró el boicot de autobuses de Montgomery, suceso que causó frenesí en los medios y ayudó a llevar a Martin Luther King Jr. al liderazgo del nuevo movimiento nacional de derechos civiles. La valentía de aquella dama puso en movimiento una cadena de sucesos que transformó a la nación e impresionó al mundo.

Ezequiel, Lutero y Rosa Parks solo son tres personajes de la historia que dramatizaron las causas en las que creían. En lugar de limitarse a hablar claro, se arriesgaron a recibir un amplio rechazo y caer en prisión por escenificar aquello en lo que creían.

El drama es una herramienta necesaria para todos los líderes. Para asegurarnos de que nuestra gente recuerde y alcance la meta, causa o razón de ser principal de nuestra organización, debemos dramatizarla. Debe convertirse en algo memorable, para que le den importancia. Las profecías de castigo que pronunció y actuó Ezequiel eran de máxima importancia para la supervivencia de su pueblo. El problema era que habían escuchado con tanta frecuencia su mensaje que ya no le hacían caso. ¿Es así como se siente la gente acerca de tu declaración de misión o de tu última iniciativa a nivel general de la organización?

Los grandes líderes se esculpen en las causas de su organización, convirtiéndose esencialmente en el medio para la entrega de su mensaje. Por supuesto, el drama no es de por sí un precursor del éxito; son incontables los líderes con carisma que han obtenido menos resultados de los que querían. Sin embargo, el estilo de comunicación valiente y simbólica de Ezequiel me inspira a ser creativo y arriesgarme a recibir un rechazo por el bien de mi organización. Si yo no me pongo dramático con respecto a nuestra misión, ¿entonces quién?

Principio de liderazgo #26 (Ezequiel)

Los líderes deben dramatizar la misión o causa de su organización con el propósito de abrirse paso a través de los obstáculos, y del enfoque de las personas en ellas mismas.

«Tienen ojos para ver y no ven, tienen oídos para oír y no oyen, porque son casa rebelde». (Ezequiel 12:2)

27
Entra confiado en tu foso de leones: *Daniel*

«Si te paras derecho, no tengas miedo de que tu sombra salga torcida».
Proverbio chino

Hay un tipo de foso de leones en el que se nos agota la paciencia y nos abruma la desesperación. Nos rodean temores y colmillos, y no vemos manera alguna de escapar. Puesto que este lugar es un punto inevitable para todos los líderes en su camino hacia la madurez, nuestra manera de manejarnos en nuestros fosos es la que le da forma a nuestra entereza como líderes.

Por lo general, esas madrigueras son inevitables, por ser nosotros lo que somos. Cuando la personalidad de alguien lo mete en problemas, en cierto sentido no se le puede culpar; sin embargo, está sufriendo las consecuencias de esa naturaleza. Dios permite que veamos y experimentemos los efectos de nuestros puntos débiles, y usa esa revelación para ayudarnos a madurar.

Mis éxitos y destrezas del pasado no me pueden liberar de mi foso de leones, y es posible que sean ellos mismos los que me llevaron allí. Por ejemplo, cuando estoy en reuniones con personas de las que florecen en medio de los conflictos, mi naturaleza reservada, que casi siempre me sirve muy bien, lo que hace es invitarlos a atacarme. Puesto que saben que no voy a subir el tono de voz, se sienten capacitados, incluso animados, a defender su posición de manera apasionada. Cuando les respondo con comentarios breves o con silencio, siguen adelante, seguros de que no les voy a responder con el mismo fervor. Entonces es cuando miro detrás de mí, y veo abierta la entrada a mi foso. Estoy a punto de entrar allí dando tumbos.

Cuando eres quien eres, tienes problemas. Si eres demasiado listo, terminarán criticándote por tu actitud distante. Si estás demasiado identificado con tu gente, te clasificarán como microgerente. ¿Piensas que eres supercreativo? Espera un poco, que algún compañero de trabajo celoso echará abajo a tiros tu trabajo a tus espaldas. La envidia, el ego y el estado de ánimo influyen en demasiadas personas.

Mira a Daniel. Sirvió a tres reyes sucesivos en Babilonia, el reino más grande de la tierra. Durante décadas, resolvió enigmas reales, interpretó los sueños de los reyes y sirvió en sus cortes. Cuando el rey Darío lo quiso poner por encima de todo en el reino, los otros administradores se cansaron de aquel favorito del rey. Convencieron a Darío para que promulgara un decreto en el que se exigía que todos en aquel país lo adoraran a él, y solo a él. Sabían muy bien que la fidelidad de Daniel a su Dios lo condenaría. Cuando Darío comprendió que su amigo Daniel no iba a estar dispuesto a inclinarse para adorarlo, ya era demasiado tarde y, por tanto, su desobediencia significaría una sentencia de muerte.

La mayor fortaleza de Daniel, su lealtad, fue la que lo llevó aquella noche a los leones. Sin embargo, esa misma lealtad a su Dios encendió su fe y le permitió perseverar. Su respuesta a aquel trato tan injusto ilustra dos de las mejores prácticas que todo líder debe adoptar cuando los leones comienzan a llamar.

Daniel permaneció fiel a su personalidad idealista. ¿Quién quieres llegar a ser? En el calor del momento, Daniel fue lo que quería ser: un fiel seguidor del Señor. Aunque tenía tiempo más que suficiente para cambiar el objeto de su adoración y salvarse de la ejecución, había decidido mucho tiempo antes que solo Dios era digno de su lealtad. Ningún rey se merecía, ni podría ganarse jamás, esa misma consagración. Estaba dispuesto a arriesgar la vida para mantenerse fiel a su propósito. El líder que no esté dispuesto a ceder en cuanto a sus valores o su integridad, al final se sentirá más satisfecho con su carrera y con su vida.

Daniel no se resistió a los que manipularon las cosas para destruirlo. ¿Por qué no exigió una audiencia con el rey, para protestar ante aquella ridícula ley? Porque conocía la política de palacio. No era posible echarse atrás en ese decreto; ni el rey podía hacerlo.

¿Hay alguien que siempre debate contigo o que saca a relucir tus fallos? Si eres ejecutivo, es muy probable que alguien tenga una agenda contraria a la tuya, que piensa que no eres el hombre más capacitado para tu puesto, que quiere quitarte el puesto, o que quisiera que dejaras de respirar el mismo aire que él respira. ¿Cómo te puedes resistir a esa presión incesante sin dañar tus relaciones ni tu reputación?

La respuesta está en caminar con la dignidad de un Daniel. Cuando mantenemos nuestra compostura, es posible que nuestros antagonistas se echen atrás, o incluso que finjan ser amigos nuestros, al ver que somos más fuertes de lo que pensaban. Algunas veces sobrevivir en el foso de los leones nos fortalece, y la gente lo piensa dos veces antes de volver a empujarnos.

Con frecuencia, yo termino de nuevo en el mismo lugar, probado de alguna forma nueva. Cada ocasión es una lucha de emociones, orgullo y perseverancia que sirve en conjunto para ayudarme a madurar. En medio del proceso de maduración, me voy volviendo un mejor líder.

La fortaleza mayor de Daniel, su sentido extremo de la lealtad, fue el punto de ataque que escogió su enemigo. Sin embargo, este ataque solo sirvió para demostrar que su lealtad a Dios era inconmovible, y no solo tuvo por consecuencia que le liberaran del foso de los leones, sino también que recibiera un ascenso en el palacio.

Principio de liderazgo #27 (Daniel)

El proceso de maduración es doloroso, pero sencillo: (1) define en quién te quieres convertir; (2) cuando te ataquen, niégate a ser lo que no eres.

«Mas no podían hallar ocasión alguna o falta,
porque él era fiel, y ningún vicio ni falta fue hallado en él».
(Daniel 6:4)

28

Motiva menos a tu gente: *Oseas*

«A diferencia de la coerción y la motivación, la fuente de una conducta inspirada es intrínseca e interna».

Dov Seidman, autor de *How: Why How We Do Anything Means Everything... in Business (and in Life)*

Muchos líderes que se apoyan en la motivación para lograr que su gente produzca son como las medicinas que pierden su eficacia con el tiempo. Tal vez necesiten dosis más elevadas, entre ellas unas recompensas más valiosas, para conseguir el mismo efecto. Un líder que conozco, pasó años empujando a sus empleados con reuniones de mucha energía, incentivos grandiosos y apasionada persuasión. La constante rotación del personal y su agotamiento, dejaron a su gente y a él mismo ansiando que hubiera un método menos agotador.

La alternativa a un programa deliberado de motivación es una motivación a largo plazo, generada por la propia persona. No estoy abogando por el abandono de los comentarios positivos, ni de los programas de recompensas, pero en este capítulo vamos a analizar la fuerza que subyace tras la motivación, y que muchos líderes no comprenden: el amor.

Maxie Hays fue entrenador de fútbol y pista en Luisiana durante cuatro décadas, y ganó el premio al mejor entrenador del año en todo el estado. Su deseo de ser entrenador floreció bajo la influencia de su entrenador y figura paterna, Curtis Cook. Hays decía: «El entrenador Cook fue mi mayor inspiración en cuanto a hacerme entrenador, por la clase de persona que era. Todos lo amábamos. [...] Él esperaba de nosotros lo mejor, y de todos los entrenadores que he conocido, era el único que permitía que fueran sus mariscales de campo los que indicaran las jugadas en un partido de fútbol»[50].

Uno de los atletas estrella de Hays, Charles Johnson, jugó más tarde en la Liga Nacional de Fútbol. Recuerda el estilo paternal de Hays, quien daba a sus jugadores la responsabilidad de mejorar sus habilidades durante las prácticas, en lugar de dedicarse a entrenar en detalles cada uno de sus movimientos. ¿Cómo inspiraba Hays a sus equipos a ganar con tanta frecuencia? Lo que impulsaba su estilo de motivación tenía sus raíces en una cosa: «Yo me aseguraba de que los estudiantes-atletas supieran que yo los quería y me preocupaba por ellos», dijo Hays.

En *El principio de la zanahoria*, los autores Golstick y Elton escribieron: «El reconocimiento es eficaz, porque responde a una necesidad universal del ser humano. Todos queremos ser importantes para las personas con las que trabajamos [...] Cuando reconocemos con frecuencia a los miembros de nuestro equipo, estamos creando lazos entre ellos y nosotros, y también entre ellos mismos. Un elogio concreto y sincero alcanza a los empleados a un nivel emocional que ninguna otra forma de comunicación empresarial puede alcanzarlos»[51].

El afecto hacia los compañeros de trabajo se expresa de manera natural bajo la forma de elogios y reconocimientos. Las mejores recompensas son hechas a la medida de los intereses individuales de cada empleado; no se dan de manera masiva a todos en general. Si mi jefe sabe que me gusta esquiar, un certificado de regalo para gastarlo con los proveedores de equipo significa más para mí que un sobre lleno de la misma cantidad de dinero.

Pero el potencial del amor va más profundo que las recompensas externas y el agradecimiento. Hiroshi Hoketsu, el competidor más viejo de las Olimpíadas de 2008, con sesenta y siete años de edad, hizo su debut olímpico en los sucesos ecuestres de los juegos de 1964. No ha desechado la idea de volver a aparecer en los juegos de Londres en el año 2012. En una entrevista, Hoketsu dijo: «Desde que comencé, mi mayor motivación para seguir adelante era la sensación de que estaba mejorando día tras día, y disfrutándolo [...] Después de jubilarme, no me pude ver haciendo otra cosa que no fuera montar a caballo»[52]. Cuando amamos nuestro trabajo y nos distinguimos en él, las motivaciones externas están de sobra.

Tom Coughlin, entrenador de los Gigantes de Nueva York, estuvo a punto de que lo despidieran por su falta de afecto antes de la temporada de 2008 en la Liga Nacional de Fútbol. Aunque había conseguido una gran cantidad de victorias a lo largo de sus doce años al frente de equipos, tanto universitarios como profesionales, los críticos lo clasificaban como un distante dictador, incapaz de unir a su equipo. Para conservar su trabajo con los Gigantes, Coughlin cambió sus tácticas en el liderazgo, y muy pronto llevó a los Gigantes a una victoria en el partido final de la temporada. Entre los cambios que tuvo que hacer estaban cosas como gritar menos, compartir la toma de decisiones con un consejo de líderes formado por once jugadores, y poner un esfuerzo mayor en conocer la vida de sus jugadores. Estos informaron que se sentían «inspirados»[53].

El libro de Oseas habla de la forma en que un líder de la antigüedad empleó el amor para alcanzar a su pueblo. Dios le ordenó al profeta que se casara con una mujer adúltera llamada Gomer, para simbolizar el adulterio espiritual de Israel. Oseas obedeció de mala gana. En una ocasión la rastreó hasta hallarla en el hogar de su amante, solo para asegurarse de que la estaba atendiendo bien.

Amar a Gomer contra su propia voluntad sirvió a un propósito mayor. Dios quería que su pueblo viera de qué manera se sentía Él como «esposo» mientras ellos corrían tras otros dioses. Oseas terminó comprando a Gomer en una subasta de esclavos, después que su último amante se aburrió de ella. Quebrantada y avergonzada, Gomer acompañó a Oseas de vuelta a su hogar y a sus hijos.

Esta historia de un amor extremo ilustra lo lejos que tenemos que ir en ocasiones para alcanzar el corazón de la gente. El amor es el motivador más potente que hay en el mercado. Todo lo demás no es otra cosa que un edulcorante artificial.

Principio de liderazgo #28 (Oseas)

El líder que sabe amar es un líder que inspira. No necesita apoyarse en motivaciones externas ni coerciones para hacer que la gente marche por el buen camino.

«Me dijo otra vez Jehová: Ve, ama a una mujer amada de su compañero, aunque adúltera, como el amor de Jehová para con los hijos de Israel, los cuales miran a dioses ajenos». (Oseas 3:1)

29

Defiende tu carrera de las langostas: *Joel*

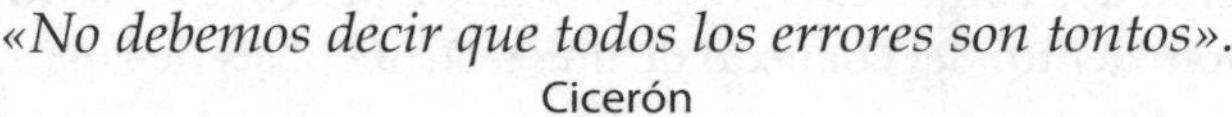

«No debemos decir que todos los errores son tontos».
Cicerón

Reconozco que tengo obsesión con el tiempo. Por lo general, me estreso cuando veo que lo estoy desperdiciando. Las cosas que me molestan más son las reuniones innecesarias; las llamadas telefónicas que no habría debido aceptar; los correos electrónicos largos que habría podido comunicar por el teléfono en la mitad del tiempo empleado; los conflictos que aumentan de tamaño innecesariamente y obligan a celebrar reuniones para aclarar la situación; un celular que se me quedó en casa y necesito recogerlo. No le hablo a nadie en la oficina antes de echar a andar mi computadora portátil, y me marcho temprano para almorzar antes que llegue todo el mundo. Hasta archivo copias de respaldo en la computadora mientras la gente me trata de hablar.

La mayoría de la gente no se preocupa tanto por el tiempo. De todas formas, ¿por qué hay tanta gente en las organizaciones que lo malgasta tanto? Muchas veces, las razones se encuentran fuera de su control, como procesadores, normas y jerarquías anticuados, o conversaciones y cuestiones inesperadas con los compañeros de trabajo y los vendedores. Entre las tácticas para ahorrar tiempo se hallan cosas como el diseño de las oficinas, la automatización del proceso, la reducción de errores al estilo de Seis Sigma, la dinamización de las estructuras en las reuniones, la operación con menos empleados, las prácticas eficientes con los correos electrónicos y las normas para el trato social dentro de las oficinas.

La peor clase de tiempo desperdiciado no se encuentra en la oficina, sino en el cuadro general de la vida y la carrera de las personas.

Las malas decisiones en cuanto al trabajo, las faltas de iniciativa y los defectos de carácter son como langostas que consumen los años más productivos de una persona. El tiempo en la vida de una persona es realmente irremplazable, y el efecto secundario de su desperdicio es el arrepentimiento.

Una simple langosta es un insecto inofensivo, pero cuando sus hordas se reproducen en el suelo arenoso del Sahara africano, el enjambre resultante puede crecer hasta cubrir cerca de dos mil kilómetros cuadrados con sesenta mil millones de insectos. El libro de Joel se escribió dentro del contexto de una reciente plaga de langostas que había destruido por completo las cosechas en Israel y había dejado tras sí el hambre. Dios prometió restaurar la tierra. No obstante, Joel presenta un mensaje sobre el cuadro general que va más allá de la restauración material: el Señor los restaurará como pueblo después de Armagedón, en el futuro, cuando un ejército invasor ha de llenar la tierra como una plaga de langostas.

En las organizaciones de hoy, los enjambres de langostas campean por sus respetos y consumen un tiempo valioso. Descienden sobre nosotros en interminables oleadas de competencia, recesión, preocupaciones ambientales, desastres naturales, cambios culturales y guerras. En una forma personal, hoy día hay langostas profesionales que se alimentan con nuestro futuro, hoja tras hoja.

Al recordar mi carrera, veo algunas decisiones de dudosa calidad. Por ejemplo, cuando estaba en ventas de publicidad radial, saltaba a una estación nueva cada dos años. En cierto sentido, esa era la naturaleza del negocio, pero también manchaba mi currículum vítae con dudas acerca de mi lealtad. Pensaba que cada vez que lo hacía, ascendía un escalón, pero en realidad, las langostas de mi carrera seguían comiendo cuanto encontraban mientras yo andaba en busca de prados más verdes. En otro ejemplo más penoso aun, recuerdo que pasé años tratando de levantar una empresa, solo para ver cómo se me desintegraba en las manos. Sé que se hizo algún bien por medio de ella, pero ¿cuánto más habría podido hacer con ese tiempo? Me robaba una energía que debía estar dedicada a otras responsabilidades, y cuando comenzaron a salir mal las cosas, exigió de mí más tiempo todavía. Mi familia sufría, porque mi estrés crónico me volvió un amargado. Las langostas se comieron varios años de mi vida.

Según he aprendido, la clave es no lamentarnos del tiempo perdido. Es restaurar ese tiempo perdido, ya sean días, meses o años. Si continúo estresándome acerca de mi insensatez y mis fallos, estoy alimentando las langostas. Dios dijo que Él le devolvería a su pueblo los años perdidos. Ellos se aferraron a esa esperanza. Lamento haber estado saltando de estación en estación, pero la experiencia de haber trabajado para diferentes estaciones me ha ayudado hoy en mi posición de líder. Veo valor en muchas decisiones poco sabias de mis primeros años de trabajo; no porque fueran sabias en aquellos momentos, sino porque ahora resultan para beneficio mío. Estoy seguro de que los israelitas recordaron aquellos años de hambre como el momento en que nació su carácter, como la generación de estadounidenses que vivió durante la Gran Depresión y la Segunda Guerra Mundial.

Principio de liderazgo #29 (Joel)

Los errores durante nuestra carrera y nuestras malas decisiones siempre estarán con nosotros, pero hay en ellos beneficios de los que tal vez no nos hayamos dado cuenta, y todavía estén esperando que los cosechemos.

«Y os restituiré los años que comió la oruga, el saltón, el revoltón y la langosta, mi gran ejército que envié contra vosotros».
(Joel 2:25)

30

Guía como un durmiente imparcial: *Amós*

«La labor de un juez consiste en entender lo que dice la ley; no lo que él quiere que diga».
Clarence Thomas

Según un concepto llamado el «efecto del durmiente», cuando alguien permite que su credibilidad decline momentáneamente, está engendrando una confianza a largo plazo. Por eso los líderes que salpican las reuniones con un humor que desvía la atención de ellos mismos son con frecuencia más dignos de confianza que los que tienen carisma. A Moisés, el líder que Dios escogió para libertar a su pueblo del gobernante más poderoso del mundo conocido, se le describe como un hombre «muy manso, más que todos los hombres que había sobre la tierra» (Números 12:3).

Sin embargo, la humildad no es lo que define por completo el liderazgo. Debe ir atemperada con la imparcialidad y la autoridad. Dios mismo es ejemplo de esta clase de liderazgo imparcial en el libro de Amós. Sus acciones en este libro y en otros libros proféticos confirman una filosofía que aparece a lo largo de toda la Biblia: La forma más elevada de integridad en el liderazgo es la imparcialidad.

Cuando eres imparcial, eres equitativo, justo, sin prejuicios y sin predisposiciones. La imparcialidad produce sinceridad. Hace que el líder sea predecible; la gente sabe cómo vas a reaccionar en diferentes situaciones. Los dictámenes sabios de un juez brotan de su imparcialidad; también de la imparcialidad brota la integridad de un líder.

Amós ilustra esto con una visión: « He aquí el Señor estaba sobre un muro hecho a plomo, y en su mano una plomada de albañil [...] Y el Señor dijo: He aquí, yo pongo plomada de albañil en medio de mi pueblo Israel; no lo toleraré más» (Amós 7:7-8). La plomada es una herramienta sencilla, pero precisa, que se usa para determinar si algo está perfectamente vertical. Lo que esto implica es que Dios juzgará a su pueblo torcido con normas perfectas: las de su ley. Sin embargo, ellos se siguen atando a las costumbres de las naciones vecinas, en lugar de atarse a las normas de Dios.

Hoy en día, es frecuente que los líderes caigan presa de predisposiciones y juicios mutuamente contradictorios. Las prácticas siguientes ayudan a desarrollar el arte de un liderazgo imparcial.

Trabaja a base de valores absolutos. Ray Stedman comenta: «Cuando [Dios] comienza a tratar con una nación, insiste en los valores absolutos. Cuando comienza a tratar individualmente con alguien, también lo hace a partir de valores absolutos»[54]. En otras palabras, no hay espacio para la subjetividad cuando se trata de determinar si alguien ha quebrantado la ley. Dios es misericordioso, paciente y amoroso, pero nunca llama recto a alguien que lo haya desobedecido, a menos que ya haya recibido su justo castigo.

Sal aparte con alguien si se pasa de la raya (sin importarte quién sea). En una reunión que yo estaba dirigiendo hace varios años, un compañero del equipo se volvió en extremo beligerante. Era amigo mío, así que sus palabras me herían sobremanera. Retó mi autoridad frente a todo el grupo. Le pedí que saliera conmigo al pasillo, donde le pregunté con serenidad qué le estaba sucediendo. Cuando le comenzó a volver la sangre a la parte racional del cerebro, pude comprender sus frustraciones, que tenían muy poco que ver conmigo. Nuestra amistad sobrevivió, pero me ha sido difícil olvidarlo.

No reacciones demasiado ante las insinuaciones positivas. ¿Eres capaz de detectar a un farsante? Una táctica psicológica corriente es la *sinceridad fingida:* no es exactamente lo mismo que mentir, pero consiste en presentar una imagen positiva con el fin de ganar favor. Un artículo de la revista *Wired* hace una lista algo en broma sobre cómo persuadir a alguien para que piense que uno lo estima realmente. Entre sus consejos se incluye el de mirar fijamente a la mesa directiva para absorber la «asombrosa» información que la otra persona está revelando. Mover la cabeza para indicar que se está de acuerdo significa: «Ya lo entendí; ahora cállate», según dice el artículo. «En cambio, un lento "no" significa "¡No puedo creer las cosas tan fascinantes que me estás diciendo!"». Una de las sugerencias favoritas para mí es la de recostarse en el asiento: «Esto indica que estás totalmente relajado. Estás listo para escuchar unos cuantos secretos»[55].

No te metas demasiado pronto en un debate. Nelson Mandela, el famoso vencedor del *apartheid* sudafricano, aprendió a ser líder de joven, mientras cuidaba ganado vacuno. En un artículo aparecido en *Time* en el año 2008, el estadista, ya a sus noventa años de edad, ofrecía varias lecciones, entre ellas una derivada de su experiencia con el ganado: «Dirige desde atrás, y deja que los demás se crean que van al frente»[56]. Durante lo más fuerte de sus luchas contra el *apartheid*, Mandela convocaba reuniones frecuentes de su círculo más íntimo, pero él solo hablaba cuando todos los demás habían revelado sus pensamientos. Resumía los argumentos de los demás, y después entretejía sus propios pensamientos en la conversación, y guiaba al grupo con delicadeza hacia una decisión.

El estilo de Mandela incomodaba a algunos de sus seguidores más orientados a la acción. Aun así, él quería escuchar todas sus verdades, expresadas libremente, con el fin de llegar a una decisión bien informada. Su serena voz al concluir los debates exigía atención y presentaba una decisión definitiva e imparcial. Mandela era el máximo durmiente imparcial, y arriesgaba su credibilidad a corto plazo para mantener la integridad de su liderazgo a largo plazo.

Principio de liderazgo #30 (Amós)

La forma más elevada de integridad es la imparcialidad. El líder imparcial espera obediencia, reconoce la sinceridad fingida y no entra demasiado pronto en los debates.

«Y el Señor dijo: He aquí, yo pongo plomada de albañil en medio de mi pueblo Israel; no lo toleraré más». (Amós 7:8)

31

Sométete a la ley de la negatividad permanente: *Abdías*

«La realidad más extraña y fantástica de las emociones negativas es que la gente les rinde adoración».

P.D. Ouspensky

En el libro más corto del Antiguo Testamento, el profeta Abdías le advierte al pueblo de Edom que debe abandonar el deleite que siente ante las tribulaciones que sufre Israel. Sus burlas contra el pueblo escogido de Dios están a punto de desatar su ira. Lo irónico de esto es que los padres de ambas naciones eran hermanos: Jacob, de cuya familia nació Israel, y Esaú, quien fundó Edom.

Este breve libro nos recuerda que la negatividad tiene un poder permanente. La *vendetta* internacional nació de una rivalidad entre hermanos, y esa rivalidad comenzó cuando Jacob con engaños se apoderó de la primogenitura de Esaú. Muchos años más tarde, Jacob intentó reconciliarse con su hermano gemelo, pero la amargura de Esaú era demasiado profunda, y siguió viviendo en sus descendientes, quienes observaban felices cómo sufrían sus hermanos el castigo que les imponía Dios.

Siglos después de que Jacob y Esaú pelearan por su herencia, Moisés y los demás descendientes de Jacob se tuvieron que enfrentar a un antagonismo continuo por parte de Edom. Cuando iba guiando a su pueblo por el desierto, Moisés les pidió que los dejaran pasar por su territorio, pero el rey edomita no lo permitió, y amenazó con atacarlos (lee Números 20:14-21). Entonces Moisés se vio forzado a guiar a los israelitas alrededor del perímetro de aquel país.

Durante largo tiempo, he observado esta ley de «la negatividad permanente», una extraordinaria tendencia a los celos, la amargura y otras clases de desviaciones negativas que tiene una duración inusualmente larga. En *The Subtlety of Emotions*, el profesor Aarón Ben-Ze'ev escribe: «Las personas rumian los acontecimientos que llevan a emociones negativas durante un tiempo cinco veces más largo que el tiempo que pasan rumiando los acontecimientos que producen emociones positivas fuertes»[57].

El poder emocional que ejerce la negatividad sobre nosotros es inmenso. En *The Science of Happiness*, los autores escriben: «Un melodrama nos conmueve con mucha más facilidad que una comedia [...] Si se les muestra a los sujetos de un experimento neuropsicológico unas imágenes felices y otras tristes, reaccionan de manera espontánea con mayor fuerza ante estas últimas»[58]. En otro libro, *Sway: The Irresistible Pull of Irrational Behavior,* corrobora lo anterior: «Experimentamos el dolor asociado a una pérdida de una manera mucho más viva que el gozo de experimentar una ganancia [...] Sin que haya una razón lógica evidente, reaccionamos de manera excesiva ante lo que percibimos como una pérdida»[59].

¿Acaso el mundo nos ha condicionado para que acampemos en la negatividad? Ciertamente, los medios noticiosos se centran en lo negativo, para aprovechar la forma en que nos cautivan los conflictos, las tragedias y el lado oscuro de la humanidad. Las historias positivas son buenas para reenviarlas en correos electrónicos, pero raras veces llegan a los noticieros. Cualesquiera que sean las razones para que exista esta desequilibrada dicotomía, no podemos negar la tendencia que tiene el ser humano a buscar y mantener los sentimientos negativos.

Como líderes, no podemos forzar a las personas a ser siempre positivas. Podemos inspirarlas y proporcionarles momentos cumbre de energía positiva, pero es inevitable que sus temores, desviaciones y emociones regresen. (En el capítulo 28 hallarás más detalles sobre la manera de inspirar a tus seguidores).

Seth Godin, el autor de *Linchpin*, hace algunas preguntas interesantes en un blog que publicó en octubre de 2008: «¿Cuánto tiempo pasa después de un gran ascenso hasta que un ejecutivo se siente ansioso? ¿Por qué los clientes de un restaurante de cuatro estrellas que es realmente estupendo con frecuencia se sienten un poco decepcionados después que les sirven el último plato?». Al parecer, nos aburrimos de lo excepcional. Después de una cima, viene un valle. Nosotros preguntamos: «¿Y eso es todo?». Godin dice que el apetito que tiene la gente de lo nuevo y extraordinario obliga a que el líder «comprenda que la gente nunca va a sentirse satisfecha con uno, e incluso se quejará cuando se le dé algo gratuito»[60].

Hace algunos años, contraté a un experto estrella en tecnología de la información que alardeaba de sus contratos con el gobierno, el alto nivel de seguridad al que se le permitía tener acceso, sus estrechos lazos con el Departamento de Defensa y el hecho de trabajar directamente para un general. Yo hice alarde ante el resto de nuestra compañía acerca de que aquel personaje fantástico nos salvaría de una miríada de problemas técnicos. Sin embargo, mi ego quedó echo trizas muy pronto, cuando comenzó a llamar día tras día para decir que estaba enfermo. Una semana más tarde, dijo que el Departamento de Defensa lo había llamado, y le había «ordenado» que fuera al Pentágono para arreglar sus proyectos anteriores, que habían fracasado. Así que le estábamos pagando y él trabajaba para el gobierno. Cuando por fin se presentó en nuestra oficina, se puso a trabajar en un problema en el cual necesitábamos ayuda con urgencia, pero pronto me dijo que no lo podía terminar porque no disponía de «las herramientas adecuadas». Finalmente, trajimos a un tercer programador, quien nos dijo que el trabajo hecho por aquel individuo estaba repleto de errores. Cuando yo lo despedí, no se inmutó.

Además de confiar menos y de salpicar de escepticismo mi liderazgo, necesito adaptarme a las tendencias negativas de mis colegas. Debo aceptar su propia falta de confianza, un aspecto de la naturaleza humana del cual es tan imposible escapar, como del amanecer.

Principio de liderazgo #31 (Abdías)

La ley de la negatividad permanente afirma que la naturaleza humana continuamente gravita hacia los sentimientos negativos y la insatisfacción.

«No debiste tú haber estado mirando en el día de tu hermano, en el día de su infortunio». (Abdías 12)

32
Desecha tu plan: *Jonás*

«Colón no tenía un plan de negocios cuando descubrió América».

Andrew Grove, tercer empleado y actual director ejecutivo de Intel

Hay dos cosas que detesto en los trabajos de planificación y preparación del presupuesto.

En primer lugar, raras veces están de acuerdo con la realidad futura, de manera que la mayor parte de la actividad involucrada en su perfeccionamiento no es más que una pérdida de tiempo. Te pasas semanas o meses previendo el futuro, debatiendo, repitiendo trabajos, dándoles vueltas a las cosas, y finalmente, ejecutando. Entonces, poco tiempo después, descubres una oportunidad o un peligro que te lanza en una dirección nueva, y vuelve inútil una gran parte de tus planes.

En segundo lugar, estoy convencido de que la preparación de presupuestos y la planificación que son tradicionales en las organizaciones es más frecuente que las limiten en vez de ayudarlas a crecer. En muchas organizaciones, los equipos de gerencia discuten línea por línea los detalles del presupuesto cada mes. El debate acerca de la caída de las ventas en los centros de ganancia A, B y C toma tanto tiempo que no tienen la oportunidad de analizar a fondo las razones de que haya habido éxito en los lugares de la D a la H. En lugar de seguir la flexibilidad del mercado, se adhieren obstinadamente a sus predicciones.

El libro de Jonás, en el Antiguo Testamento, apoya la idea de crear planes que se sepan inclinar ante los vientos del mercado o de la cultura, y que no se hagan al capricho del líder. Jonás aprende que el control de todo lo tiene una fuerza muy superior a la suya. Cuando sus planes de escaparse a Tarsis quedan eliminados por la inmensa boca de un pez gigante, lo que hace es cumplir con el plan de Dios, que es muy diferente al suyo.

No estoy abogando a favor de un abandono crónico de los planes, pero sí a favor de ponerlos al día con frecuencia, y una vez cambiado el plan original, nunca más volver a mirarlo. Algunas veces se necesita desechar todo el plan de operaciones debido a circunstancias drásticas que surgen. Hasta una organización sólida necesita cambiar.

A fines de 1999, cuando redactamos nuestro plan de negocios, esperábamos salir de él en cinco años. Mientras un par de socios tenían la esperanza de salir con ganancias, otros y yo queríamos continuar con lo de un posible nuevo dueño. Entonces se produjeron los acontecimientos del 11 de septiembre, seguidos por el «punto bomba», la implosión del mercado de la Internet y las acciones de la tecnología. Además de esto, el 2001 fue el peor año en la industria publicitaria desde los años treinta. El problema fue doble para nosotros, porque vendíamos publicidad en la Internet, dos barcos que se estaban hundiendo en medio de una tormenta perfecta. Después de la mini-recesión del 2002, nos recuperamos y volvimos a estar a flote... hasta la gran recesión de 2008 y 2009.

La lección de Jonás ha quedado demostrada una y otra vez: es difícil predecir dónde vamos. Al mismo tiempo, los dos extremos son igualmente tontos: operar sin un plan, puesto que «de todas formas no podemos controlar nada», y poner en funcionamiento un plan, cueste lo que cueste, porque «no estamos funcionando muy bien». La flexibilidad en los planes ha sido la norma para algunas de las principales organizaciones de la actualidad:

- J. Willard Marriot comenzó con un puesto de bebida no alcohólica [root beer], A&W, antes de lanzarse al negocio de los hoteles.
- Antes de conseguir varios contratos de guerra, HP probó con diferentes productos en sus primeros tiempos, entre los que se hallaban un indicador de líneas de tiro libre y una máquina de reducción de grasas por medio de choques eléctricos.

- La 3M comenzó con un proyecto que resultó un fracaso y luego se dedicó a la fabricación de papel de lija para poder sobrevivir.
- El primer avión de la Boeing fue un fracaso tan estrepitoso que la compañía se pasó al negocio de muebles para seguir viva; su último avión, el Dreamliner 787, ha superado todos los récords de venta[61].

La escritora inglesa Hannah More habla de esta filosofía de la flexibilidad: «Saberlo todo no es tan importante como valorar lo que aprendemos». Triunfamos cuando comenzamos en el entendimiento de que el plan puede cambiar de un momento a otro. Es frecuente que nos golpeen fuerzas repentinas en los mercados, problemas de salud, dilemas con el personal y bajas imprevistas en la economía.

Un informe publicado por Deloitte señala que las organizaciones se buscan su propio fracaso cuando no inician cambios estratégicos profundos con suficiente frecuencia. «En lugar de hacerlo, se dedican a buscar mejoras aisladas dentro de un solo aspecto de su funcionamiento, solo para descubrir que los cambios no son sostenibles, debido a las limitaciones inherentes a su modelo de negocio»[62]. Las mejoras resultantes pierden su eficacia a medida que va cambiando el ambiente.

Si tu organización necesita ir desde el equivalente de un puesto para vender bebidas no alcohólicas hasta una cadena de hoteles de alta calidad, una mejora aquí y otra allá no serán suficientes. Ser respetuosos de la ecología o capaces de seguir adelante tampoco va a resolver sus problemas.

Para hallar nuevas tierras prometedoras, es posible que necesites dar un inesperado viaje en el vientre de un gran pez.

Principio de liderazgo #32 (Jonás)

Puesto que nos es imposible describir el futuro, nuestros planes nunca deberán estar exentos de que un día los tiremos al mar.

«Pero Jehová tenía preparado un gran pez que tragase a Jonás; y estuvo Jonás en el vientre del pez tres días y tres noches».
(Jonás 1:17)

33

Guía como un humilde dictador: *Miqueas*

«La cualidad de ser uno con el pueblo, de no tener barreras artificiales ni naturales entre él y ellos, hizo posible que fuera un líder sin jamás ser ni pensar ser un dictador».

Frances Perkins, Secretaria de Trabajo, acerca de Franklin D. Roosevelt

¿Cómo es posible tener al mismo tiempo un corazón humilde y un puño de hierro? Dos líderes militares legendarios perfeccionaron este equilibrio entre la dureza y la bondad. El primero está ausente de la mayoría de los libros de historia modernos, porque no conquistó grandes extensiones de tierra, como Alejandro Magno o Napoleón, ni tampoco cometió la infamia de someter a los pueblos derrotados a un trato implacable.

En la Roma del siglo sexto a. C., un agricultor llamado Cincinato cuidaba calladamente de sus campos. Aunque muy reconocido por su valentía en el campo de batalla, se resistió a aceptar un alto cargo militar, porque su familia se moriría de hambre sin él. Cuando el Senado romano le suplicó que aceptara la posición de dictador militar para defender la ciudad, terminó aceptándolo. Inmediatamente después de su victoria sobre las tribus invasoras, Cincinato le devolvió el manto del poder al senado y se dirigió a su hogar. Años más tarde, le pidieron que dejara de nuevo su modesto estilo de vida para sofocar una revuelta, y cuando llegó a su fin su segunda dictadura, regresó ansioso de nuevo a su familia. Hoy se le considera uno de los líderes más grandes que tuvo Roma, debido a su desinteresado servicio, a diferencia de la mayor parte de los gobernantes que le siguieron.

Un par de miles de años más tarde, otro agricultor llamado George Washington se retiró de una carrera militar en la guerra con los franceses y los indios, en la que fue condecorado. Agotado de cuerpo y espíritu, saboreaba ya la soledad y la paz que lo esperaba en la plantación donde vivía. No obstante, cuando años más tarde el Congreso tocó a su puerta, aceptó reticente el comando supremo del Ejército Continental para defender de los británicos a su naciente país. Después de seis sangrientos años, Washington volvió de nuevo a Mount Vernon y a sus campos, ansioso de reanudar su tranquila vida.

Sin embargo, pronto la nación por la que había luchado se vio rumbo a otro desastre. Su débil gobierno no podía vencer a los activistas rebeldes ni a los levantamientos de civiles. Washington abandonó su retiro para ayudar a crear la nueva Constitución, que fue ratificada en 1787, pero no pudo escapar al voto unánime del congreso que lo invistió con la primera presidencia de los Estados Unidos. Después de su segundo período en el gobierno, regresó finalmente a su hogar, donde falleció tres años más tarde, en 1799.

Washington y Cincinato tienen algo más que vidas similares. En 1783, después de la Revolución, un grupo de antiguos oficiales militares creó la Sociedad de los Cincinatos (que más tarde inspiraría el nombre de la ciudad de Cincinnati, en Ohio). Alexander Hamilton presidió sus ceremonias inaugurales. La sociedad señalaba con orgullo a Cincinato como su padre fundador, puesto que era el héroe que había encarnado la honra y el deber al pelear desinteresadamente por su tierra, y regresar después a su familia. El lema de la sociedad es *Omnia relinquit servare rempublicam:* «Lo dejó todo para servir a la República». Por supuesto, el primer presidente general del grupo fue George Washington.

Doscientos años antes de Cincinato, el profeta Miqueas idealizó este concepto de deber y honor humildes, sin preocuparse por uno mismo. A los israelitas desobedientes y nada agradecidos de su tiempo les preguntó: «Ya se te ha dicho lo que de ti espera el SEÑOR: Practicar la justicia, amar la misericordia, y humillarte ante tu Dios» (Miqueas 6:8, NVI). Un líder que actúa con justicia, va a la batalla para proteger la libertad, la ley y la vida. Aunque mate al enemigo, practica la misericordia y la humildad cuando termina la pelea.

Algunas veces no hay equilibrio en la ecuación entre la justicia y la misericordia. Por ejemplo, puedes actuar con justicia, y al mismo tiempo detestar tu acción por el dolor que inflige. Este conflicto interno es corriente entre los grandes líderes. Washington luchó en cuanto a mantener una severa justicia entre sus propios hombres, aunque nunca huyó de sus responsabilidades. Cincinato dejó desamparada a su familia en su hogar mientras se dedicaba a defender a la República.

El concepto de dedicación al deber fue hecho famoso por la película Gladiador, en la cual, un personaje de ficción llamado General Máximo sueña con volver a su casa y a los campos de su familia después de años de guerra. No obstante, el emperador romano, en medio de su agonía, le suplica que asuma el trono. El único hijo del emperador asesina a su padre y se roba la corona. Asesina después a la familia de Máximo, y este apenas escapa con vida, pero lo capturan medio muerto y lo venden como esclavo. Máximo logra defender el honor de su familia, matando al emperador en el Coliseo, aunque el gran gladiador muere también a causa de sus heridas.

Me puedo imaginar la clase de emperador que habría sido Máximo: silencioso, estricto, implacable, misericordioso y afectuoso. Igual que lo fueron Cincinato y Washington.

Principio de liderazgo #33 (Miqueas)

El dictador humilde es despiadadamente eficiente, aunque sorprendentemente misericordioso.

«Ya se te ha dicho lo que de ti espera el SEÑOR: Practicar la justicia, amar la misericordia, y humillarte ante tu Dios».
(Miqueas 6:8, NVI)

34

Combate las fuerzas superiores con un carácter superior: *Nahúm*

«Nunca cedan ante el poder aparentemente abrumador del enemigo».
Winston Churchill

Tres generaciones después de Jonás, Nínive, la capital de Asiria, abandonó a Dios y se convirtió en el centro del reino más poderoso de la región. El poder militar y la legendaria crueldad de los asirios obligó a los reyes extranjeros a rendirse ante ellos. No tenía nada de extraño que un gobernante asirio implacable amontonara cadáveres o cabezas decapitadas en las afueras de las puertas de las ciudades derrotadas.

Uno de estos reyes se llevó a los habitantes de Israel, el reino del norte, al cautiverio, y saqueó a Judá, el reino del sur. Doscientos mil israelitas desaparecieron en las prisiones y la esclavitud de Asiria. Las atrocidades y la violencia arrojaron a Judá a una existencia sin esperanza.

El profeta Nahúm surgió en el momento más fuerte del poderío asirio, y proclamó que Dios estaba a punto de destruir a Nínive. Como cincuenta años más tarde, aquella ciudad estaba reducida a ruinas, y terminó por desaparecer bajo las arenas que lanzaba el viento.

¿Cómo se irguió Nahúm con un poder tan grande para alentar a sus conciudadanos a permanecer firmes hasta que llegara la liberación que les estaban prometiendo? ¿Cómo podemos inspirar nosotros a nuestra gente a sobrevivir a una fuerza irresistible dedicada a tratar de derrotarnos?

Nahúm calmó los nervios de los suyos, describiendo a Dios como un vengador lento para la ira, y poderoso más allá de toda comprensión posible. Les prometió que Dios castigaría a los culpables y perseguiría a sus enemigos. Les dijo que Él es un refugio en tiempos de tribulación y cuida de los que confían en Él. Les presentó a Dios como ira, justicia y amor a partes iguales. El propio profeta exhibía esas cualidades, proclamando sin miedo alguno la victoria ante la cara misma del enemigo, esperando pacientemente el juicio de Dios y consolando a los ciudadanos de Judá. Exhortaba a su pueblo a esperar la victoria.

¿Cómo podemos los líderes del presente manifestar esta clase de seguridad durante los tiempos difíciles? Todos nos enfrentamos tarde o temprano con leones rugientes. Veamos algunos ejemplos modernos que llevan a la práctica los principios de Nahúm.

En 1967, durante la Guerra de los Seis Días, Israel rechazó a una coalición militar árabe formada por Egipto, Jordania, Siria, Líbano e Irak. El bloqueo egipcio de los barcos israelíes en el estrecho de Tirán fue el que hizo estallar el conflicto, y el diminuto estado de Israel, con menos de tres millones de habitantes, lanzó un sorpresivo ataque contra los ejércitos de la coalición. Casi todos los doscientos aviones de los que disponía Israel descendieron sobre la fuerza aérea egipcia, que no sospechaba nada, destruyendo varios centenares de *jets* nuevos de fabricación soviética y mataron a docenas de pilotos. Esta victoria le dio a Israel la superioridad en el aire durante el resto de la guerra, y preparó el camino para varias victorias más.

Más de veinte años antes, Winston Churchill guio a la pequeña nación británica contra el Goliat nazi. El odio visceral que sentía Churchill por la tiranía fortaleció la determinación de todo el mundo occidental. En 1941, convenció a su pueblo de que el día del mal terminaría pronto: «Nunca cedan, nunca cedan; nunca, nunca, nunca [...] Nunca cedan ante la fuerza; nunca cedan ante el poder aparentemente abrumador del enemigo. Hace un año estábamos solos, y para demasiadas naciones, tal parecía que nuestras cuentas habían quedado clausuradas; era nuestro final [...] Sin embargo, en lugar de esto, nuestra nación se mantuvo en la brecha. Nunca nos acobardamos; nunca pensamos siquiera en ceder [...] Ahora nos hallamos en una posición en la que les digo que podemos estar seguros de que solo tenemos que perseverar para vencer»[63].

En la primavera de 1989, otra voz solitaria se resistió a someterse a la tiranía. Durante semanas, los estudiantes, trabajadores, maestros y soldados chinos se lanzaron en protestas anticomunistas cerca de la

Plaza de Tiananmen. Entonces, el gobierno entró en ella con la artillería. Centenares de civiles murieron asesinados, incluyendo niños. De pie sobre el pavimento, con una bolsa de compras en una mano, un joven chino bloqueó el avance de dieciocho tanques, que no pudieron rodearlo para seguir adelante. Aquel hombre se subió al frente de uno de aquellos monstruos y exigió que se retirara. Su desafío dejó petrificadas a millones de personas en el mundo entero.

En el mundo de los negocios no hay mayor Goliat que Wal-Mart. Esta creación de Sam Walton es la corporación más grande del mundo, con 1,4 millones de empleados. Genera ventas anuales ocho veces mayores que las de Microsoft, y representa el dos por ciento del producto nacional bruto de los Estados Unidos. Wal-Mart aniquila a los supermercados locales cuando entra a una ciudad. Reemplaza trabajos mejor pagados en el mercado con posiciones a tiempo parcial y con salarios mínimos, y la implacable lucha de precios ya está ganada antes de comenzar.

En China y el resto de Asia, Wal-Mart perdió ante los miles de vendedores ambulantes que habían dominado el arte de los precios competitivos durante milenios. En Texas, no pudo diezmar a las tiendas HEB, que se mantenían vendiendo productos buscados por la población local que la cadena nacional no podía duplicar. En un número incalculable de pueblos de los Estados Unidos, las pequeñas tiendas locales están ganando por medio de un servicio de alta calidad, una selección más amplia y unas estructuras de gerencia de menor costo.

¿Hay alguna fuerza superior que está arrasando tu calle, o poniendo en estado de sitio tu fortaleza? Adopta el carácter de Dios en el libro de Nahúm: implacable, firme y creativo. Conviértete en un refugio para tus temerosos seguidores; en otro Churchill.

Principio de liderazgo #34 (Nahúm)

Cuando se enfrentan a una amenaza dominante, los débiles con mayor éxito son los que se levantan de inmediato y le presentan una feroz resistencia, aunque desconozcan cuál es el próximo paso que deben dar.

«Así dice el Señor: "Aunque los asirios sean fuertes y numerosos, serán arrancados y morirán"». (Nahúm 1:12, NVI)

35

Espera tu Gran Día: *Habacuc*

«Al igual que la fe, la paciencia y la diligencia mueven montañas».
William Penn

Podemos predecir con gran precisión lo que va a suceder en el próximo momento, o dentro de una hora; algunas veces incluso al día siguiente. Sin embargo, el Gran Día es diferente. Es el «algún día» de nuestros deseos, el cumplimiento de lo que queremos que suceda o que no suceda. Es un tiempo lleno de esperanza que cautiva nuestra imaginación.

Los cristianos tienen su esperanza puesta en el día en que estarán en el cielo. Los empresarios la tienen en sus ganancias, cuando su sudor y su sangre regresen en forma de oro. Los padres cansados esperan con ansias el tiempo en que sus bebés dejen de usar pañales. Los padres fundadores de los Estados Unidos oraron por un nuevo día en el que fueran libres de Inglaterra, y Abraham Lincoln luchó por el día en que los Estados Unidos se volvieran a unir.

Tengo siempre en la mente varios Grandes Días. El día en que mis hijos se hagan hombres y vivan independientes. El día en que tenga permiso para llenar mi calendario con márgenes y tiempo libre (tal vez algo de diversión, si me atrevo). Sueño en agotarme mientras preparo y animo a los pastores. Quiero llevar a mis hijos a Cuba para que vean dónde nació su abuelo.

También vienen otros días de los que no puedo escapar: días de dolor, de enfermedad y de muerte. Sin embargo, no los puedo evitar, ni quiero hacerlo, porque son los que hacen que sean mucho más dulces la restauración, la curación y el cielo que los siguen.

Habacuc escribió su libro profético en medio de la ocupación babilónica. Un nuevo enemigo había echado de Nínive a los asirios, y ahora eran ellos los que dominaban al reino sureño de Judá. El profeta expresa paciencia en cuanto a la salvación de su pueblo: «Estaré quieto en el día de la angustia, cuando suba al pueblo el que lo invadirá con sus tropas» (Habacuc 3:16). Mientras tanto, su pueblo seguiría arrastrándose bajo el dominio de los babilonios.

En lugar de mortificarse a causa de las circunstancias, el profeta decide esperar con gozo la liberación que les traerá el Señor, que es tan segura como la aurora. Le recuerda al pueblo que, aunque parezca que Dios los ha abandonado, ha prometido liberarlos un día. Solo tienen que abandonar su rebelión espiritual y volverse a Él.

¿Estás esperando algo? Mientras más edad tengo, mientras más desilusiones y retrasos espero, más tengo que practicar la fe y la paciencia. Aunque no puedo controlar el futuro ni el pasado, el presente sí es algo que puedo alterar.

Como un niño en un viaje largo, Habacuc le pregunta repetidas veces a su Padre del cielo: «¿Cuánto falta?». Dios le había revelado que levantaría una nación para castigar a los pecadores israelitas, pero que también los rescataría en un momento determinado. «Aunque tardare, espéralo, porque sin duda vendrá, no tardará» (Habacuc 2:3). ¡Dios no promete que los malvados caerán en un día concreto, pero sí garantiza que se producirá en el momento perfecto!

Martin Luther King Jr., también soñaba con Un Día, y de él habló en su famoso discurso, pronunciado en 1963:

> «Yo tengo un sueño de que un día todo valle será exaltado, toda colina y todo monte serán allanados, los lugares escabrosos serán convertidos en llanuras, y los lugares torcidos serán enderezados, y la gloria del Señor se revelará, y toda carne la verá unida [...] Con esta fe podremos extraer de la montaña del desespero una piedra de esperanza. Con esta fe podremos transformar las enervantes discordias de nuestra nación en una hermosa sinfonía de hermandad. Con esta fe podremos trabajar juntos, orar juntos, luchar juntos, ir a la cárcel juntos, defender juntos la libertad, sabiendo que seremos libres un día»[64].

Un joven amigo sueña con escapar de los grilletes de su opresor jefe. Sabiamente, ha decidido observar y esperar. Sabe que esto no durará para siempre, y que es un momento para aprender, prepararse y crecer. Está pensando en su Un Día, que podrá ser alejarse de la familia y, aunque esto lo incomoda, contempla una nueva ciudad como un simple hito en el camino hacia unas metas a un plazo más largo aun. Un día, cree él, superará las tribulaciones a corto plazo que sufre en la actualidad.

¿Cuál es tu visión para el futuro? Aunque tal vez no lleves un sueño de libertad inmenso en tu corazón, tal vez seas como mi amigo, que espera un trabajo mejor. Hasta Habacuc se sintió desilusionado al principio, cuando Dios le dijo que esperara, pero terminó confiando en que Dios cambiaría las circunstancias que le rodeaban en el momento debido.

Principio de liderazgo #35 (Habacuc)

Los verdes pastos del futuro solo se pueden alcanzar por medio de una paciencia llena de decisión.

«Aunque tardare, espéralo, porque sin duda vendrá, no tardará».
(Habacuc 2:3)

36

No escuches a tus clientes: *Sofonías*

«Definición de un experto en estadística: Un hombre que cree que las cifras no mienten, pero reconoce que si se someten a análisis, algunas de ellas tampoco van a pasar la prueba».
Evan Esar

En 1967, se instaló el primer cajero automático en la rama de Londres del Banco Barclays. Al cabo de pocos años, los hábitos de los clientes comenzaron a dirigirse hacia la comodidad de servirse ellos mismos. Hoy en día hay cerca de dos millones de cajeros automáticos en el mundo entero. También han proliferado los quioscos electrónicos, en los cuales se prestan servicios como bajar canciones, encargar comida, registrarse en un vuelo de avión, tener acceso a la Internet, recibir servicios financieros, revisar precios al por menor y pagar los víveres comprados en una tienda.

Si yo te hubiera dicho en 1995 que al cabo de cinco o diez años ibas a poder hacer todas tus operaciones bancarias y pagar tus cuentas usando esta cosa nueva que se llama Internet, tal vez no me habrías creído. Muchos de nosotros apenas habíamos oído hablar de la Internet a mediados de la década de 1990. Es más, los bancos prescindían de ella como una especie de juguete para técnicos de informática y agencias del gobierno, pero carente de usos prácticos para la persona promedio. Por esa razón, la gente apenas veía la necesidad de hacer algo en línea. La televisión, las bibliotecas, los cajeros automáticos, las chequeras, los periódicos, el correo y las máquinas de fax satisfacían perfectamente sus necesidades.

Pero el público no sabía lo que quería. En un tiempo récord, las maravillas de la web inspiraron una nueva conducta en los consumidores. Los bancos se apresuraron a edificar portales en línea, pero muchos empresarios de las finanzas ya se les habían adelantado.

El libro de Sofonías recoge en sus páginas un letargo generalizado muy similar a este. Los ciudadanos de Judá sabían que si ellos cambiaban sus caminos, Dios no los castigaría. Sin embargo, siguieron desoyendo sus advertencias y dedicados a sus juergas. ¿Cómo es posible que todo un pueblo estuviera tan ciego ante la destrucción que se cernía ya sobre ellos? Ante los ojos de Dios, no hacer nada de acuerdo a la verdad que se les había dado era peor que la ignorancia de esa misma verdad que tenían los pueblos vecinos. Si hubieras hecho una encuesta entre los ciudadanos promedio de Judá acerca de su respeto por Dios, lo habrían honrado con sus labios, pero sus acciones te habrían contado una historia totalmente distinta.

La gente de hoy desconcierta también a los investigadores. La mayor parte de las investigaciones de los mercados que se basan en encuestas sufren de desviación o de una metodología defectuosa. Mark Fletcher, uno de los principales de Axiom Consulting Australia, explica cómo hasta una sencilla encuesta entre los clientes puede desorientar al dueño de una tienda. Dice que si los datos indican que la mayoría de tus clientes califican su experiencia como «satisfacción general», y creen que tu tienda les ofrece un «servicio amistoso», podrías llegar a la conclusión de que una actitud amistosa produce satisfacción en los clientes. Sin embargo, dice Fletcher que estas conexiones tan obvias muchas veces nos ofrecen una información indebida. «Los clientes que les dieron una calificación alta a la amistad y a la satisfacción general, pueden ser los clientes que más frecuentan tu tienda», escribe. «Lo típico es que los clientes frecuentes se sienten más satisfechos, porque aprenden a funcionar dentro del sistema».

Fletcher añade que los empleados de una tienda podrían ser más amistosos con los clientes regulares porque los conocen. Cuando yo entro en el *Starbucks* de mi vecindario, me saludan por mi nombre, y comienzan a hacer mi café antes que yo llegue al mostrador. Como consecuencia, yo le daría a ese establecimiento una nota alta en cuanto a su «actitud amistosa». Sin embargo, la verdadera razón por la que lo visito a él con tanta frecuencia es que está bien situado y porque tiene un ambiente creativo. Como voy allí con frecuencia, me conocen y como resultado, me siento más cómodo y positivo con respecto al establecimiento. ¡La verdad es que me gusta más la experiencia que el mismo café!

Douglas Ryan, otro consultor en investigación de mercados, escribe que los clientes muchas veces dan una respuesta diferente a la que deberían dar, para que refleje su yo ideal, y no su yo real. Quieren dar la impresión de que son más fuertes, más sabios, o cualquier cualidad de la que carecen[65]. Cita los estudios hechos por la *Western Electric* en 1939 sobre el tiempo y el movimiento, en el cual los investigadores estuvieron a la caza de maneras de mejorar el ambiente laboral con el fin de llevar al máximo la productividad. «Los experimentos quedaron confundidos por el hecho de que los obreros estaban realizando un esfuerzo por dar una impresión positiva. Al saber que los estaban observando, mejoraron su producción, independientemente de las variables que se estaba tratando de controlar»[66].

Preguntarles sus juicios y opiniones a los consumidores, según Ryan, no es tan de fiar como registrar cuáles son las cosas que escogen. Una de sus pruebas fue cuando A. C. Nielsen dejó de basarse en el registro diario de lo que veían las familias en la televisión y comenzó a utilizar contadores automatizados. La compañía aprendió por medio de unas pruebas beta que los contadores hacían resaltar los fallos en el proceso diario. «La memoria, el hábito y otros rasgos humanos creaban una distancia entre lo que escribían las familias de Nielsen en sus diarios, y lo que en realidad estaban haciendo».

La gente no ha cambiado gran cosa desde los tiempos de Sofonías. Aunque enseguida ofrece sus opiniones y describe sus acciones, no siempre están expresando la realidad. La observación sigue siendo la mejor medida en cuanto a las preferencias de los clientes y la eficacia de los empleados.

Principio de liderazgo #36 (Sofonías)

Las investigaciones basadas en encuestas raras veces predicen la realidad de una manera absoluta. Deben ser equilibradas (o sustituidas) por la observación directa de la conducta.

«Esta es la ciudad alegre que estaba confiada, la que decía en su corazón: Yo, y no más. ¡Cómo fue asolada, hecha guarida de fieras!» (Sofonías 2:15)

37

Dale vuelta a tu organización antes que te obliguen a hacerlo: *Hageo*

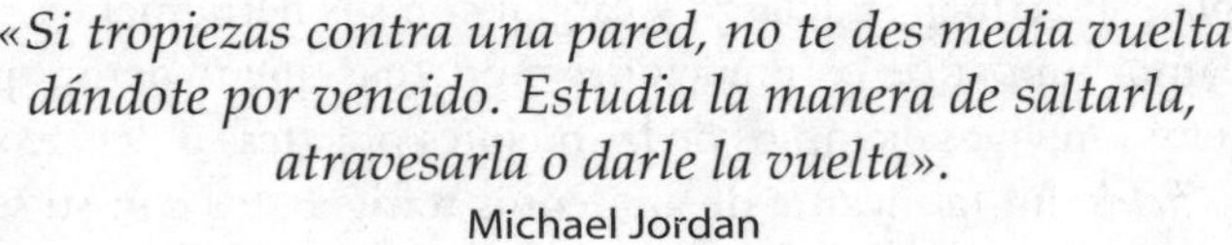

«Si tropiezas contra una pared, no te des media vuelta dándote por vencido. Estudia la manera de saltarla, atravesarla o darle la vuelta».

Michael Jordan

Resulta que existe una asociación dedicada a salvar compañías que están a punto de morir: la *Turnaround Management Association.* Cecilia Green, la directora de relaciones públicas de esta asociación, dice que cuando los especialistas de *Turnaround* se hacen cargo de un nuevo caso, se enfrentan a acreedores furiosos, empleados asustados, clientes cansados y una junta directiva muy nerviosa.

Una revisión del portal que tiene la TMA en la web presenta una lúgubre perspectiva: «Los ejecutivos que se tropiezan con problemas en su corporación muchas veces pasan por el mismo proceso por el que pasan los agonizantes: negación, ira, negociación, depresión y finalmente, aceptación. La última etapa es cuando la corporación contrata a profesionales expertos en dar la media vuelta, a menos que se vean forzados a hacerlo antes con un prestamista, el gerente de un fondo inversionista o un tribunal de bancarrota»[67].

En su libro, el profeta Hageo se enfrenta a la necesidad de que el pueblo dé la media vuelta. Los cimientos del templo se habían puesto con gran fanfarria dieciséis años antes, pero el entusiasmo se había ido desvaneciendo y la construcción se había detenido.

La misión de Hageo consiste en reavivar la visión original y poner las cosas de nuevo en movimiento. Lo primero que hace es eliminar los obstáculos inmediatos y comenzar a edificar sobre los cimientos originales. Después amonesta al pueblo diciéndole: «¿Es tiempo que ustedes vivan en casas lujosas mientras el templo permanece en ruinas?» (Hageo 1:4, LBD). Les dice que han malgastado la vida buscando cosas carentes de sentido, satisfaciendo sus apetitos y sus lujos personales; por tanto, nunca llegarán a ser nada.

Por último, los exhorta a ponerse en pie y reconstruir su identidad. Aunque surgen de vez en cuando las dudas y la desconfianza, no permite que desaparezca el sueño. Los obliga a imaginarse delante de ellos la gloria del templo. Sin embargo, solo podrán realizar este grandioso plan si sacuden su letargo y cargan con sus herramientas.

Veamos un par de corporaciones modernas que tuvieron que dar la vuelta y son vivos ejemplos de las mejores prácticas de Hageo.

Oldfields, un fabricante de alimentos refrigerados con su sede en Londres y con un capital de veinticinco millones de libras esterlinas, disfrutó de años de fuerte crecimiento, hasta que se produjo una repentina caída en el año 2003, en la cual perdió un millón y medio de libras esterlinas y estuvo pensando en irse a la bancarrota. Su mayor cliente, el cual representaba el cincuenta y cinco por ciento de sus ingresos, amenazó con anular su contrato. El dueño de la compañía mantenía una cultura de temor y de control de detalles. Para sobrevivir a sus pobres inversiones, el negocio se dedicó a cazar ventas, sin tener en cuenta los márgenes de ganancia, pero no pudo aumentar el volumen. El crecimiento del mercado se volvió lento en varios de sus canales.

Joe Considine, el héroe de la media vuelta, diagnosticó con rapidez el estilo dictatorial y la falta de visión del dueño, y lo relevó. Luego hizo lo siguiente:

- Generó dinero a base de hacer más lento el pago de sus facturas y recoger con mayor rapidez el de las facturas de sus clientes.
- Eliminó la mayoría de los productos, los clientes y los vendedores de la compañía que no daban ganancias.
- Se quedó solo en los mercados en los cuales la compañía podía superar a la competencia.

- De manera franca y sincera comunicó sus planes a los accionistas.
- Instaló un director ejecutivo y un encargado de finanzas nuevos.
- Identificó con claridad el papel y las responsabilidades de cada uno de los empleados.

Oldfields pasó de perder un millón novecientas mil libras esterlinas en 2004, a tener una ganancia de un millón y medio de libras esterlinas en 2006. Muy pronto compraron la compañía por doce millones setecientas mil libras de esterlina. Es posible que el mayor logro de Considine y su equipo fuera la conservación de cuatrocientos ochenta puestos de trabajo.

J&R Machine, de Shawano, Wisconsin, fabrica piezas para otras cuarenta fábricas. El accionista mayoritario había operado el negocio desde 1993, y lo hizo crecer muy bien hasta 2001, cuando comenzó a caer en espiral. Ya para fines de 2003, las pérdidas alcanzaban el quince por ciento de las ventas, causadas por unos márgenes escasos, una administración débil de las finanzas, los ataques del 11 de septiembre, la pérdida de negocios a México y a China y la subida en el precio del acero.

David C. Finkbiner se ocupó de la dirección general de reestructuración. Se encontró con un paciente enfermo de gravedad:

1. La compañía carecía de fondos y su cuenta bancaria estaba en rojo; el banco quería salirse de aquel problema.
2. Los proveedores estaban amenazando con iniciar una acción legal.
3. Una liquidación solo conseguiría el ochenta y ocho por ciento de la deuda asegurada.

A pesar de esta desalentadora prognosis, Finkbiner pensaba que la compañía podría sobrevivir. Sus negocios básicos eran viables, con mercado de buen tamaño y potencial para llegar a unos márgenes adecuados. El dueño y los empleados clave se comprometieron a hacer los cambios necesarios, y la mayoría del personal fue leal y se sintió motivado.

El director general de reestructuración arregló unos pagos electrónicos adelantados con un cliente leal. Esto, y un retraso de doce meses en los pedidos, ayudaron a Finkbiner a asegurar un puente para el financiamiento y restaurar la confianza del banco. Salvó todos los puestos de trabajo de la compañía. Hasta los dueños originales se quedaron. Ya en el año 2005, las ganancias brutas aumentaron del 9,3 % al 30,1 %, el nivel más alto en la historia de la compañía.

Hay dos lecciones importantes en estos estudios de casos y en el libro de Hageo: (1) Es rara la organización a la que no se le puede dar media vuelta, y (2) la gente recupera el entusiasmo cuando un líder decidido la motiva a limpiar las ruinas y reconstruir desde los cimientos.

Principio de liderazgo #37 (Hageo)

El líder que tiene por costumbre reconsiderar el camino que lleva su compañía, evitará una restructuración más penosa después.

«¿Quién ha quedado entre vosotros que haya visto esta casa en su gloria primera, y cómo la veis ahora? ¿No es ella como nada delante de vuestros ojos? Pues ahora [...] cobrad ánimo».
(Hageo 2:3-4)

38

Cuando la misión parezca imposible, enfócate en una superior: *Zacarías*

«Las misiones motivan; los dólares no».
Bill George, exdirector ejecutivo de Medtronic

En la película *Gigantes hacia la victoria*, Grant Taylor, entrenador de fútbol de una escuela secundaria, cae en una depresión. Después de seis años de batallar, no había podido lograr ni una sola temporada victoriosa. Los padres querían que lo despidieran. Los jugadores andaban siempre cabizbajos, y pensaban más en la fiesta que tendrían después del juego que en el juego que tenían por delante.

Una noche, Taylor se sentó con su Biblia en el suelo de su sala de estar. En la parte superior de un bloc de notas en blanco, escribió una sola pregunta: «¿Para qué existe nuestro equipo?».

Descubrió que la razón de ser del equipo no era ganar. ¡Sus jugadores ni siquiera podían recordar quiénes habían ganado el campeonato estatal tres años antes! Entonces, ¿por qué solo se concentraban en ganar, cuando la victoria significaba tan poco dentro del gran cuadro general? La vida era un juego mucho más importante. El deber del equipo y su responsabilidad como entrenador eran honrar a Dios y entrenar a sus jugadores para que se convirtieran en hombres con fortaleza, carácter y valor.

Inspirado por este nuevo enfoque, Taylor decidió que, ganaran o perdieran, su equipo iba a honrar a Dios y a confiar en Él en cuanto a los resultados.

En caso de que no hayas visto la película, no te voy a echar a perder el final. Pero el equipo sí comenzó a obtener victorias. Los jugadores se unieron a la nueva visión de su entrenador. Notaron que en él se habían producido cambios que los llevaron a ellos también a cambios positivos.

El profeta Zacarías también tuvo que renovar el enfoque de sus compatriotas judíos. Aunque habían obedecido a la exhortación anterior de Zacarías en cuanto a comenzar la reconstrucción del templo, la dejadez y el derrotismo amenazaron de nuevo con regresar cuando surgió una nueva oposición. Al igual que Hageo, Zacarías no permitió que los temores de su pueblo lo controlaran. Los animó a cumplir el deber que tenían con su nación y con su Dios. Aunque sus enemigos amenazaban, Zacarías reorientó la atención de su pueblo hacia la visión a largo plazo presentándole las promesas divinas de liberarlos de las naciones vecinas hostiles. Pero primero, antes que esos sueños de victoria se convirtieran en realidad, tenían que ponerse a trabajar.

Una de mis máximas favoritas sobre el liderazgo es esta: «Si haces lo que siempre has hecho, conseguirás lo que siempre has conseguido». Con la motivación necesaria, cualquier equipo con talento se puede convertir en un equipo de matadores de gigantes o edificadores de templos. Como vimos en el capítulo anterior, hasta en una organización casi muerta, la reorientación de los propósitos muchas veces es el primer paso hacia la victoria.

Ayer tuve una reunión con un colega que transcurrió sorprendentemente bien. Por lo general vamos de inmediato a tratar los problemas apenas nos vemos, sin preámbulos ni pérdida de tiempo. Sin embargo, esta vez nos fuimos a una cafetería. Del techo salía una música relajante. Solo había unas cuantas personas más a nuestro alrededor. Nos sentamos en una mesa doble y pedimos un café suave. De repente, la vida se hizo más lenta para ambos.

Me di cuenta que hacía meses que no hablaba con él. Por supuesto, todos los días hablamos de cosas, pero no podía recordar la última vez que habíamos hablado así. Mientras tomábamos el café, yo me resistía a meterme en la agenda. Le pregunté cómo le iba en la vida, y cómo le iba en el trabajo. Me asombró de la forma en que aquella conversación íntima fue haciendo una transición hacia las cuestiones que teníamos que estudiar. Hasta hablamos de nuestros sueños a largo plazo.

Cuando nos enfocamos en la más amplia visión de nuestros negocios, sentí una nueva energía. Como el entrenador Taylor y el profeta Zacarías, pudimos ver el horizonte a la distancia. Aun tenemos nuestros retos del presente, pero se hallan dentro de una perspectiva. Me siento más seguro en cuanto hacia dónde nos dirigimos, lo cual me motiva a empezar a poner las piedras del camino ahora mismo.

Principio de liderazgo #38 (Zacarías)

Cuando se avecina el fracaso, enfocar de nuevo a la organización en su razón de ser a largo plazo es lo que le da nuevas energías al equipo.

«Esfuércense vuestras manos, los que oís en estos días estas palabras de la boca de los profetas, desde el día que se echó el cimiento a la casa de Jehová de los ejércitos, para edificar el templo». (Zacarías 8:9)

39

No te centres tanto en las necesidades expresadas: *Malaquías*

«En lo que al cliente respecta, el punto de contacto es el producto».

Jef Raskin, científico estadounidense especializado en computadoras

Joe Maloof dirige un conglomerado familiar que incluye a los Reyes de Sacramento, de la Asociación Nacional de Baloncesto. En una entrevista, Joe describió uno de sus primeros viajes de negocios con su padre:

> «Me dijo: "Vamos a llevar un registro de todas las personas con las que entremos en contacto, y que tengan la oportunidad de servirnos como clientes suyos. Veamos hasta qué punto se interesan por nosotros". Recuerdo que hubo cincuenta y siete personas que tuvieron esa oportunidad: botones de hotel, camareras, taxistas [...] Llevamos el registro, y solo hubo una persona de aquellas cincuenta y siete que hizo todo cuanto estuvo a su alcance para servirnos. Se trataba de una señora de un café en el centro de Milwaukee, que caminó la milla extra por nosotros. Así fue como aprendí el valor que tiene el servicio»[68].

Un día abrí una nueva cuenta de banco en línea y me vi metido en problemas. El mensaje de error que me aparecía en la pantalla me prometía que los representantes del banco esperaban ansiosos mi llamada, así que acepté su oferta.

Mientras dormitaba escuchando la música y esperando que me contestaran, alguien pronunció entre dientes y en voz baja una sarta de sílabas que contenía la palabra «ayuda». Le expliqué el problema. Luego se lo tuve que volver a explicar. Después de unos frustrantes intercambios que me hicieron sentir, no solo agitado, sino idiota, me deslicé de nuevo en la hipnosis de la llamada en suspenso mientras aquella persona llamaba a su jefe. No hace falta decir que el jefe tampoco se pudo imaginar lo que estaba sucediendo. Al fin y al cabo, era un problema en línea, y ellos tenían un departamento separado para la web al que me remitiría con mucho gusto. No, gracias.

El orgullo me motivó a comenzar de nuevo el proceso en línea y evitar otro error. Sin embargo, por supuesto, los volví a llamar y me volvieron a tratar igual; la telefonista me prometió acreditar nada menos que cinco dólares a mi cuenta como parte de su garantía de servicio de cinco estrellas. Finalmente, terminé descubriendo yo mismo cuál era el problema. (Y nunca recibí los cinco dólares).

En otra situación molesta, llegué de regreso de un viaje internacional, pero mi equipaje no llegó. Al parecer, la aerolínea decidió que el avión iba con demasiado peso y sacó maletas de manera indiscriminada. Nadie me informó de que mis maletas no iban en el avión, así que esperé en el lugar de entrega de equipaje hasta que las maletas de las demás personas se me hicieron más familiares que las mías. Presenté una reclamación en el mostrador de la aerolínea, y me dijeron que me entregarían mis pertenencias lo más pronto posible, pero que no me podían garantizar cuándo.

Al día siguiente, un repartidor dejó un mensaje diciéndome que estaba en mi zona, y necesitaba instrucciones para llegar a mi casa (aunque estamos en los días de los *GPS* y los mapas de *Google*). Así que no tuve manera de recibir aquel día mi equipaje, que mucho necesitaba. Llamé a la aerolínea y les di instrucciones específicas de que lo dejaran todo en el portal del frente si yo no estaba en la casa. Al día siguiente, otro conductor estaba trabajando, y me dejó un mensaje en el que se lamentaba de que yo no hubiera estado allí para recibir mis maletas. Por último, al tercer intento, tres días después de haber llegado a mi casa, un conductor se apareció con ellas. Le echó la culpa a todo el mundo, y me dio la impresión de que estaba impaciente porque yo había sido un cliente tan difícil.

¿Dónde se encuentra el énfasis en el servicio hoy en día en la mayor parte de las organizaciones? Hablando en nombre de los que contratamos a empleados, diré que es difícil discernir si un posible empleado es una persona con capacidad de servicio. Queremos contratar gente que haya nacido para servir, pero ese tipo de persona es difícil de encontrar.

Malaquías, este profeta del Antiguo Testamento, trae su sabiduría antigua a esta situación. Insiste en que Dios exige lo mejor de los suyos, tanto en su servicio a Él como en sus corazones. No debemos preparar primero a nuestra gente a centrarse en las necesidades de la persona a la que estén sirviendo, sino a perfeccionar primero y por sobre todo el corazón de nuestra gente. Deben ser personas que se preocupen por los demás, que ayuden y que sean amistosas de corazón, y no solo en su trabajo.

Malaquías imploró a sus compatriotas que dejaran de centrarse en el proceso de la adoración y los sacrificios. A Dios le enojaba su falta total de convicción, porque sabía lo que llevaban en el corazón. Le sacrificaban sus animales enfermos, y se guardaban los mejores. Le daban las sobras, en lugar de darle las primicias de la tierra. Trataban de ocultar esto cumpliendo con las exigencias y formalidades mínimas de la religión. Pensaban que con ofrecerle algo, cualquier cosa, ya era suficiente.

Aunque un corazón de sierva es esencial en una buena profesional del servicio, cuando también se siente orgullosa de su trabajo, las chispas saltan. Si todo el mundo acudiera a su trabajo con una sensación de entusiasmo en cuanto a servir, toda la urdimbre y cultura de las organizaciones podrían cambiar.

Principio de liderazgo #39 (Malaquías)

El servicio bien hecho comienza en el corazón del que sirve; no en sus procesos ni en los instrumentos que utiliza.

«Trajisteis lo hurtado, o cojo, o enfermo, y presentasteis ofrenda. ¿Aceptaré yo eso de vuestra mano? dice Jehová».
(Malaquías 1:13)

40

Inmiscúyete en la vida de tus empleados: *Mateo*

«Siempre debemos cambiar, renovarnos, rejuvenecernos. Si no lo hacemos, nos endurecemos».
Johann Wolfgang von Goethe

Si alguna vez has usado una camisa deportiva o una chaqueta hecha de GORE-TEX, tal vez no sepas que la Gore, una compañía con ocho mil empleados, ha operado sin una gráfica de organización o cadena de mando formal desde 1958. Los equipos se rinden cuentas unos a otros. Los líderes voluntarios surgen dentro de los equipos, según sus conocimientos o sus habilidades.

Uno de los principios que han guiado a Bill Gore es este: «Libertad para animar y ayudar a otros asociados, y permitir que crezcan en conocimientos, habilidades y visión de su propia responsabilidad». El crecimiento de la gente viene antes que el crecimiento de la compañía. Me encanta esta manera de enfocar los negocios.

Mi suegro, Alan Fryrear, invita con frecuencia a los empleados a su oficina para charlas íntimas acerca de su satisfacción en el trabajo. Alan penetra en el lado personal de su trabajo y los va despojando de las fachadas que ponen en la oficina, dejando al descubierto sus sentimientos más profundos. Los elimina con delicadeza antes que se infecten y estallen.

Jesús sabía mejor que nadie cómo meterse bien debajo de la superficie. Creó un ambiente de hablar la verdad y de intimidad que lo ataba más estrechamente a sus seguidores. No obstante, también le exigía a cada uno de ellos que mantuviera una estricta disciplina en su vida. Al igual que el profeta Malaquías, no estaba satisfecho con los que se limitaban a obedecer las reglas y mantener una religiosidad externa. Quería que cambiaran en lo más íntimo de su ser.

En Mateo 7:12 encontramos la famosa Regla de Oro: «Así que, todas las cosas que queráis que los hombres hagan con vosotros, así también haced vosotros con ellos». Cristo enseñó a sus seguidores la manera de vivir unos con otros, y no solo de trabajar juntos. Se preocupaba por ellos. Ellos a su vez, sentían afecto por Él, y seguían su visión.

Trabajé en una compañía llamada *Prism Radio* a mediados de la década de 1990. Poseían tres estaciones, con unos cuarenta empleados en total. Disfrutábamos de índices de audiencia excelentes en nuestras dos estaciones FM, y nuestra pequeña estación de AM iba floreciendo bajo el cuidado de un gerente de ventas creativo y motivado.

Prism nos daba unos magníficos beneficios de seguro médico y jubilación. Nos enviaron por avión a mí y a otros representantes suyos de diferentes lugares del país a la Florida para un curso en ventas. Hacían unas maravillosas fiestas de Navidad, de vez en cuando había celebraciones a mediados de semana, y en una industria famosa por el amor a la diversión, íbamos al frente de todos. Un año, todo el departamento de ventas fue a Chicago para celebrar que habíamos tenido un trimestre excelente. Nos fuimos en auto hasta Virginia para divertirnos en los rápidos del río Gauley. Recogíamos en limosinas a nuestros clientes y los llevábamos a almorzar. Cuando el director de operaciones llegaba a la ciudad, nos daba ánimos en lugar de regañarnos. Mi antiguo jefe y yo seguimos siendo grandes amigos quince años más tarde.

En el libro *A Stake in the Outcome*, el autor Jack Stack relata la historia de lo que significó ser pionero en la revolución de administrar con libros abiertos en la *SRC*, una reconstructora de motores con base en Springfield, Missouri. Enseñó a los empleados los conceptos básicos de las finanzas, y después les proporcionó toda la información que necesitaban para monitorear su propio rendimiento. Cinco años después de poner en marcha el programa, la *SRC* pasó de ser en sus comienzos una compañía cargada de fuertes deudas a ser una compañía con buenas ganancias, y cuarenta y tres millones de dólares en ventas. En el año 2007, la *SRC Holdings* llegó a los trescientos millones de dólares, con mil doscientos empleados. Miles de personas han viajado desde el mundo entero para recorrer la compañía y descubrir la forma en que Stack fomentó su tradición de éxito[69].

Además de proporcionarle a su gente una forma de trabajar con sentido y sensación de ser importantes, les dio acciones en la compañía. Como consecuencia, varios de ellos se volvieron millonarios. La SRC invirtió en productos derivados cuyos dueños eran sus empleados, y llegó a tener un portafolio de cuarenta y siete negocios. La revista Inc. nombró a la SRC como «una de las compañías pequeñas más competitivas de los Estados Unidos».

Stack cultivó en su compañía una personalidad que se conectaba con la gente. «Lo que estamos haciendo aquí», decía, «es ayudar a una gran cantidad de gente a avanzar en la vida». Para él los negocios son herramientas para que las personas logren sus sueños, un portal por el que pueden entrar para tomar el timón de su propia vida. «No importa cuál sea el trabajo que tengan, pueden ser líderes. Pueden decidirse a ser líderes tomando ellos mismos responsabilidad, aprovechando las oportunidades que la compañía les ofrece, buscando la forma de alcanzar metas más elevadas... aunque sean empleados de primera línea que reciben un sueldo de jornalero».

Todos tenemos sueños o metas que van más allá de pagar las cuentas. Las organizaciones como la *SRC*, *Gore* y *Prism Radio* no pagan a sus empleados un sueldo o comisión, y después los dejan ir a su casa para pasar el resto del día. Entran a sus vidas.

Jesús tuvo una personalidad discreta, pero perfeccionó el arte de la conexión personal. Aunque en parte tenía el propósito de hacer crecer a sus seguidores, se centró en su pequeño equipo de líderes en primer lugar y por encima de todo lo demás. Se tomó gran interés en sus luchas internas, sus necesidades básicas y su crecimiento como personas. Los desarrolló más que a ninguna otra persona. Ese es un lugar excelente para que nosotros comencemos también.

Principio de liderazgo #40 (Mateo)

Recuerda la Regla de Oro en tu liderazgo: Si quieres que tu gente se interese en su trabajo y en la organización, demuestra que te interesas en ellos como personas.

«Así que, todas las cosas que queráis que los hombres hagan con vosotros, así también haced vosotros con ellos; porque esto es la ley y los profetas». (Mateo 7:12)

41

Purifica tus relaciones públicas al evitar la popularidad: *Marcos*

«No es gran cosa ser humildes cuando nos humillan; en cambio, ser humildes cuando nos elogian es un logro grandioso y poco frecuente».

Bernardo de Claraval

Mientras se hallaba enzarzado en su juicio por su latrocinio corporativo multimillonario, Dennis Kozlowski, el antiguo director ejecutivo de Tyco, celebró una lujosa fiesta en honor de su esposa, y fue la compañía la que corrió con los gastos. El que sus modelos contratadas usaran togas, y los adornos fueran de veras opulentos no fue el problema. Lo que le hizo daño fue que una grabación de aquella fiesta en vídeo cayó en manos del jurado.

Sin embargo, Kozlowski no ha sido el único en monopolizar el mercado de la estupidez y la codicia. Donald Carty, director ejecutivo de American Airlines, alegó que la unión de trabajadores debía compartir la bancarrota de su compañía. La unión respondió devorando mil millones seiscientos veinte mil dólares en concesiones anuales inmediatamente antes de saber que los ejecutivos de la compañía habían acordado un plan secreto de bonificaciones personales. Carty renunció en desgracia.

A mediados de la década de 1990, un grupo llamado Madres Opuestas a la Contaminación (MOP por sus siglas en inglés) proclamó que era el principal grupo femenino de protección ambiental en Australia. El MOP hizo campañas contra las botellas plásticas de leche, porque dañaban el ambiente en los rellenos de los terrenos, hacían que la leche se volviera carcinógena y exponían la leche a la luz, lo cual degradaba su calidad. «El mensaje al consumidor es que nunca comprara leche en envases de plástico», decía la vocera del grupo, llamada Alana Maloney[70].

Surgieron interrogantes acerca de cómo este grupo podía permitir que su membresía fuera gratuita, y sin embargo, permitirse toda su extensa publicidad. Lo curioso es que Maloney era la única vocera, aunque el MOP afirmaba tener oficinas en toda Australia. Cuando los reporteros comenzaron a investigar, no apareció ninguna persona llamada Alana Maloney en ningún récord público, y las tres oficinas del MOP solo eran apartados de correo. Al final, Maloney era un personaje ficticio representado por Janet Rundle, quien dirigía una compañía de relaciones públicas. Su socia de negocios era consultora de una asociación de fabricantes de depósitos de cartón para la leche. Rundle y su socia negaron todas las acusaciones y no quisieron hacer comentarios ante los medios de comunicación. La asociación negó también públicamente que tuviera relación alguna con el MOP.

En el libro de Marcos, Jesús manifiesta la perspectiva apropiada en cuanto a la publicidad huyendo del centro de atención hasta el momento debido. Marcos 1:45 afirma: «Jesús no podía entrar abiertamente en la ciudad, sino que se quedaba fuera en los lugares desiertos; y venían a él de todas partes». Su calidad estelar interfería a veces con sus propósitos. Lo curioso es que los esfuerzos de Jesús por acallar el entusiasmo de la gente parecen haber fracasado casi a propósito. Es irónico: el Hijo de Dios, que silenciaba las tormentas, no le pudo cerrar la boca a la gente.

Cuando la gente se da cuenta de que Jesús no es amigo de la demagogia, se pregunta por qué se quiere quedar callado. Aunque durante la mayor parte de su ministerio Jesús evitó convertirse en el centro de atención, lo sería en el momento debido. Es un gran modelo de relaciones públicas para el día de hoy.

En estos mismos momentos estoy luchando con un problema de publicidad. En una de nuestras divisiones, necesitamos generar relaciones públicas para un nuevo servicio. Es difícil hacer correr la voz sin dar la impresión de que uno busca aprovecharse. Además, no tenemos un presupuesto de publicidad demasiado grande. Necesitamos darle al mercado que queremos alcanzar algo que sea único, sorprendente o emocionante que dé de qué hablar.

Esta influencia sobre las conversaciones en el mercado, por supuesto, es la meta de todo profesional de las relaciones públicas. Aprendiendo del ejemplo de Cristo, y de los interminables fallos de las corporaciones de hoy, necesitamos «purificar» nuestras relaciones públicas restándole énfasis a nuestra glorificación.

¿Buscas siempre la atención de los medios, o te alejas de ellos por completo? Ambos extremos son consecuencia de centrarse uno en sus deseos y no en el bienestar de la organización. Lo mismo estaría mal tener grandes deseos de ver uno su rostro en la portada de las revistas que ser del tipo tímido que huye de todas las cámaras y los reporteros. Una vez que uno saca el ego de sus esfuerzos de relaciones públicas, su aparición beneficiará de veras a la compañía, porque se comprenderán la sinceridad y (es de esperar) la humildad que esto conlleva.

Por otro lado, la perpetua huida del centro de atención impide que la gente desarrolle el orgullo de pertenecer a la compañía. La gente quiere alardear acerca de la compañía; les encanta ser el tema de los rumores positivos en el mercado. Muchos empleados son máquinas naturales de relaciones públicas. Cuando tomamos la costumbre de poner al día a nuestro personal sobre nuestras estrategias y nuestros logros, su reacción instintiva es la de comunicárselos a otras personas.

Los profesionales de las relaciones públicas tratan de relacionar todas sus apariciones en los medios de comunicación con un objetivo de su organización. Pero puesto que ninguna organización puede controlar toda la tinta con la que se escribe, ni todas las conversaciones de los medios sociales acerca de ella, nunca sabremos si nuestros esfuerzos van a atraer el elogio o la burla del público. Nuestras posibilidades de conseguir elogios mejorarán si limpiamos nuestra publicidad de atención indebida y temor personal, y la adornamos con humildad.

Principio de liderazgo #41 (Marcos)

Las relaciones públicas más valiosas y eficaces van atemperadas por la sinceridad, la humildad y la sencillez.

«Y les mandó que no lo dijesen a nadie; pero cuanto más les mandaba, tanto más y más lo divulgaban». (Marcos 7:36)

42

Descubre el verdadero carácter de alguien con dos pruebas: *Lucas*

«En la guerra, tres cuartas partes tienen que ver con el carácter y las relaciones de la persona; el equilibrio del poder humano y de los materiales solo tiene que ver con la cuarta parte restante».

Napoleón

El carácter de un empleado dicta la forma en que va a actuar, sin importar las circunstancias, ni quién lo esté observando. Pero la definición de carácter es escurridiza. Si yo supiera cuáles son las características que tengo que buscar, podría cultivarlas en mí mismo y en la gente a la que dirijo. Mejor aun, podría contratar gente que ya las tuviera. Von Goethe, el gran poeta alemán, describió una forma rápida de medir a alguien: «Se puede juzgar con facilidad el carácter de un hombre por la forma en que trata a los que no pueden hacer nada por él».

El Instituto de Entrenamiento del Carácter ha hecho una lista de cuarenta y nueve cualidades:

Aguante
Ahorro
Atención
Audacia
Benevolencia
Cautela
Compasión
Contentamiento
Creatividad
Decisión
Deferencia
Delicadeza
Diligencia
Discernimiento
Discreción
Disponibilidad
Dominio propio
Entusiasmo
Fe
Fiabilidad
Flexibilidad

Generosidad	Lealtad	Responsabilidad
Gozo	Mansedumbre	Sabiduría
Gratitud	Meticulosidad	Seguridad
Honra	Obediencia	Sensibilidad
Hospitalidad	Orden	Sinceridad
Humildad	Paciencia	Tolerancia
Iniciativa	Perdón	Veracidad
Inventiva	Persuasión	Virtud
Justicia	Puntualidad	
Laboriosidad	Resolución	

¿Cuáles encuentras presentes en ti? Si con toda sinceridad puedes encontrar diez o más, tu carácter se encuentra por encima del de una persona promedio. ¿Verdad que sería estupendo que les pudiéramos hacer una prueba de carácter a nuestros empleados actuales o los que soliciten empleo con nosotros, sin que ellos se dieran cuenta? He descubierto dos pruebas de este tipo en el evangelio de Lucas.

La prueba de las cosas pequeñas. Cualquiera creería que la experiencia y la intuición serían buenas medidas para predecir el carácter de un nuevo empleado, pero me sigo encontrando una y otra vez con nuevas situaciones y gente única que son un desafío a mi experiencia. He llegado a aceptar el hecho de que nunca voy a dominar el arte de discernir las verdaderas intenciones ni la personalidad real de nadie.

Lucas señala con claridad que siempre son los pequeños detalles los que revelan en quién podemos confiar: «El que es fiel en lo muy poco, también en lo más es fiel; y el que en lo muy poco es injusto, también en lo más es injusto» (Lucas 16:10).

Permíteme que te dé algunos ejemplos. Sean habló demasiado en su entrevista inicial. Incluso, al final de la entrevista llegué a aconsejarle que escuchara mejor. Adivina lo que sucedió después que lo contraté. Que nunca se quedaba callado. Lo tuvimos que reemplazar con alguien que sabía más y hablaba menos.

Brian parecía frío y duro en sus correos electrónicos antes de la entrevista. Sin embargo, su experiencia y sus habilidades me cegaron en cuanto a su personalidad. Logré ganarlo para la empresa, y me felicité por haber logrado enganchar a una persona de tan alto nivel.

Poco después de comenzar a trabajar, trató de establecer una base de poder y alejó a varios empleados que llevaban mucho tiempo con nosotros. Por último, terminó marchándose a una compañía mayor en la misma ciudad. Más tarde descubrí que mientras trabajaba con nosotros, anduvo de fiesta con una mujer que no era su esposa. Uno de sus correos electrónicos explicaba los detalles de un próximo encuentro mientras su esposa se hallaba ausente.

La prueba de la humillación. La forma en que una persona se enfrenta a los leones de la humillación es una forma excelente de determinar cuál es el carácter del que está hecha.

Nicolás es uno de mis empleados favoritos. Cuando lo entrevisté, me describió con humildad los fallos que había tenido en su puesto de trabajo anterior, errores serios que le habían costado su empleo. De haberlos cometido en nuestra compañía, es probable que tampoco se hubiera quedado con nosotros.

Llevaba casi un año sin empleo, haciendo trabajos pequeños aquí y allí, lo cual lo había humillado más aun. Mientras estaba allí sentado, delante de mí, desahogándose y diciendo lo mucho que había cambiado a causa de las difíciles lecciones de vergüenza y seria introspección, dentro de mí sentía ganas de decirle: «Sí, claro, ya te voy a creer». Sin embargo, por otra parte, creía que la experiencia que había pasado aquel hombre y las dificultades que había sufrido lo hacían perfecto para trabajar en nuestra compañía. Algo dentro de mí, tal vez mi tendencia a perdonar, me llevó a ponerlo a prueba.

Nicolás se sintió tan agradecido porque lo habíamos empleado que luchó por hacer un buen trabajo. Su lealtad inquebrantable se convirtió en una de las grandes razones del éxito de nuestra compañía. Como la historia de Lucas acerca del hijo pródigo que regresó a su casa después de haber despilfarrado su herencia antes de tiempo, he seguido buscando más personas como Nicolás que han tenido que aprender humildad por la vía más difícil.

Si te haces estas dos pruebas de carácter, ¿qué tal saldrías? ¿Necesitas buscar unos cuantos leones que te ayuden a formarte el carácter que debe tener un líder?

Principio de liderazgo #42 (Lucas)

Los líderes llegan a conocer el verdadero carácter de su gente observando la forma en que se enfrentan a las responsabilidades y a las situaciones difíciles.

«El que es fiel en lo muy poco, también en lo más es fiel; y el que en lo muy poco es injusto, también en lo más es injusto». *(Lucas 16:10)*

43

Eleva tu perfil como líder con tres tácticas: *Juan*

«La humildad es fuerte, pero no atrevida; silenciosa, pero no muda; firme, pero no arrogante».
Estelle Smith

¿Has leído *Hablando claro*, la autobiografía de Jack Welch? A mí me dejó dos impresiones. Una de ellas fue su innegable categoría de celebridad en la historia del mundo de los negocios. Dirigió una de las compañías más respetadas del mundo, y tomó osadas decisiones y cerró grandes tratos que lo convirtieron en una leyenda.

Mi segundo pensamiento tiene que ver con el imperio que construyó. Welch acabó con fuertes competidores por medio de la adquisición, las inversiones y la fuerza bruta. Sin embargo, ¿qué clase de imperio era en realidad? Su libro me dejó la sensación de que por debajo de todo esto solo se hallaba la persona de Jack Welch. Este reconoce haber descuidado a su familia por ir tras su estrella. Ganó en los negocios, pero fracasó en un matrimonio en el que ya llevaba décadas. Dice que lamenta haber invertido todo su tiempo en levantar la GE, en lugar de edificar su familia. Es triste, pero ¿cuántos de nosotros pueden decir lo mismo?

Me hizo preguntarme cuál es el verdadero significado del éxito. ¿Hasta qué punto es importante que solidifique mi perfil como líder si no he invertido mi persona en los demás y sobre todo en mi familia?

La Biblia nos enseña que si la identidad de un líder consiste en su trabajo, su valor como persona sube y baja según la medida de su éxito: dinero, miembros, edificios, audiencia, seguidores. También nos enseña la forma adecuada de crearnos un perfil como líderes. Si necesitas más credibilidad para guiar con eficacia a los demás, o si sientes que tu autoridad necesita un peso mayor, el libro de Juan te ofrece tres tácticas para que pases al nivel siguiente.

Fomenta una cultura de gente comprometida. Una organización no está formada solo por sus productos, servicios, marca o empleados. Es la suma de sus compromisos. Cuando las personas cumplen las promesas que se han hecho entre ellas, se hace el trabajo. Los clientes reciben aquello por lo que han pagado. Se forman relaciones en todos los puntos de la cadena de abastecimiento, lo cual engrasa los engranajes del crecimiento.

Tim Keller, pastor de la Iglesia Presbiteriana del Redentor, en Nueva York, enseña que comprometerse es la manera de establecer nexos con las personas. En el capítulo 21 de Juan, Jesús restaura a Pedro, quien lo había negado después de su arresto. Esta restauración se produce solo porque Pedro establece nuevos compromisos que anulan su negación anterior. Keller dice que no debemos tener mucho temor de prometer, ni tampoco ser demasiado débiles a la hora de cumplir lo prometido. Para destacar mi perfil como líder, necesito hacer y cumplir más promesas, además de exigir a los demás que sean fieles a las suyas.

Sigue al rebaño y ponte al frente. La conducta de rebaño es la forma en que los individuos que forman un grupo pueden actuar sin un rumbo previamente establecido. Según el biólogo W.D. Hamilton, cuando un grupo grande de animales huye de un depredador, cada animal trata de moverse hacia el centro del grupo que huye, y dan la impresión de que el rebaño está actuando como una unidad, cuando en realidad es un grupo de individuos egocéntricos.

Otro ejemplo son los frenesíes emocionales del mercado de valores. Con frecuencia, las tendencias financieras comienzan y terminan con períodos de compras o ventas en masa. Los inversores individuales, interesados solo en la ganancia o conservación egoísta, se unen a la prisa por entrar o salir del mercado.

Jesús comprendía la mentalidad del rebaño egoísta. Sabía que muchos no estaban muy decididos a apoyarlo porque temían a las autoridades. De hecho, más tarde toda una multitud gritó pidiendo su muerte. Sin embargo, Jesús tenía planes de usar a esa misma gente para hacer circular la historia de su sacrificio en la cruz y su milagrosa resurrección.

Los comunicadores magistrales le hablan a su público como a un rebaño de individuos, y responden a sus intereses prestando atención a sus objeciones, temores y deseos.

Prueba los beneficios que produce la humillación. Es probable que hayas oído hablar del «líder servidor» que presenta Ken Blanchard en sus libros sobre negocios. Jim Collins en su exitoso libro *Empresas que sobresalen*, lo llama «Líder de nivel 5».

Jesús penetró más adentro aun que el simple hecho de servir. En Juan 13, les lavó los pies a sus discípulos, algo humillante que solo los esclavos hacían. Aunque la humillación es el gran temor de muchos líderes, fortalece lazos y ablanda corazones.

Lisa White, empleada de los Servicios a los Niños y las Familias de Southmountain, en Nebo, Carolina del Norte, le dijo a su jefe que no le quedaría mucho tiempo de vida sin un trasplante de riñón[71]. Su reacción fue ofrecerse él mismo como donante. Dice que la decisión fue fácil. El regreso de Lisa al trabajo y a la vida normal fue rápido. ¿Qué haría que su jefe se sometiera voluntariamente a semejante dolor y sacrificio?

Esta humillación voluntaria se origina dentro del corazón de la persona, y no como consecuencia de una desgracia. Si yo pudiera cultivar esta disposición a dejar que me humillen (o sea, humillarme yo mismo), mi perfil como líder ascendería a un nuevo nivel.

Principio de liderazgo #43 (Juan)

La posición de un líder mejora cuando cumple lo que promete, habla a los individuos en lugar de dirigirse a los grupos y acepta gentilmente las humillaciones.

«Es necesario que él crezca, pero que yo mengüe».
(Juan 3:30)

44

Genera energía antes del crecimiento: *Hechos*

«La energía que desarrollan los buenos guerreros es como el impulso que toma una piedra redonda que rueda por la ladera de una montaña de miles de metros de altura».
Sun Tzu, *El arte de la guerra*

No recuerdo momento alguno en el cual nos hayamos sentido satisfechos con el porcentaje de crecimiento de alguna de nuestras divisiones o alguno de nuestros productos. Nos obsesiona el crecimiento. Cuando no hay aumento sobre el pasado, fallamos.

Hace algunos años, el artículo principal de la revista *Fortune* habló de los fallos de prominentes directores ejecutivos, y llegó a la conclusión de que la insistencia en la estrategia y la visión creaba la creencia errónea de que la estrategia era el principal camino al éxito. Sin embargo, en la mayoría de los casos, el problema era una mala ejecución: hacer lo que no se debía hacer, hacer lo que sí se debía pero de mala manera, o moverse con demasiada lentitud.

Antes de llevar a cabo la visión de Jesús en cuanto a su iglesia, los discípulos se centraron en prepararse para las tareas que tenían por delante. Hoy en día le damos a esto el nombre de «manejo de la energía».

Un artículo aparecido en *MIT Sloan* dice que el líder se debe «asegurar de que la visión y la estrategia de la compañía cautiven las emociones de los empleados, pongan a funcionar su intelecto y los llenen de una sensación de urgencia por comenzar a actuar»[72]. Un artículo del *Harvard Business Review*, llamado «No manejes el tiempo; maneja la energía», explica la naturaleza de la energía: «El tiempo es un recurso limitado, pero la energía es diferente [...] Se puede expansionar y renovar de manera sistemática»[73]. La energía humana se puede restaurar tomándose descansos a lo largo de todo el día, rechazando el papel de víctima en todas las situaciones y evitando las distracciones constantes de los correos electrónicos. Los autores usaron estas tácticas en un programa de administración de la energía con un grupo de empleados del Banco Wachovia, quienes tuvieron un rendimiento superior al de un grupo de control y reportaron unas relaciones con los clientes, una productividad y una satisfacción personal sustancialmente mejores.

El libro de los Hechos revela unas técnicas similares de administración de la energía. Los primeros líderes de la iglesia organizaron a sus seguidores en grupos especializados, cuyos propósitos individuales encajaban de manera única dentro de su misión general (lee Hechos 2:42-44). Después de dividirse el trabajo, los líderes utilizaron las siguientes cuatro tácticas para promover el crecimiento de la iglesia:

1. Sostenían valores comunes. Algunas de las primeras iglesias se reunían en edificios para expresar sus creencias y adorar a Dios de forma colectiva. Alimentándose mutuamente, aumentaban de manera notable su energía espiritual y su propósito común. Las agendas individuales no tenían lugar dentro de la adoración.

2. Se conectaban entre sí y profundizaban sus relaciones mutuas. Muchos de los primeros creyentes establecieron nuevas amistades o profundizaron en la iglesia las relaciones ya existentes. La unidad y la energía de la iglesia misma se fortalecieron cuando sus miembros sufrieron juntos y se entrelazaron los brazos para superar los desafíos.

3. Satisfacían las necesidades de la gente. Los discípulos de Jesús daban prioridad a las necesidades de los que se hallaban dentro del cuerpo eclesial, y también a los que vivían en su comunidad. Los creyentes disfrutaban de la hermandad mientras ayudaban a los demás. La sensación de ser útiles y la satisfacción renovaban la energía que gastaban.

4. Trataban de ganar nuevas personas. La iglesia creció gracias al poder del testimonio, y aun lo sigue haciendo. Cuando el público presenciaba un milagro de los apóstoles, o cuando aquellos de los que menos se esperaba se convertían en seguidores de Cristo, se regaba la voz. Los curiosos y los que andaban buscando la verdad acudían de inmediato a investigar, lo cual renovaba el fuego de los cristianos.

Pero hay algo de lo que tenemos que cuidarnos en cuanto al crecimiento. Aunque la energía humana puede seguir renovándose continuamente, la mayoría de las organizaciones no pueden crecer de manera indefinida. En un artículo titulado «El mito del crecimiento sin fronteras», los autores llegan a la conclusión de que «compañías como la *Kodak, Digital* y *Xerox* demuestran que las limitaciones naturales, la complejidad de su administración, la falta de armonía entre los accionistas y las preocupaciones de la lucha contra los monopolios hacen que la continuidad en el crecimiento sea cada vez más difícil»[74]. Otras compañías, como Microsoft, J. P. Morgan y la IBM, deciden primero su nivel de madurez dentro de su ciclo vital, y después tratan de conquistar sus límites naturales de crecimiento dividiéndose en unidades que se sostengan a sí mismas y creen nuevas estructuras corporativas.

Tanto si la organización dirige su energía hacia la multiplicación, como si la dirige hacia la división, la gente necesita una oleada diaria de energía. Creo que los fundadores de la Iglesia comprendieron esto cuando conectaron a sus miembros a una fuente ilimitada de energía organizativa: la energía que se podían comunicar unos a otros.

Principio de liderazgo #44 (Hechos)

El primer paso hacia el crecimiento de una organización consiste en acumular energía dentro de un equipo de gente muy bien conectada entre sí.

«Y la multitud de los que habían creído era de un corazón y un alma; y ninguno decía ser suyo propio nada de lo que poseía, sino que tenían todas las cosas en común». (Hechos 4:32)

45

Ayuda a la competencia: *Romanos*

«La colaboración en un libro es lo máximo como acto innatural».
Tom Clancy

En las Olimpíadas de invierno del año 2006, Bjoernar Hakensmoen, el entrenador noruego de esquí de fondo renunció a una medalla de bronce cuando le entregó un bastón de esquiar a la canadiense Sara Renner, quien estaba batallando porque se le había roto el suyo un momento antes de la carrera. Renner llegó en tercer lugar, e hizo que Noruega quedara en cuarto. En un artículo noticioso, Hakensmoen dijo: «El equipo no debe determinar quién será el ganador. El corazón y el talento deben determinarlo». Los canadienses llenaron de flores la embajada noruega en Ottawa, y Renner, la joven que había sido objeto de la bondad del entrenador rival, le envió una botella de vino. Sin embargo, el entrenador estaba perplejo, e insistía que todo lo que hizo fue ayudar a una honorable competidora. «Si ganas, pero no ayudas a otra persona cuando debes hacerlo, ¿qué victoria es esa?».

En Romanos 12:20, Pablo explora esta misma línea de pensamiento: «Así que, si tu enemigo tuviere hambre, dale de comer; si tuviere sed, dale de beber; pues haciendo esto, ascuas de fuego amontonarás sobre su cabeza». En este versículo, las «ascuas de fuego» simbolizan la confusión y la frustración que causan las buenas obras inesperadas que hacemos, y que tal vez hagan que la persona sienta una ardiente vergüenza.

A un director ejecutivo amigo mío le gusta usar la palabra *coopetición* cuando colabora con sus competidores para resolver problemas del mercado que estén impidiendo el éxito de todos. A nivel mundial, este concepto ha provocado la formación de «grupos» en los cuales las instituciones dedicadas a la investigación, los negocios y los proveedores aportan todos sus recursos innovadores para beneficio de la industria, y crean nuevos trabajos, productos y servicios[75]. En Shanghái, los fabricantes consultan a sus antiguos rivales y a los productores internacionales que están entrando a su mercado. Cuando una compañía extranjera necesita socios nacionales, el consultante chino hace el papel de «casamentero»; y cuando una cadena internacional quiere conseguir una participación en el mercado chino, se transforma en agente de inteligencia.

Nosotros trabajamos con varias compañías de los medios noticiosos que son competidoras nuestras. Para nosotros es fácil intercambiar servicios de publicidad a bajo costo. El reto está en descubrir cómo podemos ayudarnos, en lugar de estorbarnos. Cuando nos asociamos con otros publicistas, ferias comerciales, asociaciones, revistas y proveedores, tenemos que ser reservados en cuanto a nuestros planes, al mismo tiempo que creamos un ambiente de confianza. Me he sentado en juntas con competidores que se miraban con cautela y sin embargo, creaban amistades, una de las cuales se convirtió en una unión entre las empresas.

En *La estrategia del océano azul*, los autores explican que la mayoría de nosotros competimos en océanos enrojecidos por la sangre de competidores. Un océano azul está libre de frenesíes de alimentación, dominado por un pez gigante que esperamos que seamos nosotros mismos. «La creación de océanos azules consiste en disminuir los costos, al mismo tiempo que se aumenta el valor del producto para los compradores. Así es como se logra un salto en el valor, tanto para la compañía como para sus compradores»[76]. Los autores explican cómo el *Cirque du Soleil* halló un nuevo nicho eliminando o reduciendo los actos costosos, como los espectáculos con animales y con artistas famosos, y lanzando otros nuevos que iban dirigidos a los adultos, y no a los niños. No solo bajaron los costos en el grupo, sino que aumentaron los precios de las entradas, al dirigirse a un mercado con más posibilidades económicas.

¿Cómo encontramos nuestro propio sitio de aguas tranquilas? Una manera es mantener a nuestros rivales ocupados en la parte roja del océano, mientras nosotros desarrollamos un plan para lanzarnos a mares más azules.

Por supuesto, la amistad entre competidores raras veces engaña. Los socios siempre se sienten cautelosos. Algunas compañías se protegen por medio de simulacros de guerra, en los cuales lanzan equipos a pelear entre sí en escenarios donde hay actuación. Los equipos representan los diferentes grupos, como los competidores, los grandes clientes, los empleados, las normas del gobierno, el mercado de valores y otras fuerzas del mercado. Una compañía evitó una catástrofe en potencia de esta manera:

> Un fabricante de equipo pesado [...] quería comprender mejor sus opciones en cuanto a una alianza, y la manera en que la dinámica competitiva de su industria cambiaría a medida que se formaran las alianzas. En una simulación, el cliente aprendió que las alianzas se formarían mucho más rápido de lo esperado, y que la compañía tenía muy poco que ofrecer a la sociedad, por lo que le era imprescindible un nuevo examen de su conjunto de capacidades[77].

Claro, los simulacros de guerra no predicen de manera infalible; pero tampoco lo son los resultados de las alianzas, ni los «datos» de las investigaciones de mercado. A base de trabajar con la competencia algunas veces, al menos tenemos una posibilidad de aprovecharnos de sus éxitos y aprender en el camino.

Principio de liderazgo #45 (Romanos)

Asociarnos con nuestros competidores a corto plazo es la manera más simple de vencerlos a largo plazo.

«Así que, si tu enemigo tuviere hambre, dale de comer; si tuviere sed, dale de beber; pues haciendo esto, ascuas de fuego amontonarás sobre su cabeza». (Romanos 12:20)

46

Toma grandes decisiones con insensatez estratégica: *1 Corintios*

«En momentos de decisión, lo mejor que se puede hacer es lo debido; después de esto, lo mejor es lo indebido, y lo peor que podemos hacer es no hacer nada».
Theodoro Roosevelt

¿Qué haces cuando no estás seguro del rumbo que debes tomar? ¿Siempre tomas decisiones con rapidez y actúas con autoridad? ¿O pones cuidadosamente el pie en el hielo antes de poner sobre él todo el peso de tu cuerpo?

La literatura y los medios de comunicación nos recuerdan que la mayoría de los directores ejecutivos, generales, presidentes y atletas de gran éxito han cometido errores. Una minuciosa investigación y un equipo de expertos no pueden garantizar que no habrá errores de cálculo. Puedo contratar la mejor gente, y aun así, hundirme.

Benjamín Franklin dijo: «No les tengas miedo a los errores. Vas a conocer lo que es el fracaso. Sigue adelante». Hasta Einstein cometió errores. Tenemos el caso de la constante cosmológica, nombre que Einstein ideó a partir de su errónea suposición de que el universo es estático; sin embargo, otros han demostrado que se está expandiendo. También tenemos su predicción indebida sobre la velocidad de funcionamiento de los relojes sobre la superficie de la tierra. Además, calculó mal la masa transversa del electrón. Errores de buena fe, si quieres mi opinión.

Algunas veces, cuando no estoy seguro de cuál es el rumbo apropiado, trato de seguir el consejo de Roosevelt y hacer *algo*. En realidad, esta estrategia abre nuevas opciones. Tom Cooper, quien fuera jefe de operaciones en *Access Management*, dijo: «Algunas veces, la primera táctica que ejecutas cambia todo tu plan».

Para hallar siempre la mejor estrategia se necesita algo de «insensatez» ante los ojos de tus iguales. Pablo escribe: «Lo necio del mundo escogió Dios, para avergonzar a los sabios; y lo débil del mundo escogió Dios, para avergonzar a lo fuerte» (1 Corintios 1:27). Está diciendo que hay sabiduría y «sabiduría». La sabiduría falsa es la que la mayoría practica en el trabajo. Es *apariencia* de sabiduría; o mejor aun, es solo persuasión. Parece más irresistible que lo que están diciendo los demás. Es posible que esté en lo cierto algunas veces, pero le falta datos o conocimiento del futuro.

Al analizar mi propia experiencia, además de docenas de libros sobre estrategia y ejecución, me encuentro siempre con dos leyes de la sabiduría organizativa:

1. Es imposible que el mejor pensamiento estratégico de un grupo vaya suficientemente lejos, o que sea suficientemente inteligente.
2. Toda toma de decisiones tiene ante sí el obstáculo del egoísmo y las emociones.

El libro *Por qué fracasan los ejecutivos brillantes* estudia los fallos en las corporaciones de alto perfil. El autor hace esta observación: «Las compañías que caen víctimas de la innovación y el cambio suelen ser las que marcaban el paso de la innovación y el cambio hace apenas algún tiempo»[78]. El liderazgo heroico (la administración de acuerdo a todas las normas y la estrategia al estilo de las Maestrías en la Administración de Negocios), solo nos puede llevar hasta cerca del ochenta por ciento del camino en cualquier situación dada. El líder que de veras es sabio está dispuesto a intentar algo radical y arriesgado. Esta «insensatez estratégica» te puede ofrecer ideas nuevas para un problema al que te estés enfrentando en estos mismos momentos.

Muévete hasta unos cuantos años más en el futuro, y después mira hacia atrás para ver los problemas de hoy: ¿qué decisiones de ahora mismo serían las más sabias miradas desde el futuro, aunque hoy te parezcan insensatas? Lo que otros llaman insensatez podría ser lo que tu organización necesita para beneficiarse a largo plazo. Tu «insensata» decisión podría tener uno de los siguientes aspectos:

- No ejecutes planes que te hayas pasado semanas o meses desarrollando. En vez de eso, déjalos tranquilos por un tiempo y muévete en una dirección totalmente distinta.
- Escucha las emociones de tus colegas, como si fueran las verdades más profundas que te podrían decir... y después olvídate de sus consejos.
- Rechaza la supremacía de la lógica; en vez de eso, busca las mejores percepciones, opiniones y suposiciones.
- Llega a conclusiones basado en una mezcla fluida de circunstancias, datos, historia y tus propios instintos.

¿Has probado alguna vez este estilo intuitivo de resolver los problemas? Si practicas el último de los puntos (la mezcla de datos y sentimientos), algunas veces parecerás un insensato en el momento, pero serás el que ríe último cuando se demuestre que tenías razón.

Principio de liderazgo #46 (1 Corintios)

Puesto que la subjetividad echa a perder nuestras decisiones, y no podemos conocer todo lo que sucederá en el futuro, no debemos tener temor de parecer insensatos cuando sigamos nuestros propios instintos.

«Lo necio del mundo escogió Dios, para avergonzar a los sabios; y lo débil del mundo escogió Dios, para avergonzar a lo fuerte». (1 Corintios 1:27)

47

Cuando se multipliquen los problemas, quita y elimina: *2 Corintios*

«Un lanzamiento determinado o manera de mover la pelota puede ser el distintivo personal de un jugador, pero la eficiencia en su actuación es lo que gana el juego para el equipo».
Pat Riley

Digamos que tienes un ejecutivo amigo que te saca a almorzar. «No sé qué hacer», te dice, empujando su ensalada por todo su plato. «Mi compañía se está hundiendo. No puedo tapar los hoyos. Ni siquiera sé dónde están todos. El agua me está llegando a los pies con rapidez, y da la impresión de que a nadie más en la compañía le importa».

¿Qué consejo sabio le darías? Por supuesto, lo sabio es enfrentarse primero con las cuestiones más urgentes, pero este enfoque lineal podría hacer que muchos otros problemas de segunda categoría se infectaran y se hicieran más profundos. Lo que se necesita es un enfoque de resolución simultánea de problemas.

Te voy a pasar algo de la sabiduría del apóstol Pablo y de un triatleta llamado Matt. Estos dos hombres, de culturas y épocas diferentes, ofrecen tácticas para combatir los problemas extensos y acumulativos antes que abrumen al líder: (1) quítale el tiempo a la gente; (2) dale el problema de una persona a otra persona, y (3) arranca los parásitos.

Exige «regalos» de tiempo. En 2 Corintios, Pablo indica a los miembros de la Iglesia de Corinto, no solo que se amen unos a otros, sino que lo demuestren estando dispuestos a dar. En el capítulo 8, versículo 12 (NTV), dice: «Todo lo que den es bien recibido si lo dan con entusiasmo. Y den según lo que tienen, no según lo que no tienen». En otras palabras, no deben comparar el valor de sus regalos.

Pablo le ordena a la iglesia que se sacrifique a la hora de dar. Esta actitud también debe ser la que invada a la organización. Cuando el líder fuerza a los empleados a renunciar al tiempo que tanto aman para ayudarse mutuamente, ya no se permite el enfoque en uno mismo. Las agendas personales son reemplazadas por objetivos unificados.

Quítale su problema a una persona y dáselo a otras. Un espíritu generalizado de generosidad podría no bastar para remediar los problemas serios. Algunas veces, el líder necesita arrancar a la gente de las hendiduras de las paredes y llevarla a toda prisa a la brecha que hay en la puerta principal.

Hace algunos años, nuestra compañía compró una feria comercial, y se tuvo que enfrentar a un competidor que de repente lanzó un ataque frontal con su propio espectáculo. Teníamos que convertir el nuestro en un éxito que dejara pasmada a toda la industria, o arriesgarnos a un fracaso repentino. Lo que nos estábamos jugando iba más allá de nuestra inversión. Necesitábamos proteger nuestra reputación en una industria que habíamos dominado durante años. Nuestro director ejecutivo mandó que gente del departamento de mercadeo, de desarrollo en Internet, de ventas y de editorial fueran a atender el «esfuerzo de la feria». Muchos se quejaron de que no pudieron hacer su trabajo regular, y de hecho, algunas partes de la compañía sufrieron. Sin embargo, aquella ejecución concentrada pagó dividendos.

En su carta a la iglesia de Corinto, Pablo no perdió tiempo tratando de convencer a los creyentes de aquella ciudad de que dejaran de realizar su miríada de formas indebidas de conducirse: las hendiduras en las paredes. Lo que hizo fue exhortarlos a abandonar su egoísmo, que él consideraba una sobrecogedora amenaza que tenían a las puertas.

Elimina los parásitos. ¿Hay parásitos que están acabando con la energía y la productividad de tu organización? Tal vez sean las reuniones, o los departamentos que no producen lo que deben, o productos, servicios, empleados o clientes en particular. ¿Cómo se beneficiaría tu organización si se exterminaran unos cuantos de esos parásitos?

Matt Russ es entrenador de triatlón y ciclismo. Enseña a sus ciclistas la manera de producir una fuerza concentrada en el pedal con poco desperdicio de energía. «Es posible que alguien sea un atleta en buenas condiciones y poderoso, pero eso no necesariamente lo hace rápido si es ineficiente», escribe[79]. Alcanzar el máximo de eficiencia significa eliminar las pérdidas de energía. Russ advierte contra los siguientes parásitos del pedaleo:

- Los zapatos con suelas blandas (una superficie dura transfiere más energía corporal)
- Los pies mal amarrados (dirigen la fuerza hacia los lados, y no en sentido vertical)
- Empujar hacia arriba los pedales (una pierna lucha con la otra y malgastan esfuerzos)
- Sentarse demasiado arriba o demasiado abajo (afecta a la producción de poder)
- Una bicicleta demasiado grande o demasiado pequeña para tu forma (te hace ineficiente)

«Todas estas variables afectan a la concentración de tu energía en esa pequeña zona cerca del dedo gordo del pie», afirma. «Entrenarse o adaptarse a la eficiencia en el ciclismo es conseguir "velocidad gratis". No es necesario trabajar más duro, sino con mayor inteligencia»[80]. ¿Hay alguna velocidad gratis que puedas llegar a tener en tu organización?

El líder tiene la responsabilidad de concentrar la cantidad limitada de energía de la que dispone la organización en los lugares debidos, con la técnica adecuada. ¿A quién o a qué se le puede exigir o eliminar?

Principio de liderazgo #47 (2 Corintios)

Cuando hay grandes problemas de operación que amenazan con hundir el barco, no basta con establecer prioridades. El líder debe forzar a los empleados a ayudarse unos a otros, y eliminar sin compasión las ineficiencias que haya en los procesos.

«Para que en este tiempo, con igualdad, la abundancia vuestra supla la escasez de ellos, para que también la abundancia de ellos supla la necesidad vuestra, para que haya igualdad».
(2 Corintios 8:14)

48

Si quieres corresponder, no te conformes con la caridad: *Gálatas*

«Una causa siempre dice algo acerca de quién eres, y quiénes son tus amigos».
Allison Fine, autora de *Momentum: Igniting Social Change in the Connected Age*

En 1789, un joven político llamado William Wilberforce abandonó su reputación entre la alta sociedad de Londres para hacer campaña contra el comercio de esclavos británico. Estuvo presentando un proyecto de ley abolicionista cada año durante veinte años con poco éxito. Cuando la depresión, el estrés y la enfermedad amenazaban con acortar su vida, por fin se tomó un descanso. Después de ese descanso, trabajó en una estrategia política creativa que por fin logró que fuera aprobada la ley en la Casa de los Comunes. Se dice que el exhausto campeón de la abolición británica se echó a llorar cuando se anunciaron los resultados de la votación.

¿Cuál pudo ser la causa de que un hombre lo arriesgara todo en una empresa que no le dio ganancia alguna durante cerca de dos décadas? Wilberforce empleó una parte considerable de sus fondos a su lucha por abolir la esclavitud, enfrentándose a los leones de una de las mayores industrias británicas. Sus palabras revelan lo que lo impulsó:

> Parecía tan enorme, tan temible, tan irremediable la perversidad de ese comercio, que mi decisión a favor de la Abolición fue total. No me importaban las consecuencias.

> Desde este momento decidí que nunca descansaría hasta que hubiera logrado su abolición[81].

Mil setecientos años antes, otro campeón llamado Pablo luchó por una causa diferente. En el primer capítulo de su epístola a los Gálatas, Pablo revela que se había pasado la primera parte de su vida persiguiendo a la Iglesia con una furia incansable. Entonces, un día, una visión divina de Cristo le cambió la mente por completo, y su celo tomó la dirección contraria. Ahora quería expandir y defender a la Iglesia. Y llegó a un nivel superior al de Wilberforce, puesto que sufrió prisiones, torturas, apedreamientos, hambre y por último, la muerte.

Estos dos hombres no vivieron para labrarse una carrera o prepararse una cómoda jubilación. Se consagraron a unas causas. Se convirtieron ellos mismos en leones, y rugieron hasta quedarse roncos.

La mayoría de los negocios aplauden las obras de caridad y contribuyen a ellas. Hay grandes compañías que invierten millones en buenas obras caritativas, y con frecuencia siguen esta acción con actos de relaciones públicas para recibir el crédito al que tienen derecho. Por supuesto, la atención a las buenas obras no es mala en sí misma, pero algunas veces la autopromoción pesa más que las buenas intenciones del corazón. Piensa en los siguientes esfuerzos que suenan vacíos:

HP: Su portal en la web dice: «Escogemos zonas donde podemos hacer una contribución valiosa, y apoyamos esos esfuerzos no solo con dinero, sino lo que es más importante: con nuestra gente y nuestros productos». Después de su ampliamente criticada adquisición de Compaq por veinticuatro mil millones, y las acciones fraudulentas de su junta de directores en 2006, los esfuerzos caritativos de HP parecen mezquinos.

Delta: Esta línea aérea apoya a *Habitat for Humanity* con grandes cantidades de dinero y tiempo de sus empleados. Sin embargo, a mí me dejó sin habla la mala promoción que aparecía en su sitio de la web: «La Fuerza para el Bien Mundial de Delta les ofrecerá de nuevo limonada rosada a los clientes, y el cien por cien de las ganancias beneficiarán a la Fundación para la Investigación del Cáncer de Seno».

Hilton: «Tenemos el legado de brindar apoyo a las comunidades donde hacemos negocios [...] Únase a nuestros esfuerzos por ser hospitalarios. Dé su donativo apoyando a la familia de hoteles Hilton y sus puntos HHonors®». ¿Por qué dicen: «Alójense en uno de nuestros hoteles y, a cambio, vamos a ser buenos con nuestros vecinos»?

Perdona mi escepticismo, pero muchos gigantes que han estado establecidos por largo tiempo se están quedando detrás de la nueva generación de ciudadanos con corporaciones. Las siguientes compañías hacen un trabajo mucho mejor en cuanto a relacionar sus estrategias con causas benéficas:

1. **El café *Ethnos*:** Vende café a precios justos, obras de arte y contribuciones; dona el diez por ciento de sus ganancias a las comunidades donde viven agricultores y artistas pobres.
2. ***Barrington Gifts*:** Construye fábricas en aldeas chinas, para que las familias locales no tengan que viajar grandes distancias hasta sus trabajos; mejora la economía de estas aldeas, paga sueldos superiores al mínimo; ofrece estudios a los aldeanos.
3. ***Delancey Street Foundation*:** Entrena a miles de drogadictos, delincuentes y gente que vive en las calles para que puedan llevar una vida productiva y sin delitos; los emplea en su propia red de compañías, que genera veinte millones de dólares anuales.
4. ***Donorschoose.org*:** Permite que los maestros de las escuelas públicas presenten listas con los materiales y recursos escolares que su presupuesto no cubre; los que ayudan, escogen a los maestros a quienes quieren ayudar.
5. ***GlobalGiving*:** Conecta a los donantes con proyectos de desarrollo social y económico en el mundo entero.
6. ***Kiva*:** Conecta a personas que quieran hacer pequeñas inversiones con gente emprendedora del Tercer Mundo que se está esforzando por salir de la pobreza.
7. ***Marico*:** Este respetado proveedor de bienes de consumo trabaja de cerca con la gente que vive en poblados de bajos ingresos para desarrollar soluciones innovadoras a los problemas de esas comunidades. Por ejemplo, esta

> compañía colaboró con un agricultor que inventó una máquina que se sube a los cocoteros para cosechar los cocos, algo mandado del cielo para el sector agricultor de la India. Marico produjo en masa la cosechadora, y la vendió a campesinos del mundo entero.

Si de veras piensas en devolver algo, ¿por qué contentarte con hacer una donación para alguna obra de caridad? Como William Wilberforce y el apóstol Pablo, los líderes socialmente conscientes emplean su audacia, creatividad, contactos personales y facilidad de persuasión para promover causas. Miden su éxito no solo por sus ganancias, sino por lo mucho que le hayan devuelto al mundo invirtiendo en él.

Principio de liderazgo #48 (Gálatas)

La mejor manera de dar es la que forma parte de tu modelo estratégico, en lugar de ser una simple inversión en relaciones públicas positivas.

«Solamente nos pidieron que nos acordásemos de los pobres; lo cual también procuré con diligencia hacer». (Gálatas 2:10)

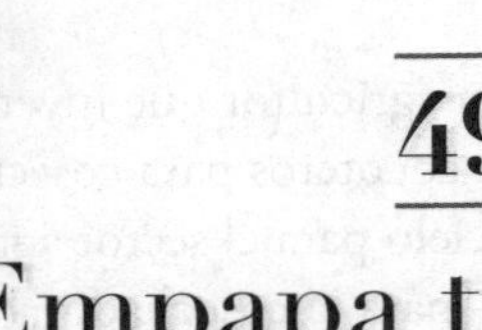

49

Empapa tu escudo antes de la batalla: *Efesios*

«Hoy no puede haber ninguna crisis; ya tengo llena mi agenda».
Henry Kissinger

Hace poco llegó a nuestra oficina un hombre de edad y siguió caminando por el pasillo de entrada hasta que se detuvo junto a mi puerta. «¿Tiene un cigarrillo?», me preguntó sonriente.

Yo no sabía qué hacer; parecía bastante normal, hasta relajado. En cambio, debajo de la superficie había algo suelto. «No, no tengo».

«Es que necesito un cigarrillo». Se rió entre dientes y siguió mirándome.

Yo llamé al jefe de nuestros diseñadores de la web. Es un hombre de ciento diez kilos de peso y varios récords en levantamiento de pesas. «¡Derek! Te necesito aquí, amigo».

Pero el visitante lo que hizo fue pedirle a él también un cigarrillo. Cuando Derek le dijo que no tenía, aquel hombre trató de pasar junto a él para seguir pidiendo su cigarrillo. Unos segundos más tarde, apareció una tierna dama que lo sacó de allí. «Mi amor, estamos al otro lado del pasillo. Esta no es la oficina del médico».

Tuvimos suerte. Son muchos los sitios de trabajo que han llegado a los noticieros a causa de algún acto repentino de violencia. Hemos tenido que soportar las interrupciones causadas por la caída de la energía eléctrica y las tormentas, pero nunca hemos estado en una situación que haya significado una amenaza para la vida de una persona.

¿Cuáles son las cosas que amenazan a tu organización? Además de los visitantes extraños, ¿qué me dices de tener que enfrentarse a una gripe pandémica, a una inundación, a roturas en la tubería principal del agua o a huracanes? ¿Tal vez a un fuego, a un robo, a vandalismo, a atraco a mano armada, a clientes enojados, al suicidio de un empleado, a un ataque cardíaco, a una muerte en el trabajo o a un ataque terrorista?

Es obvio que no nos podemos proteger contra todos los riesgos, pero sí podemos identificar los más probables. Los consultores sobre la continuidad de las organizaciones nos aconsejan que «empapemos nuestros escudos», como los soldados romanos, que empapaban de agua sus escudos cubiertos de cuero antes de enfrentarse a las flechas encendidas del enemigo. Pablo se refería a esto cuando escribió: «Sobre todo, tomad el escudo de la fe, con que podáis apagar todos los dardos de fuego del maligno» (Efesios 6:16).

Ari Fleischer, el secretario de prensa del presidente Bush durante los ataques del 11 de septiembre y a lo largo de dos guerras, daba el siguiente consejo en cuanto a prepararse para los desastres:

> «Siempre recomiendo que toda compañía esté preparada por si se presente el peor de los casos, ya sea una explosión, una inundación, o en el caso de una compañía farmacéutica, el tener que retirar de las tiendas un producto. La buena noticia es que estas cuestiones son muy previsibles, así que es posible estar preparado con la respuesta adecuada si sucede lo peor, cuandoquiera que suceda»[82].

Fleischer y otros expertos sugieren que se haga una actuación. Por ejemplo, un equipo ejecutivo hace una lista de posibles desastres, y se le asigna a una persona el papel de reportero investigador. Durante el intenso interrogatorio, el vocero de la compañía mejora su capacidad para disipar los temores, explicar la posición de la compañía y bosquejar la respuesta que se ha planificado. Al final, los ejecutivos ven el desastre, y su compañía, con nuevos ojos.

¿Te gustaría saber cómo se sobrevive a una avalancha? La meta del Centro de Avalanchas de Utah es «mantener a la gente encima de la mayor de las acumulaciones de nieve de la tierra, en lugar de quedar enterrada debajo de ella»[83]. Según este Centro, unas veintisiete personas mueren cada año en avalanchas. Aquí está, parafraseado, el consejo del Centro sobre lo que se debe hacer:

1. Sal corriendo, esquiando o usando una motonieve del bloque de nieve que se está deslizando debajo de ti.
2. Si no puedes hacerlo, agárrate de un árbol.
3. Si no hay árboles cerca, «nada» hasta salir del bloque de nieve. De lo contrario, te vas a hundir bajo la nieve.
4. Inmediatamente antes que la avalancha se tranquilice, trata de abrirte un espacio con aire frente a la boca. Esto retrasa la acumulación de dióxido de carbono en la nieve que te rodea la cara.
5. Cuando se asiente la avalancha, se va a quedar firme como el hormigón, así que muévete con rapidez.
6. Para asegurarte de que siempre haya alguien en posición de poder rescatar, nunca pongas a todo el mundo en la ladera al mismo tiempo.

Las avalanchas y las crisis de las organizaciones tienen mucho en común. El líder que se enfrenta a su peor pesadilla, necesita salirse del bloque o agarrarse de un árbol; cada segundo que tarde en actuar aumenta la amenaza de un daño permanente. Si se desliza hasta la misma base de la montaña, tendrá escasas posibilidades de sobrevivir.

Después de la tragedia de *Virginia Tech* en abril de 2007, cuando un estudiante armado dejó sin vida a treinta y dos personas, entre alumnos y profesores, la vecina Universidad de Virginia creó una Oficina de Preparación para las Emergencias. Invirtieron en nuevas puertas para las aulas, una sirena y un sistema de megafonía, entrenamiento de tiradores para los policías de la universidad, un sistema de alerta por medio de mensajes de texto y una red de pantallas con mensajes por todo el recinto universitario[84]. Todos los centros de estudio del país presenciaron la peor de sus propias posibilidades en el *Virginia Tech*, y muchos reaccionaron con planes de preparación propios.

Hallarás las mejores prácticas y sugerencias en cuanto a la continuidad de los negocios y las respuestas a los desastres en el portal www.continuitycentral.com, o en el Instituto para Administración de la Continuidad, en el portal www.drii.org.

Principio de liderazgo #49 (Efesios)

Planifica las reacciones de tu compañía ante los desastres ambientales, los delitos violentos y las fuerzas debilitadoras del mercado.

«Sobre todo, tomad el escudo de la fe, con que podáis apagar todos los dardos de fuego del maligno». (Efesios 6:16)

50

Cultiva triunfadores al sembrar entusiasmo: *Filipenses*

«Estoy convencido de que nada que hagamos es más importante que la contratación y el desarrollo del personal. Al final del día, en lo que uno pone su seguridad es en las personas; no en las estrategias».

Larry Bossidy

¿Andas buscando al próximo trabajador estrella para contratarlo? Una fuente de futuros triunfadores que muchas veces se pasa por alto, se halla dentro de tu propia organización, entre la gente leal que está lista para probar algo nuevo.

Yo me he quedado decepcionado cuando he traído nuevas estrellas del exterior. Hace dos años contraté a un gran personaje de fuera del estado, que decía que se quería mudar a Kentucky para estar cerca de su familia. Un par de semanas después que comenzó a trabajar, de repente aceptó otro trabajo que le pagaba más, y estaba en otro estado a medio país de distancia. ¿Qué había pasado con su situación familiar? Me dijo que ellos lo comprendían, y que necesitaba tomar un trabajo mejor. Yo moví la cabeza y le ofrecí más dinero. Él lo aceptó y se quedó con nosotros por un tiempo, hasta que otro trabajo mejor pagado lo sedujo y se marchó.

Si tienes suficientes empleados, lo más probable es que tengas triunfadores sin pulir caminando a tu alrededor. Derek, nuestro programador que es levantador de pesas, ha estado con nosotros nueve años. Cuando comenzó, era un «muchacho» con poca confianza en sí mismo, pero eso era también lo que le sucedía a la compañía. Ha ido creciendo a medida que ha crecido la compañía misma. Hoy en día, es uno de nuestros trabajadores más valiosos. Si se marchara, los cincuenta miembros del personal nos veríamos metidos en todo un mundo de problemas. Sus habilidades en la gerencia han florecido, y la gente ha comentado que es una persona diferente a la que era hace solo unos años.

Como la táctica militar de inyectarle yoduro de plata a la cubierta de una nube para crear lluvia, podríamos decir que hemos sembrado en la nube de Derek. Lo apoyamos a lo largo de ciertos problemas serios de salud, lo ascendimos y le fuimos dando aumentos de sueldo según íbamos pudiendo. Yo lo considero un amigo, y un empleado leal y digno de confianza.

Invertir en los demás es el tema principal del segundo capítulo de la epístola a los Filipenses: «Nada hagáis por contienda o por vanagloria; antes bien con humildad, estimando cada uno a los demás como superiores a él mismo; no mirando cada uno por lo suyo propio, sino cada cual también por lo de los otros» (vv. 3-4).

Kevin Compton, socio de una conocida firma de capital para nuevas empresas, dio recientemente una conferencia que tituló «La ecología del respaldo»[85]. En ella mostró un vídeo con los puntos principales de la actuación de Joe Thornton en el hockey. Thornton fue elegido como el jugador más valioso de la Liga Nacional de Hockey hace un par de años. En el vídeo, se va deslizando triunfante, ayudando a sus compañeros de equipo, que continuamente anotaban tantos. «¿Qué observaron acerca de Joe al ver este vídeo?», preguntó Compton. La audiencia dijo lo que era obvio acerca de sus habilidades. Lo sorprendente es que ninguno de las docenas de momentos de acción que quedaron grabados lo presentaba a él anotando un tanto. Compton preguntó entonces: «¿Cómo es posible que lo nombren el jugador más valioso de la Liga Nacional de Hockey, si apenas anota tantos?».

Thornton se puso al frente de toda la liga por su respaldo a sus compañeros. En 672 juegos, anotó 211 veces y respaldó otras 449, una proporción de dos a una. Con frecuencia dejaba pasar oportunidades de anotar con el fin de que otros pudieran llevarse la gloria. Creaba triunfadores un juego tras otro, al reorientar el centro de atención hacia sus compañeros.

Como líder que eres, tal vez la gente espere que se te acrediten los puntos que se anote el equipo, pero si queremos «estimar a los demás como superiores a nosotros mismos», y «mirar también por lo de los otros», les debemos dar oportunidades para que ellos también reciban crédito.

Dejar que otros se lleven la gloria no es nada nuevo. Sin embargo, el ángulo nuevo de Filipenses y del ejemplo de Joe Thornton es que los líderes debemos tratar de ayudar a otras personas a triunfar, en lugar de a los equipos o los departamentos. Por supuesto, a la gente le gusta estar en los equipos ganadores, pero su satisfacción llega al máximo cuando saben que han contribuido al triunfo de su equipo.

En una reunión del personal hace un par de años, todo el mundo gritó y dio voces cuando distribuimos cheques con bonos por haber triunfado en una atrevida meta de ingresos. Yo me preguntaba quién no habría de sentirse emocionado por recibir un inesperado cheque lleno de dinero. La mayoría de las personas no sentían una conexión personal con aquel logro, pero sentían orgullo y compañerismo porque todos recibieron su cheque. La próxima vez, me gustaría encontrar una forma de reconocer el esfuerzo individual en todos los niveles de la compañía durante el transcurso del año, en lugar de tener una celebración de grupo al final. En primer lugar, le infundiría más satisfacción personal y sentido a la gran fiesta de gala de fin de año. La gente recordaría la forma en que había logrado sus «mini-metas» en las trincheras para llevar a la compañía a la gran victoria.

El triunfador que de veras triunfa no se limita a desarrollar a la gente, sino que crea otros triunfadores. Cuando las personas usan sus puntos fuertes para ayudar a otros, se sienten importantes todos los días, lo cual crea una verdadera emoción en cuanto a venir a trabajar. Esta actitud positiva beneficia con frecuencia también a la vida de los individuos.

Cuando cultivamos triunfadores, sus triunfos benefician a todos los demás.

Principio de liderazgo #50 (Filipenses)

Antes de contratar a una estrella que nadie conoce, busca los diamantes que hay en tu compañía y que necesitan que los tallen, y en especial la gente que tiene la reputación de ayudar a otros a triunfar.

«Nada hagáis por contienda o por vanagloria;
antes bien con humildad, estimando cada uno a los demás
como superiores a él mismo». (Filipenses 2:3)

51

No caigas en la pasión equivocada ni en ríos lodosos: *Colosenses*

«Tal vez me equivoque, pero nunca tengo dudas».
Marshall McLuhan, 1911-1980

¿Has leído alguna vez un libro famoso sobre el tema del liderazgo, y luego ves que aparece otro libro que echa abajo todo lo que ha dicho el primero? La lección más valiosa que he aprendido en esos libros es que debo cuestionarlos.

En *El efecto Halo*, Phil Rosenzweig les hace una disección a varios de mis favoritos, entre ellos *Creadas para durar* y *Empresas que sobresalen*, de Jim Collins. Rosenzweig también destronó al gran éxito de ventas de 1982 titulado *En busca de la excelencia*, de Tom Peters y Robert H. Waterman, Jr. «Estas compañías, escogidas precisamente por su sobresaliente rendimiento se volvieron menos rentables en los años posteriores al final de ese estudio»[86]. Más tarde, Tom Peters reconocería que sus investigaciones no se basaban en datos fiables. Solo había estudiado compañías que tenían éxito; no había estudiado las que no lo tenían, y sin un grupo de control, no podía deducir de manera científica qué era lo que causaba aquellos éxitos. Solo hizo suposiciones basadas en correlaciones. Las similitudes entre los que tenían el mejor rendimiento solo revelaron el aspecto que tenían las grandes compañías después de alcanzar la grandeza, y no antes.

Aunque la mayoría de los libros nuevos sobre el liderazgo se anuncian como el antídoto contra la manera anterior de pensar, en su mayor parte se ven remplazados enseguida por la siguiente oleada de investigaciones y tendencias. Al escribir este libro, he tratado de enfocarme en principios bíblicos imperecederos que son válidos para los líderes, cualesquiera que sean su cultura, su tiempo, su lugar y su industria. La sabiduría del ser humano tiende a volverse obsoleta cuando hace nuevos descubrimientos, mientras que la Biblia permanece inmutable.

Pablo escribe en la epístola a los Colosenses: «Mirad que nadie os engañe por medio de filosofías y huecas sutilezas, según las tradiciones de los hombres» (2:8). Censura la falacia de la sabiduría *aparente*. Por ejemplo, las teorías científicas, las verdades filosóficas, los relatos históricos y las «constantes» matemáticas cambian con el tiempo, a medida que se van corrigiendo sus errores. Durante siglos, los científicos, los arqueólogos y los filósofos han corregido y ampliado entre sí sus labores en nombre del progreso.

Marshall McLuhan, el sabio de los medios de comunicación de la década de 1960, dijo: «Algunas veces, el lodo da impresión de profundidad». Enfatizó que la sabiduría siempre está cambiando, en especial entre los líderes y los genios. Los errores que suenan como si fueran sabiduría son como un río de lodo, que cuando alguien se mete en él, solo le llega a las rodillas.

La gente que no puede aceptar que tal vez su sabiduría no sea tan adecuada como tiempo atrás trata de persuadirte de que el río es más profundo de lo que parece. Señalan lo ancha y lo rápida que es el agua enlodada, pero pasan por alto su falta de profundidad. Yo empleé esta técnica durante los primeros años de nuestra compañía: con el fin de persuadir a mis socios de la veracidad de mis ideas, llené mis presentaciones con una gran cantidad de detalles y maquetas, y solo permitía que mis víctimas hicieran sus comentarios después de escuchar mis pensamientos en toda su gloria. Muchas veces se demostró al poco tiempo que estaba equivocado.

En Colosenses, Pablo denunció una secta de flagelantes que creían que dándose latigazos en la espalda aceleraban su purificación: «Tales cosas tienen a la verdad cierta reputación de sabiduría en culto voluntario, en humildad y en duro trato del cuerpo; pero no tienen valor alguno contra los apetitos de la carne» (2:23). En otras palabras, sus prácticas engañaban a la gente que se llegaba a creer que tenía un camino exclusivo hacia la santidad.

A lo largo de los tiempos, muchos grandes líderes han aparentado sabiduría cuando en realidad no tenían ni idea de lo que estaban haciendo. Robert E. Lee dijo: «Tiemblo por mi país cuando oigo hablar de la confianza que me tienen. Conozco demasiado bien mis debilidades, y que nuestra única esperanza se halla en Dios»[87]. Los líderes maduros que confiesan que no tienen una respuesta están siendo sabios al invitar a los demás a que la descubran. Sin embargo, no se debe usar en exceso este estilo. Los soldados quieren que su comandante se sienta seguro ante el enemigo, no débil ni indeciso. Los empleados que temen por sus trabajos no quieren tener la oportunidad de colaborar en la toma de decisiones, sino sobrevivir. Los jugadores que están a punto de perder quieren saber cuál es la jugada que deben ejecutar.

Mark Twain dijo: «Debemos tener el cuidado de sacar de una experiencia solo la sabiduría que hay en ella, y detenernos allí, no sea que estemos actuando como el gato que se sienta en la tapa de una estufa caliente. Nunca se volverá a sentar en la tapa de ninguna otra estufa caliente, y eso está bien. Sin embargo, nunca se volverá a sentar tampoco en una tapa que esté fría»[88].

Aunque los autores que leemos y los líderes que seguimos estén repletos de credibilidad, lo cierto es que no son omniscientes. La adopción de esta filosofía mantendrá cómodos y fríos los asientos de todos.

Principio de liderazgo #51 (Colosenses)

No conviertas en un ídolo la sabiduría que lees, escuchas o experimentas. Sé suficiente líder para ponerla en tela de juicio o aplicar solo una parte de ella.

«Y esto lo digo para que nadie os engañe con palabras persuasivas». (Colosenses 2:4)

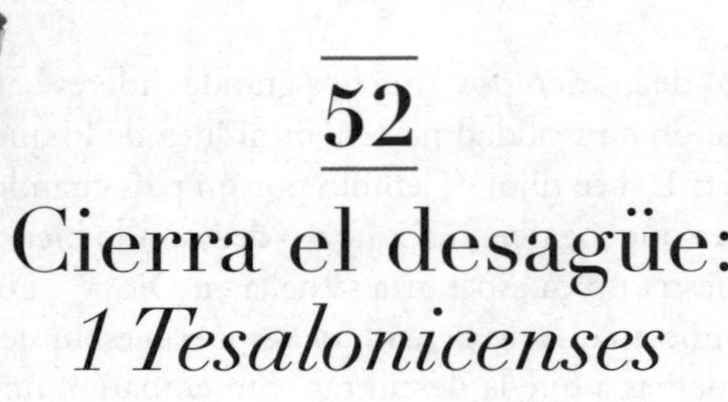

52
Cierra el desagüe: *1 Tesalonicenses*

«Cuando utiliza energía combinada, sus guerreros se vuelven como si fueran troncos o piedras que van rodando».
Sun Tzu, *El arte de la guerra* (sección V.22)

Me pregunto con frecuencia cuánta más productividad le podríamos sacar a nuestra compañía si recortáramos las diez actividades de las oficinas que más tiempo hacen desperdiciar. Veo tantos minutos despilfarrados (incluso unos cuantos míos) en cosas como debates improvisados en los cubículos, conferencias en la cocina, conversaciones en los celulares, reuniones innecesariamente largas, un uso nada eficiente de los correos electrónicos y las redes sociales de tipo personal.

En la primera epístola a los Tesalonicenses, me sorprendió ver cómo en sus comienzos la iglesia también luchaba con este tipo de distracciones. Los miembros de las iglesias se volvían una carga entre sí. Consumían recursos que se habrían debido usar para ayudar a los necesitados. Eran entrometidos, y esto causaba conflictos. Su falta de disciplina también los hacía perezosos. Pablo les indicó que debían buscar un trabajo y dejar de estar aprovechándose de los demás y de la iglesia.

La sabiduría práctica que le comunica Pablo a esta joven iglesia de Tesalónica sugiere tres ideas que pueden apuntalar la eficacia de cualquier organización.

1. Conservar la energía humana. Al igual que los tesalonicenses, los compañeros de trabajo muchas veces se consumen energía unos a otros. Hasta los adelantos más pequeños en cuanto a eficiencia multiplican sus beneficios para toda la organización. Las tácticas siguientes pueden ayudar a minimizar el desperdicio de productividad:

- Dile a tu gente que trate de resolver los problemas antes de acudir a su jefe o a los compañeros de su equipo que estén involucrados.
- No envíes un correo electrónico ni hagas una llamada a menos que tengas necesidad de hacerlo.
- No convoques con frecuencia a reuniones. Si lo haces, mantén el grupo lo más pequeño posible, y siempre termina antes del momento que estaba programado para terminar.
- No dejes a la gente esperando por una respuesta a una pregunta sencilla.
- Responde con brevedad y precisión.
- Mantente de pie cuando visites sin avisar las oficinas de tus trabajadores. Esto les indica que no piensas quedarte mucho tiempo.
- Si eres gerente, no visites sin avisar las oficinas de tus empleados clave.
- Disminuye en general la costumbre de socializar en horas de trabajo.
- Para reducir la necesidad de seguimientos futuros, trata de cerrar los casos en una reunión tan pronto como te sea posible: decide, asigna o realiza algo importante.
- Cuando delegues una tarea, debes estar consciente de que le podrías estar creando un problema a otra persona en cuanto a la administración de su tiempo.
- No pases correos electrónicos divertidos o filosóficos. La mayoría de la gente los considera un estorbo.

2. No seas un «nazi de la sopa». ¿Recuerdas el episodio de la serie televisiva Seinfeld donde el dueño de un popular café les exigía a sus clientes que siguieran un estricto protocolo si querían sopa? Si quebrantabas sus reglas, o lo enojabas, te tenías que marchar de allí con hambre.

Durante una visita al famoso café, George se queja de que no le han dado pan. El nazi de la sopa frunce el ceño. «¡No hay sopa para ti!». Chasquea los dedos y el cajero llega, quita el tazón de sopa de delante de George y le devuelve su dinero.

En mis primeros tiempos como representante de ventas, nuestra administradora de contratos nos exigía que escribiéramos nuestros pedidos de una manera apropiada en su totalidad; de lo contrario, no los procesaba. Con frecuencia los encontrábamos de vuelta en nuestro escritorio, y sin procesar. Después de haber luchado contra la competencia, y haber pasado por el proceso de cerrar los tratos, sus intentos por enseñarnos una lección de administración lo único que hacía era provocar nuestra ira. Mejoramos con el tiempo, pero las fricciones causaron un gasto mayor de energía que si se hubiera limitado a hacer las correcciones ella misma.

También los miembros de la iglesia de Tesalónica se consumían energía unos a otros. Gastaban tanto esfuerzo lidiando unos con otros que les quedaba poca energía para ayudar a la gente necesitada que la iglesia estaba tratando de servir.

3. Sé un pacificador activo. Pablo exhorta a los miembros de la iglesia de Tesalónica a «tened paz entre vosotros». ¿No te agradaría poderles decir eso mismo algunas veces a los miembros de tu personal? El apóstol ofrece una lista de cosas que se pueden hacer para fomentar la paz entre los compañeros de trabajo:

- Amonestar a los ociosos
- Alentar a los de poco ánimo
- Sostener a los débiles
- Ser pacientes para con todos
- Mirar que ninguno pague a otro mal por mal
- Seguir siempre lo bueno unos para con otros (5:13-15)

Son muy pocos los líderes que hacen bien todas estas cosas. Según Pablo, el líder debe amonestar a los perezosos y ejercer una autoridad impopular para evitar las «revanchas» entre empleados enzarzados en alguna contienda. Algunas veces la paz exige que haya fricciones. No obstante, mantener la paz también ayuda a mantener a la gente centrada en su trabajo.

La cita de Sun Tzu que aparece al principio de este capítulo es un buen consejo para cualquier líder. Cuando tu gente no se quite las energías los unos a los otros, su empuje se puede volver imparable.

Principio de liderazgo #52 (1 Tesalonicenses)

Multiplica la energía humana productiva no desperdiciando el tiempo de tu gente, no haciendo demasiado caso de las normas que no sean razonables e imponiendo la paz.

«Os rogamos, hermanos [...] que procuréis tener tranquilidad, y ocuparos en vuestros negocios, y trabajar con vuestras manos [...] a fin de que os conduzcáis honradamente para con los de afuera, y no tengáis necesidad de nada». (1 Tesalonicenses 4:10-12)

53
Guía como un híbrido paulino: *2 Tesalonicenses*

«Una compañía es algo orgánico, vivo, dotado de respiración; no es sola una hoja de ingresos y otra de balances. Tienes que guiarla teniendo esto siempre presente».
Carly Fiorina, antiguo director ejecutivo de HP

En *Un pez fuera del agua*, George Barna define el liderazgo como «más que una influencia, diferente a la eficiencia, que se resiste a acumular control y poder, y que lo típico es que desafíe a la popularidad». Dice que el liderazgo es un proceso dedicado a «motivar a la gente, movilizarla, proporcionarle recursos y guiarla para que persiga una visión de manera apasionada y estratégica»[89].

Carol Bartz, quien fuera Directora Ejecutiva de *Yahoo*, dijo: «Hay una verdadera diferencia entre administrar y liderar. Administrar no es más que aplicar los recursos a las tareas. El liderazgo se centra en las personas. Para mí un líder es alguien que ayuda a la gente a triunfar»[90].

Otros creen que el liderazgo es psicológico y filosófico. En un artículo titulado «La psicología del liderazgo y el negocio de administrar», la autora afirma creer que el entrenamiento al liderazgo debe tener que ver con «psicología, filosofía e historia, más que con finanzas, contabilidad y leyes»[91]. Warren Bennis identifica al administrador como una persona que administra, mantiene, se enfoca en los sistemas, pregunta cómo y cuándo, y mantiene vigilancia con respecto a las utilidades. En su concepto, un líder innova, desarrolla, se centra en la gente, inspira confianza, pregunta qué y por qué, y tiene la mirada en el futuro.

¿Podría alguien
¿Debe alguien trat
tentándolo; yo m
Este capítulo se
éxito como híb

La destre
los empresa
la credibili
la iglesia c
lo que deb

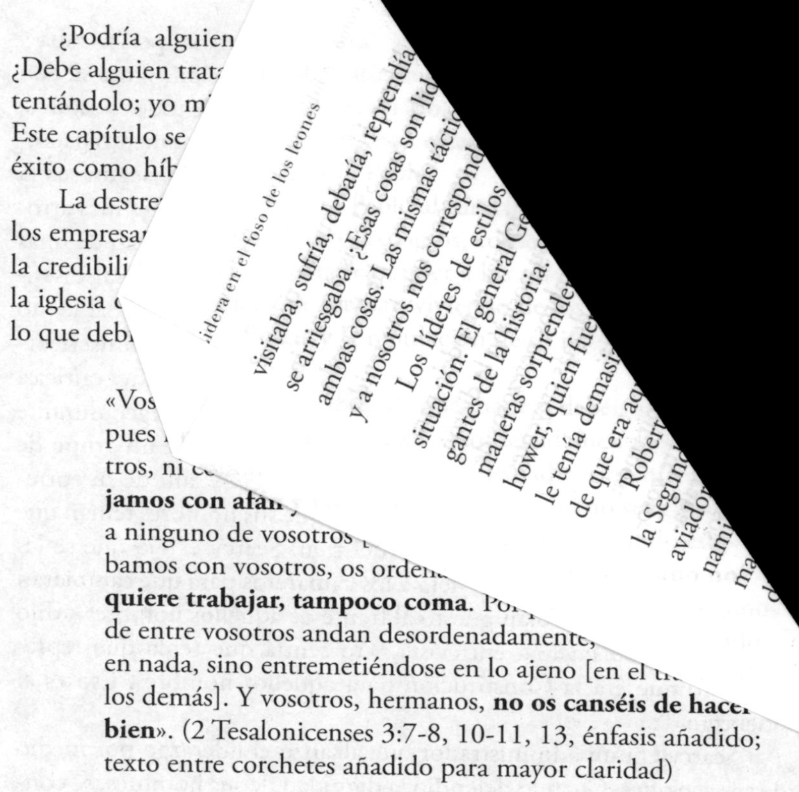

> «Vos
> pues
> tros, ni c
> **jamos con afán**
> a ninguno de vosotros
> bamos con vosotros, os orden
> **quiere trabajar, tampoco coma**. Por
> de entre vosotros andan desordenadamente,
> en nada, sino entremetiéndose en lo ajeno [en el tr
> los demás]. Y vosotros, hermanos, **no os canséis de hace
> bien**». (2 Tesalonicenses 3:7-8, 10-11, 13, énfasis añadido; texto entre corchetes añadido para mayor claridad)

Pablo reprende a los que no quieren trabajar y les da ánimo a los pocos que lo hacen. Primero, les recuerda su propia ética de trabajo, como un ejemplo para ellos («trabajamos con afán y fatiga»). Después exhorta a los perezosos («tampoco coma»). Finalmente, elogia a los pocos que han sido obedientes («no os canséis»).

Pienso que Pablo definiría el liderazgo como *un deliberado efecto psicológico en los demás*. Él se esforzaba continuamente en influir en los pensamientos de sus seguidores, según cada una de sus acciones, sus cartas y las palabras que decía. Comentando sobre el debate actual en cuanto al liderazgo y la administración, habría dicho: «¿A quién le importa cómo se le llame? Lo que hace falta es que logres que tu gente piense y haga lo que debe».

Puesto que Pablo era evangelista, influir era su trabajo. Empleaba cuanta herramienta de persuasión encontraba a su alcance: escribía,

, trabajaba, se resistía, perseveraba y
erazgo o administración? ¡Pues sí! Son
as se hallan al alcance de todos nosotros,
e escoger cuál usar en un momento dado.
diferentes pueden ser eficaces, según sea la
orge Patton fue uno de los militares más arro-
Sin embargo, logró derrotar al enemigo de unas
ntes, una y otra vez. Su superior, el general Eisen-
a un líder mucho más diplomático y agradable, no
ada estima a Patton, pero aprovechaba lo inmisericor-
uel hombre para lograr la victoria en situaciones críticas.
Searcy sirvió como aviador del grupo Tuskegee durante
da Guerra Mundial. Cuando se fue al frente de un grupo de
es negros a dar un paseo en tren después de salir de su entre-
ento básico, los camareros le dijeron que sus hombres tenían que
ntenerse confinados a su vagón del tren. Searcy exigió que se les
iera un trato mejor, y convenció a los camareros para que cambiaran de idea. «A mí me habían puesto al frente de aquellos hombres», dijo en el año 2009 en una entrevista. «Yo sentía que tenía que representar lo que era la Constitución para aquellos hombres. Eso es el liderazgo»[92].

Searcy era un administrador que alcanzó el liderazgo por medio de sus acciones. Cuando defendió la dignidad de sus hombres, se convirtió en su líder. Todos los que están en autoridad (directores ejecutivos, pastores, supervisores, ancianos, padres, funcionarios, maestros), deben aspirar a llegar a esas mismas alturas.

Principio de liderazgo #53 (2 Tesalonicenses)

El líder híbrido diagnostica una situación, discierne el estilo de liderazgo que se necesita y lo aplica de acuerdo a sus mejores capacidades.

«Así que, hermanos, estad firmes, y retened la doctrina que habéis aprendido, sea por palabra, o por carta nuestra».
(2 Tesalonicenses 2:15)

54

Lanza nuevos líderes al foso: *1 Timoteo*

«No tenemos tantos gerentes como deberíamos, pero preferimos tener menos a tener demasiados».
Larry Page, cofundador de Google

En 1755, durante la guerra contra los franceses y los indios, George Washington sirvió bajo el general Braddock, orgulloso veterano británico. Cuando Washington trató de advertirle que capturar de manos francesas el Fuerte Duquesne sería casi imposible, debido a la amenaza que significaban las emboscadas de los indios, Braddock echó a un lado a su joven ayudante.

Días más tarde, los indios aplastaron a los ingleses. Braddock mismo murió, y Washington asumió el mando de las tropas. Mientras organizaba una confusa retirada de los británicos, Washington era un blanco fácil, con su chaqueta de color rojo vivo. Al quitársela después de la batalla, contó asombrado cuatro agujeros de bala, ninguno de los cuales le había tocado el cuerpo. Los indios mataron dos de los caballos en los que se pudo montar, y sesenta y tres de los ochenta y seis soldados británicos que quedaban. El jefe Halcón Rojo mismo le disparó once veces a Washington sin lograr tocarlo.

Años después de esta famosa batalla de Monongahela, Halcón Rojo volvió a cazar a Washington, esta vez para conversar con él. Según la obra *The Bulletproof George Washington*, el jefe le dijo: «He recorrido un sendero largo y agotador para poder ver al joven guerrero de la gran batalla [...] Nuestros rifles estaban nivelados; eran rifles que, a excepción su caso, no sabían fallar el tiro [...] Un poder más grande que nosotros le escudaba [...] El Gran Espíritu protege a este guerrero llamado Washington y lo guiará en su camino. Él se convertirá en el jefe de grandes naciones y de mucha gente que aun no ha nacido. La gente dirá de él que, como yo, es jefe de una poderosa nación. He venido a rendir homenaje al hombre que es favorito del cielo, y que nunca podrá morir en la batalla»[93]. Es más, a lo largo de toda su extensa carrera militar, a Washington nunca lo hirieron.

Después de un récord desastroso de 1-15 en la temporada de 2007 de la Liga Nacional de Fútbol, los Dolphins de Miami limpiaron su casa y contrataron al entrenador novato Tony Sparano. Este llevó al equipo a los juegos finales de desempate por vez primera en siete temporadas, y ganó su primer título de la Asociación de Clubes de Fútbol del Este desde el año 2000. ¿El secreto de su éxito? «Necesitas tener algún tipo de suerte», dijo Sparano en una entrevista posterior a la temporada. Los Dolphins fueron solo el segundo equipo en la historia de la Liga Nacional de Fútbol en lograr una mejora de diez juegos con respecto al año anterior.

George Washington y Tony Sparano superaron ambos su primera gran prueba como líderes: Washington en el campo de batalla y Sparano en el campo deportivo. Estos significativos momentos al principio de sus carreras definieron su liderazgo de una manera tal, que magnetizaron a sus seguidores y se convirtieron en proclamaciones para la nación entera.

¿Por qué son tantos los líderes y gerentes nuevos que fallan cuando se encuentran con sus primeros leones? Según un estudio hecho por la firma de entrenamiento *ConceptReserve*, el veintisiete por ciento de mil líderes de *Fortune* creen que sus empleados a nivel de gerencia piensan aun como participantes individuales. El estudio llegó a la conclusión de que al gerente promedio le toma entre tres y cinco años hacer una transición total al campo de la gerencia, y los que se quedan atascados pueden permanecer así hasta por veinte años o más. Para arrancarlos de sus viejos estilos, a esos gerentes se les debe recordar que no lo saben todo. Deben aprender a delegar y trabajar en proyectos amplios, en lugar de hacerlo en tareas individuales[94].

El apóstol Pablo añadiría un punto más a esta lista: a los gerentes nuevos se les debe probar y se les debe permitir que cometan fallos. Pablo envió a su joven protegido a consultar con una iglesia díscola que necesitaba un líder fuerte. El riesgo que corría Timoteo de fallar era muy real. Pablo no lo envió a cumplir aquella asignación tan desafiante con la esperanza de que todo saliera bien, sino que también le envió una carta con instrucciones concretas sobre cómo hacer su trabajo. Esta lista, esparcida a lo largo de la primera epístola a Timoteo, es igualmente valiosa para los líderes de hoy:

- Sé valiente cuando te enfrentes a un error.
- Batalla por la verdad: contradice las falsedades y enfréntate a los críticos.
- Sé más exigente con otros que quieran ser líderes.
- Entrena a la gente en aptitudes que les sirvan de por vida, y no solo para resolver los problemas del presente.
- Mantente tan visible como puedas con tus seguidores.
- Cuando sea lo adecuado, reprende en público a los que actúen mal para inspirar temor a otros.

Pablo no le dio a Timoteo un título de consultor de iglesias y se limitó a esperar que estuviera a la altura de ese título. Lo envió a hacer sus prácticas en la vida real, y esto lo forzó a aplicar a la práctica sus nuevos conocimientos. El temor al fracaso, y sin red protectora, motivó al joven líder a crecer.

Washington y Sparano se enfrentaron también a la posibilidad de un fracaso, y se destacaron en medio de la situación.

Principio de liderazgo #54 (1 Timoteo)

Los líderes probados y agotados en la batalla son los que sigue la gente.

> *«Y éstos también sean sometidos a prueba primero, y entonces ejerzan el diaconado, si son irreprensibles». (1 Timoteo 3:10)*

55

Adopta la visión de futuro del agricultor: *2 Timoteo*

«Lo más difícil del éxito es que hay que seguir triunfando».
Irving Berlin, compositor estadounidense

Oliver Smith nació en 1766 en Northampton, Massachusetts. Cuando tenía veintiún años, su padre le dio quinientos dólares y lo envió a ganarse la vida por sí mismo. Cuando Smith murió, dejó cuatrocientos mil dólares en un fondo especial para ayudar a otros jóvenes de su ciudad a comenzar por su cuenta. Si cumplían con ciertos requisitos, recibían un fondo inicial de quinientos dólares; las «jóvenes pobres pero meritorias» que calificaban, también recibían un regalo monetario especial en su día de bodas. Le donó a la ciudad de Northampton cincuenta mil dólares para que comprara unas tierras y estableciera en ellas una escuela agraria donde hay en la actualidad más de cuatrocientos cincuenta estudiantes[95].

Mi abuelo procedía de una familia numerosa de rancheros. En los años treinta se unió a su padre para trabajar en la hacienda ganadera familiar de cuatro hectáreas que tenían en Cuba. Sin embargo, cuando Castro derrocó al gobierno cubano en 1959, mi abuelo se vio forzado a renunciar a todo. Después de sacar a su familia de la isla, hizo una cita para entrevistarse con Castro en el capitolio nacional. En ella le rogó que lo ayudara a pagar sus deudas con los bancos cubanos, que ya en esos momentos eran propiedad de Castro de todas formas. El gobernante, mientras fumaba su puro habano, le escribió un cheque por la cantidad de la deuda, le agradeció su lealtad y lo despidió.

En el mundo antiguo, casi todo el mundo participaba en la vida del campo, ya fuera que cuidara de unos cuantos animales, o que tuviera numerosos campos cultivados. El campesino trabajador y exitoso de los tiempos bíblicos recibía el máximo respeto de parte de su comunidad. En su segunda epístola a Timoteo, Pablo exhorta al joven líder a emular a tres clases de personas: el soldado que sacrifica su comodidad personal, el atleta que compite obedeciendo las reglas de la competencia y el agricultor que trabaja incansablemente una estación tras otra. A este último es al que muchos líderes de hoy necesitan emular.

El aprecio a los agricultores se ha deteriorado a un paso alarmante en los tiempos modernos. En el año 1900, la mitad de las fuerzas laborales estadounidenses trabajaba en el campo, pero al terminar el siglo, ese número se había reducido a un dos por ciento[96]. No solo hemos perdido millones de agricultores, sino que da la impresión de que la sociedad mira ahora con menosprecio a esta industria tan crítica. Los líderes de los negocios reciben ahora la honra que antes recibían los agricultores.

Otra consecuencia del impacto causado por una reducción tan drástica del trabajo en los campos ha sido la pérdida de su singular ética de trabajo. Mientras que la industria moderna idolatra los planes exitosos y las ganancias rápidas, la labor del campesino mantiene su secular ritmo de cosechas anuales y crianza de animales.

Pero esto tiene muy poco de lento o de aburrido. Kelly Smith, mi cuñado, dirige una finca familiar en el sur de Kentucky. Tiene que cuidar toros que pesan quinientos kilos, maneja el personal de su tienda de alimento para el ganado, se enfrenta a tormentas eléctricas y tornados, es un experto ganadero, cobra recibos vencidos, comprende los efectos de diversas mezclas de alimentos y drogas de fertilidad, hace el mantenimiento de las maquinarias del lugar, negocia sus productos y los lleva al mercado, administra las deudas, supervisa el cuidado médico de centenares de animales grandes, trabaja con un paquete de programas de computadora para la contabilidad en su oficina, protege sus tierras y su ganado de los depredadores y cuida de diez mil pollos. Vive en la finca, es dueño de todo lo que hay en ella y debe estar dispuesto a atender situaciones las veinticuatro horas del día. Si está enfermo o tiene que viajar, llama a amigos de confianza y jornaleros para que lo ayuden. ¿Qué director ejecutivo está tan estrechamente conectado con su negocio? Kelly no solo vive en la propiedad de la compañía, sino que también está entrenando a sus hijos para que hagan su trabajo.

Los agricultores deben contender con la competencia local y extranjera, al mismo tiempo que permanecen al día en cuanto a las preocupaciones del público acerca de las normas de seguridad en los productos, el uso de sustancias químicas en las fincas y la forma en que se dispone de los desperdicios producidos por el ganado. El agricultor debe mantener una red de contactos dentro de la comunidad para poder vender su producto. Debe encontrar buenos precios con respecto a tierras o a equipos, y cuidar su reputación.

En este negocio, la gratificación inmediata es muy poca. Él siempre está planificando, preparando, regando, alimentando y cosechando lo que sembró meses antes. Santiago 5:7 habla de su sabio conocimiento de las estaciones de trabajo: «Mirad cómo el labrador espera el precioso fruto de la tierra, aguardando con paciencia hasta que reciba la lluvia temprana y la tardía». Así va soportando una estación tras otra de duro trabajo, combatiendo contra los elementos, el mercado, las cuestiones de salud y las dificultades familiares; y algunas veces, todas estas cosas al mismo tiempo.

¿Estás guiando a tu organización como un paciente agricultor que trabaja incansable una estación tras otra?

Principio de liderazgo #55 (2 Timoteo)

Al igual que el agricultor, el líder que triunfa comprende las estaciones por las que pasa su organización y le saca partido a su ritmo.

«El labrador, para participar de los frutos, debe trabajar primero». (2 Timoteo 2:6)

56

Combina la investigación apreciativa con el debate parlamentario: *Tito*

«Los debates y las divergencias entre puntos de vista solo pueden enriquecer nuestra historia y nuestra cultura».
Ibrahim Babangida, estadista nigeriano

¿Alguna vez has estado en una reunión de equipo en la cual el líder ha animado a tener buenos debates, y ha parado en seco los debates inútiles? Esos grupos, que funcionan a base de tan buenos modales, suelen terminar sus reuniones a tiempo. Se sienten productivos y, en realidad, hasta les agrada reunirse.

Si esto nos parece demasiado inverosímil, es porque estamos acostumbrados a debates en grupo que se transforman en discusiones que son una pérdida de tiempo o alimentan egos nada saludables. Los equipos que no saben cómo manejar sus diferencias se convierten en enemigos de los conflictos y aborrecen las reuniones. Como consecuencia, decaen la productividad y las relaciones dentro del equipo.

Pablo exhorta a un joven pastor llamado Tito a que se abstenga de discutir acerca de temas periféricos que solo sirven para desenfocar y dividir a sus seguidores. «Pero evita las cuestiones necias, y genealogías, y contenciones, y discusiones acerca de la ley; porque son vanas y sin provecho» (Tito 3:9).

Una rama de la teoría moderna de la comunicación parece derivada de la filosofía de Pablo. En 1968, Sir Charles Geoffrey Vickers introdujo el concepto de los sistemas apreciativos, que más tarde se convertiría en investigación apreciativa. Básicamente, la investigación apreciativa consiste en un debate positivo que se centra en hacer más de aquello que funciona, edificar unas relaciones positivas y desarrollar un consenso. Es un proceso que descubre lo que una organización hace bien, y prevé la manera de diseminar esa fortaleza por toda la compañía. Ha sido considerada como lo opuesto a la solución de problemas.

Aunque dominemos la investigación apreciativa, la mayor parte de nosotros seguirá enfrentando a conflictos (lee en el capítulo 31 lo que es la ley de la negatividad que permanece). Por consiguiente, debemos combinar el método de investigación apreciativa con un conflicto sano. Hay dos maneras principales de hacer esto:

Primera táctica: Crea un proceso para la resolución de los desacuerdos. En un artículo titulado «¿Quieres colaboración? Acepta, y maneja de manera activa, los conflictos», que publicó en inglés la revista *Harvard Business Review* en el año 2005, los autores describen la forma en que la gente maneja los conflictos. «Por lo general los enfocan de la manera que mejor conocen: debatiendo sobre quién está en lo cierto y quién está equivocado, o regateando sobre pequeñas concesiones. Con frecuencia tienen por resultado concesiones mutuas carentes de eficacia o la llegada a un punto muerto»[97].

En lugar de permitir que suceda esto, debería existir un proceso claro y sencillo que los compañeros de trabajo pudieran aplicar a la situación en el mismo momento, dentro de un mismo departamento, o entre departamentos distintos. Según el artículo, Intel enseña a sus empleados nuevos que la gerencia espera que aparezcan conflictos, y les proporciona una lista de criterios para evaluar los compromisos a los que se llegue.

Segunda táctica: Haz cumplir las reglas del debate. En las competencias intercolegiales de la Asociación Estadounidense de Debate Parlamentario no se permite la preparación de evidencias. Se espera de los estudiantes que estén versados en toda clase de temas, desde la política hasta la economía y la filosofía. Hay varias reglas del debate parlamentario que pueden ayudar a un líder de negocios en la dirección de un debate hacia la colaboración, en lugar de permitir que derive hacia la negatividad:

Controla las interrupciones. Cuando las interrupciones se producen una tras otra, pronto no hay nadie que esté escuchando a nadie. En el debate parlamentario, cuando los que debaten quieren hacer una pregunta o insertar una breve declaración, deben hacer una señal primero. Si el que está hablando no quiere entregar aun el piso, el que lo quiere interrumpir debe esperar otra oportunidad.

Evita las confusiones. Cuando lo que sucede es que las personas no se entienden entre sí, las suposiciones indebidas las pueden polarizar. Si uno de los que debaten pide un «punto de aclaración», el que está hablando debe hacer una pausa para responderlo. Aun así, el líder se debe asegurar de que no abusen de esta táctica los habilidosos en el arte del debate.

Limítales el tiempo a los que se autorice a hablar. Las competencias sobre debate parlamentario permiten cantidades de tiempo concretas para cada orador, con unos breves períodos de gracia. A los que están hablando no se les permite seguir cuando se pasan por completo del tiempo que se les ha concedido. Leí una vez acerca de un líder que mantenía un reloj en la mesa de conferencias durante las discusiones. Cuando el reloj producía un zumbido, se le habían terminado los tres minutos al que estaba hablando. ¡Las reuniones que dirigía este líder eran productivas!

Prohíbe los ataques personales. Hay dos versículos de la epístola a Tito que hablan de este punto. El primero, «nadie te menosprecie» (2:15), nos indica que no permitamos los malos tratos, no importa quién sea el que nos esté acosando, y esto incluye a nuestros superiores. De manera similar, en el debate parlamentario un participante puede presentar un «punto de privilegio personal» cuando siente que se le está atacando. El líder toma nota de la ofensa y de los factores en la puntuación final de la competencia. Nunca está permitido comportarse con rudeza. De hecho, Tito 3:10 dice: «Al hombre que cause divisiones, después de una y otra amonestación deséchalo».

En lugar de rechazar los conflictos en sí, el líder lo que debe hacer es dirigirlos. Y en lugar de temer los debates, los debe recibir como oportunidades para colaborar. Como les sucede a los músculos, que se fortalecen después del estrés, las personas presentan un rendimiento mejor cuando se les reta y se les permite que se prueben unas a otras.

Principio de liderazgo #56 (Tito)

Complementa un enfoque en lo positivo con directrices para enfrentarse a lo negativo.

«Evita las cuestiones necias, y genealogías, y contenciones, y discusiones acerca de la ley; porque son vanas y sin provecho. Al hombre que cause divisiones, después de una y otra amonestación deséchalo». (Tito 3:9-10)

57

Media en los conflictos al jugar *ping-pong: Filemón*

«Sabes que has perdonado a alguien cuando no te hace daño al pasarte por la mente».
Rva. Karyl Huntley

El éxito de librería de Rhonda Byrne, *El secreto*, afirma que podemos triunfar en la vida si hacemos tres cosas: (1) visualizar nuestras metas y pedírselas al universo, (2) pensar y comportarnos como si nuestros deseos estuvieran a punto de convertirse en realidad, y (3) mantenernos vigilantes en espera de que el universo nos envíe señales de que estamos cerca de lograrlos.

La lógica más simple echa abajo todo esto. ¿Y si el general del ejército A quiere tomar una colina, y el general del ejército B quiere tomar esa misma colina? ¿Cómo podría el «universo» ayudarlos a los dos, cuando está claro que solamente uno de ellos será el ganador? ¿O qué sucede si dos niños quieren el mismo triciclo en una venta de garaje? Uno de ellos regresará a su casa desilusionado.

Hay una manera mucho más potente de atraer los resultados positivos, como lo indica la epístola a Filemón, carta que les escribió Pablo a dos hombres que estaban tan metidos en un conflicto como los dos generales que mencionamos. En su obra maestra, que abarca una sola página, el apóstol los convence hábilmente de que cambien de actitud con respecto a lo que quieren. Su método de persuasión no tiene nada de convencional, y eso es lo que hace que esta historia sea interesante y aplicable al día de hoy.

Filemón es un cristiano recién convertido, y gran amigo de Pablo. Cuando Onésimo, que parece haber sido hermano de Filemón, se mete en serios problemas, Filemón interviene y lo salva. De acuerdo con las costumbres de aquellos tiempos, si alguien te sacaba de un problema económico o legal, le podías pagar la deuda que has adquirido con él convirtiéndote en su siervo, trabajando gratis para él y viviendo bajo su autoridad. Después de un tiempo, quedabas legalmente libre y sin deudas.

Pero al parecer, Onésimo no pudo esperar. Cuando aun era siervo de Filemón, le robó y se escapó a Roma, donde terminó haciéndose amigo y seguidor de Pablo. De acuerdo con las leyes romanas, si un esclavo huía, lo podían ajusticiar, o podían enviarlo de vuelta a su amo. Pablo, quien era ciudadano romano, no podía participar en ninguna actividad ilegal, y convenció a Onésimo de que confiara en la misericordia de su amo. Desde su celda de la prisión en Roma, le escribió una carta a su amigo Filemón pidiéndole que tuviera misericordia de Onésimo, el cual, fuera o no fuera hermano suyo de sangre, ahora era hermano suyo en la fe.

Onésimo, el pródigo renuente, le entrega lleno de temor y vergüenza la carta de Pablo a Onésimo y espera su reacción, seguro de que sería dura. Sin embargo, la carta de Pablo convence a Filemón, quien restaura a Onésimo a su casa, sin imponerle ningún tipo de exigencias.

En la carta, Pablo emplea técnicas que podemos usar cada vez que nos veamos llamados a resolver conflictos. Manipula a ambas partes que no estaban dispuestas a ceder para que cambiaran sus puntos de vista, sus acciones y sus relaciones. Este es el proceso que utiliza:

1. Reconoce que tiene una fuerte relación con ambos.
2. Les recuerda a los dos la autoridad ejecutiva que él posee.
3. Confiesa lo que quiere ver que suceda, pero expresa su deseo de que se busque la mejor solución, aunque vaya en contra de sus deseos.
4. Apela a la conciencia de Filemón y le pide que perdone al que ahora es su hermano.
5. Da por sentado no solo que Filemón lo va a obedecer, sino que va a caminar la milla extra.

Observa cómo Pablo va jugando *ping-pong* entre unas declaraciones llenas de autoridad y el mantenimiento de sus relaciones personales con ambos. Tim Keller dice que esta clase de combinación entre frío y calor abre a los humanos ante Dios, quien nos ama de una manera extrema y nos quiere proteger, pero al mismo tiempo permite que pasemos por la cantidad exacta de sufrimiento necesaria para que se nos graben las lecciones.

Pablo obliga a estos dos antagonistas a examinar cada cual su propia conciencia antes de continuar una autodefensa de tipo emocional. Con todo, se abstiene de forzarlos a besarse superficialmente y reconciliarse. El psiquiatra italiano Roberto Assagioli dice: «Sin el perdón, la vida es gobernada por un ciclo interminable de resentimientos y venganzas»[98]. Pablo rompe este ciclo y restablece los lazos entre ambas partes. Además de esto, consolida sus propias relaciones con ellos.

Según el Instituto Australiano de Mediadores e Intermediarios, «el mediador trata de ayudar a ambas partes a desarrollar una comprensión en común del conflicto y a trabajar para llegar a una resolución práctica y duradera»[99]. Pablo fue el gran mediador. Tenía los ojos siempre puestos en las relaciones a largo plazo, y no en las reconciliaciones momentáneas.

En la amarga historia de estos dos hermanos en la fe, Pablo evita que continúen las contiendas haciendo que ambas partes abran su conciencia, y utilizando su autoridad en los momentos clave. Los hermanos enemistados aceptan el paternal enfoque con el que media en sus diferencias. Así ambos salvan su dignidad y, porque él conserva su relación con los dos, se sienten motivados a superar las expectativas que él les manifiesta.

Principio de liderazgo #57 (Filemón)

Cuando estés resolviendo un conflicto entre los miembros del equipo, ve saltando entre la autoridad que tienes sobre ellos, y tus relaciones personales con ambas partes.

«Te he escrito confiando en tu obediencia, sabiendo que harás aun más de lo que te digo». (Filemón 21)

58

Viste tus pensamientos antes que escapen como renegados desnudos: *Hebreos*

«Cuando las palabras y el lenguaje corporal están en conflicto, es el lenguaje corporal el que gana siempre».
Nick Morgan, autor de *Trust Me: Four Steps to Authenticity and Charisma*

Desde el Antiguo Testamento hasta el Nuevo, la Biblia nos enseña que nuestra vida interior debe estar tan controlada como nuestra vida exterior: «Porque Dios traerá toda obra a juicio, juntamente con toda cosa encubierta, sea buena o sea mala» (Eclesiastés 12:14).

Por mucho que tratemos de esconderlas, nuestras emociones secretas se manifiestan desnudas en nuestro rostro y en nuestros gestos. Según Mark Frank, psicólogo social, la emoción es una fuerza tan poderosa que reaccionamos fisiológicamente al sentirla, aun antes que nuestro cerebro la pueda procesar de manera consciente. En su escrito señala que «los micromovimientos, cuando son provocados por emociones subyacentes, nos son casi imposibles de controlar»[100]. Frank desarrolló una técnica por medio de computadoras para detectar e interpretar todo tipo de expresiones faciales y movimientos musculares que son señal de engaño. Su sistema es tan certero, que ayuda regularmente al Departamento de Seguridad Nacional de los Estados Unidos y al Departamento de Policía de Los Ángeles.

Paul Ekman, mentor y socio de Frank, comenzó a trabajar en la década de 1950 para descubrir con precisión la cantidad de expresiones de las cuales es capaz el rostro humano. Después de dos décadas, había catalogado más de tres mil movimientos en su Sistema de Codificación de las Acciones Faciales (FACS, por sus siglas en inglés). En el libro *Emotionomics*, Dan Hill resume el sistema FACS con una ocurrente salida de Groucho Marx: «¿A quién vas a creer, a mí o a tus ojos?». Podemos controlar unos pocos músculos alrededor de la boca, y casi ninguno alrededor de los ojos, con lo que abrimos una ventana a nuestra alma, y por esa ventana puede mirarnos cualquier otra persona. Hay algunas expresiones faciales que duran segundos, y son fáciles de fingir, pero las microexpresiones, que solo duran una fracción de segundo, desafían a nuestra fuerza de voluntad. «El rostro es el único lugar del cuerpo en el cual los músculos están directamente unidos a la piel», dijo Hill en una entrevista para *Business Week*[101]. En otras palabras, el rostro está diseñado para la expresión. No podemos esconder los pensamientos que se escapan hasta nuestro rostro antes que lleguen las palabras a nuestra lengua.

Veamos algunas de las pistas más corrientes con respecto a los pensamientos que una persona no está dispuesta a expresar con palabras:

La sonrisa fingida. Para captar una cordialidad fingida, busca un comienzo o un final repentino de la sonrisa, y unas cejas que no bajan. La sonrisa verdadera crece a lo ancho de todo el rostro, y después se retira. Los músculos que rodean a los ojos se relajan y deprimen los bordes exteriores de las cejas. Cuando alguien se siente triste y trata de sonreír, los ojos se le estrechan, y el mentón se le recoge.

El desdén enmascarado. Durante una entrevista con Katie Couric realizada en el año 2007, Álex Rodríguez, jugador de cuadro en los Yankees, negó estar usando drogas para aumentar su rendimiento, pero a principios del año 2009 cambió su historia. Cuando el *New York Times* le pidió al Dr. Ekman que analizara un vídeo de la entrevista del año 2007[102], este señaló a una esquina de la boca del jugador, que por un breve instante se movió hacia arriba en una pequeña depresión, mientras que el otro lado permanecía relajado. Aunque las palabras de Rodríguez eran humildes, aquel movimiento revelaba un sentimiento subyacente de arrogancia y de superioridad moral.

El microtemor. Según Ekman, cuando tenemos temor de que nos descubran, o cuando no nos creen, extendemos horizontalmente de manera inconsciente los labios, para dar la impresión de que nos sentimos más seguros. Hay que estar alerta ante este gesto en las reuniones, en especial cuando se pone a alguien en aprieto.

La encogida de hombros a medias. En la entrevista de Couric, Rodríguez levanta el hombro izquierdo un buen número de veces, como encogiéndose de hombros, pero nunca desarrolla este gesto en ambas partes de su cuerpo. Ekman interpreta este «fragmento» de gesto como una reacción de impotencia ante las preguntas de Couric, y una súplica de que sea menos fuerte en las acusaciones.

El trasfondo airado. Cato Calin, el huésped de la casa de O. J. Simpson, se sentó ante Margaret Clark, la fiscal de distrito, en el famoso caso de asesinato[103]. «Señor Calin», le preguntó la fiscal, «usted consiguió una gran cantidad de dinero por aparecer en Current Affair, ¿no es cierto?». De repente, el joven arrugó la nariz, levantó el labio superior y frunció el entrecejo hacia abajo, la clásica expresión de desdén. Un milisegundo más tarde, después de recuperar su compostura, le contestó: «Este... sí».

No obstante, Ekman advierte que no le debemos dar demasiado crédito a las expresiones y los gestos de una persona. Dice que hay movimientos musculares que podrían ser tics nerviosos habituales, en lugar de ser una reacción visceral. Solo una observación más prolongada podría confirmar o negar las pistas faciales, pero cuando se acumulan durante una conversación, podemos deducir que existe algún engaño.

El autor de Hebreos nos exhorta a juzgar nuestros pensamientos de acuerdo a la Biblia (lee el versículo que aparece al final de este capítulo). No es fácil hacerlo. Hacen falta mucho estudio y mucha práctica para desarrollar hábitos mentales nuevos. Sin embargo, los beneficios son inmensos. Cuando nuestros pensamientos están en orden, nuestro rostro no tiene oportunidad alguna de traicionarnos. Cuando tenemos que cubrir nuestros pensamientos negativos con palabras positivas, la gente nota el conflicto y sospecha que le estamos mintiendo de alguna manera. ¿Cómo podrán confiar en nosotros los que nos siguen cuando nuestro rostro denota un corazón engañoso?

Principio de liderazgo #58 (Hebreos)

El líder que maneja de manera consciente su vida mental, raras veces se verá traicionado por microexpresiones que estén en conflicto con sus palabras.

«La palabra de Dios es viva y eficaz, y más cortante que toda espada de dos filos [...] y discierne los pensamientos y las intenciones del corazón». (Hebreos 4:12)

59

Quema tus pensamientos antes que te lleguen a la lengua: *Santiago*

«Las palabras hay que pesarlas, no contarlas».
Proverbio polaco

Mientras estamos elaborando nuestros pensamientos, la Biblia también nos dice que prestemos atención a nuestras palabras. Cuando nos oímos hablando de cierta manera, nuestros pensamientos suelen seguir por el mismo camino.

La epístola de Santiago dice que nuestra lengua nos mete en más problemas que ninguna otra parte de nuestro cuerpo: «Ningún hombre puede domar la lengua, que es un mal que no puede ser refrenado, llena de veneno mortal» (Santiago 3:8). Santiago dice que la lengua «se jacta de grandes cosas», es «un mundo de maldad», «contamina todo el cuerpo» e «inflama la rueda de la creación» (3:5-6).

Tanto si lo hacemos a propósito, como si no, con frecuencia nuestras palabras escritas y habladas engañan, critican, humillan o destruyen. Santiago escribe: «De una misma boca proceden bendición y maldición» (3:10). Cuando tenemos el hábito de pronunciar alabanzas y críticas, verdades y mentiras, ¿cómo puede confiar la gente en lo que vamos a decir después? Santiago continúa diciendo: «¿Acaso alguna fuente echa por una misma abertura agua dulce y amarga?» (v. 11). La lengua disciplinada debe ser una fuente predecible.

El problema es que las mismas palabras le pueden parecer dulces a una persona, y amargas a otra. Es posible que las personas que nos oyen no tengan en cuenta nuestro lenguaje corporal. O que lo oigan todo a través de un filtro de depresión e inyecten una emoción irracional en todo lo que escuchan. O tal vez solo se trata de que anden de mal humor porque es de mañana. Porque no podemos controlar la forma en que los demás internalizan nuestras palabras, nuestra lengua nos puede hundir con mayor rapidez que nuestras expresiones faciales y nuestros gestos. Muchas veces me ha sorprendido la forma en que la gente ha torcido mis mensajes positivos, a pesar de mi sonrisa y de la franqueza que indica mi postura. Filtran lo que oyen, dejan fuera lo positivo y reciben solo negatividad. Lo que hablo como una bendición lo reciben como una maldición.

Si las palabras son el medio más poderoso de comunicación, ¿cómo hablamos o escribimos para que la gente no nos malentienda ni se sienta inadvertidamente herida? Santiago responde: «Todo hombre sea pronto para oír, tardo para hablar, tardo para airarse» (1:19). Casi mil años antes, Salomón enseñaba esta misma sabiduría en el libro de Proverbios:

- «En las muchas palabras no falta pecado; mas el que refrena sus labios es prudente» (Proverbios 10:19).
- «Aun el necio, cuando calla, es contado por sabio; el que cierra sus labios es entendido» (Proverbios 17:28).
- «El que guarda su boca y su lengua, su alma guarda de angustias» (Proverbios 21:23).
- «¿Has visto hombre ligero en sus palabras? Más esperanza hay del necio que de él» (Proverbios 29:20).

Santiago y Salomón están de acuerdo en que para meternos en menos problemas, debemos mantenernos más callados. Tal vez te parezca imposible quedarte callado, o es posible que ya seas una persona callada. Aunque yo soy más bien de estos últimos, no tengo garantizada la inmunidad por usar menos palabras. Necesito ser cuidadoso al escogerlas.

Para ayudarnos a controlar las palabras que decimos, Santiago nos proporciona una fácil regla: «Vuestro sí sea sí, y vuestro no sea no» (5:12). Nos exhorta a no añadirle nada a una comunicación que ya es clara. Si llenamos nuestra conversación con demasiados calificativos o hipérboles, la gente comienza a sospechar de nosotros.

Santiago dice que nuestra lengua puede comenzar el equivalente a un incendio forestal. Una pequeña llama prende un incendio devastador. Y después menciona las chispas que causan los mayores problemas: la ambición egoísta, la ira, la amargura, el que hablemos mal de alguien y la envidia. Si purificamos nuestro corazón de esas cosas, estaremos reduciendo el combustible que está disponible y preparado para incendiarse. Debemos encender un fuego controlado, como las «contracandelas» que los bomberos hacen con el material inflamable que se encuentra en el camino de un furioso incendio forestal.

Para controlar el daño causado por nuestras palabras, Santiago afirma que debemos quemar los apetitos de nuestro corazón. Los apetitos que no son saludables los tenemos que ahogar, afirma. De lo contrario, nos controlarán. «¿De dónde vienen las guerras y los pleitos entre vosotros? ¿No es de vuestras pasiones, las cuales combaten en vuestros miembros? Codiciáis, y no tenéis» (Santiago 4:1-2). En aquello que más queremos es en lo que pensamos con mayor frecuencia. Y lo que domina nuestra mente sale en nuestras palabras. Si estoy obsesionado con la adquisición de mayor poder para mí, me lo vas a oír en mi lenguaje de todos los días.

He aquí la receta que da Santiago para combatir nuestros apetitos egoístas y nuestras palabras dañinas:

- Humillarnos nosotros mismos, sin esperar a que lo hagan otros.
- No criticar a los demás.
- No alardear acerca del futuro; en realidad, no sabemos si vamos a triunfar.
- No decirle a la gente que queremos hacer el bien, sino hacerlo.

Su consejo hace más fácil la convivencia con nosotros, y permite que crezcan cosas buenas en nuestro interior. Santiago valora más las acciones que las palabras. Cuando nuestros labios dejen de escupir ácido, y nuestro corazón quede purificado de apetitos egoístas, tendremos espacio para infundir éxito a la vida de otras personas. Y a la nuestra.

Principio de liderazgo #59 (Santiago)

Para controlar los efectos indeseados de tus palabras: (1) habla menos, (2) purifícate de ambiciones egoístas y de amarguras y (3) no alardees de tus planes; limítate a ejecutarlos.

«¡Cuán grande bosque enciende un pequeño fuego! Y la lengua es un fuego». (Santiago 3:5-6)

60

Contrata a unos cuantos Rowan: *1 Pedro*

«El héroe es el hombre que hace su trabajo».
Elbert Hubbard

En un artículo de Forbes titulado «Secretos comerciales de los trapenses», el autor se maravilla de las sencillas prácticas comerciales que presenció en un monasterio trapense de Carolina del Sur. Mientras empacaba y metía en cajones cartones de huevos con el padre Malachy, de ochenta años de edad, supo que el abad, llamado Francis, en una ocasión le había pedido a Malachy que resumiera cincuenta libros de teología en francés que habían donado recientemente al monasterio. Aun así, había un problema.

«"Francis pensaba que yo hablaba francés", me dijo Malachy, "pero yo no lo hablaba. Sin embargo, él estaba tan ocupado que no le dije nada. Lo que hice fue irme a dormir más tarde durante unos cuantos meses, y aprender francés yo solo. Luego, leí los libros y escribí los resúmenes"» [104].

En 1899, Elbert Hubbard estaba sentado a la mesa de la cocina después de una cena de familia. Su hijo Bert, afirmó que el verdadero héroe en una batalla determinada de la guerra entre España y los Estados Unidos había sido el Teniente Andrew Rowan. Según esta historia, el Presidente William McKinley necesitaba asegurarse la colaboración del general Calixto García, líder de los insurgentes de Cuba, pero nadie sabía con exactitud dónde se encontraba. Un consejero le dijo: «Hay un hombre llamado Rowan, que si alguien le puede encontrar al general García, ese es él». McKinley mandó llamar al teniente. Sin pedir detalles ni ayuda, Rowan desembarcó en la playa, recorrió la selva tras las líneas enemigas y encontró a su hombre.

Inspirado por esta historia, Hubbard se pasó la hora siguiente escribiendo «Un Mensaje a García». Con el tiempo, se publicaron cuarenta millones de ejemplares de su folleto. Los ferrocarriles se las distribuyeron a sus empleados; el ejército ruso le dio un ejemplar a cada uno de sus soldados que estaban en el frente japonés; los japoneses, que hallaron el ensayo en posesión de unos prisioneros rusos, distribuyeron una traducción entre todos los trabajadores de su gobierno.

Hubbard escribió el folleto, porque estaba cansado de «la imbecilidad del hombre promedio; la incapacidad y la falta de ganas de concentrarse en una cosa y hacerla». A manera de ilustración, le decía al lector que pensara en lo que supondría pedirle a un subordinado suyo que investigara en una enciclopedia y escribiera un resumen de la vida de Correggio. Hubbard predijo las preguntas inevitables: «¿Quién era ese tipo? ¿En qué enciclopedia? ¿Dónde está la enciclopedia? ¿Para eso me contrataron? ¿Acaso no querrá decir usted Bismarck? ¿Le puedo traer a usted el libro, para que usted lo busque?».

La primera epístola de Pedro enseña que no debemos discutir las órdenes, ni desperdiciar el tiempo de nuestros líderes. Según Pedro, una clave para lograr esto consiste en tener seguidores que nos teman de una forma sana (lee el capítulo 30 de este libro). «Y si invocáis por Padre a aquel que sin acepción de personas juzga según la obra de cada uno, conducíos en temor todo el tiempo de vuestra peregrinación» (1 Pedro 1:17). Este temor nace de la obediencia. Los seguidores deben tener temor de cometer errores, porque saben que se les va a castigar.

Una relación sana entre el líder y sus seguidores incluye también sumisión. En el antiguo Israel, algunos esclavos de las casas se volvían soberbios, porque con frecuencia los trataban como miembros de la familia, mientras que muchos otros se rebelaban contra los amos crueles. Pedro los exhorta a todos diciéndoles: «Estad sujetos con todo respeto a vuestros amos; no solamente a los buenos y afables, sino también a los difíciles de soportar» (2:18). No importaba la forma en que los trataran, tenían la obligación de obedecer.

Pedro también sugiere que los seguidores deben estar dispuestos a soportar de vez en cuando tratos injustos si están actuando con la conciencia limpia. Obedecer continuamente el llamado a un propósito alto y noble es algo que puede entrar en conflicto con lo que el jefe quiere en algún momento dado. «Porque esto merece aprobación, si alguno a causa de la conciencia delante de Dios, sufre molestias padeciendo injustamente» (1 Pedro 2:19). A largo plazo, el seguidor saldrá reivindicado. Hasta los líderes siervos deben transformarse en ocasiones en generales de campo y exigir obediencia. Jesús, Pablo, Moisés, Josué y David mezclaron la bondad con el mando y el control, y sin embargo, los suyos los consideraban siervos. Woodrow Wilson decía: «Ningún hombre se ha alzado jamás a la estatura real de la hombría espiritual, mientras no haya descubierto que es más excelente servir a otro que servirse a sí mismo»[105].

El que nos teman no quiere decir que nos odien, pero sí exige que el líder se arriesgue a dañar las relaciones por el bien de la organización. Si eres como yo, y no te sientes cómodo con la idea de que la gente te tema, te sugiero la siguiente estrategia: contrata a unos cuantos hombres dispuestos como Rowan, que por naturaleza son leales y saltan cuando su comandante los llama.

Existen, dice Hubbard, pero no son fáciles de encontrar: «Se le desea tener en toda ciudad, pueblo y aldea; en toda oficina, taller, tienda y fábrica. El mundo clama por gente así; se necesita, y con toda urgencia, un hombre que le pueda llevar un mensaje al general Calixto García»[106].

Principio de liderazgo #60 (1 Pedro)

Todo líder necesita por lo menos un seguidor que obedezca las órdenes sin hacer preguntas y sin titubear.

«Estad sujetos con todo respeto a vuestros amos; no solamente a los buenos y afables, sino también a los difíciles de soportar».
(1 Pedro 2:18)

61

Reduce tus lamentos: *2 Pedro*

«La felicidad es una cosa que hay que practicar, como el violín».
Sir John Lubbock, biólogo y político inglés, 1834-1913

Wolf Leslau, un judío polaco nacido en 1906, apenas escapó a la deportación hacia un campamento de exterminio nazi en los comienzos de la Segunda Guerra Mundial. Con la ayuda de un amigo, consiguió una visa estadounidense y se unió con su familia en el último barco de refugiados que salió de Portugal con destino a los Estados Unidos.

Wolf tenía facilidad para los idiomas, y poco después de aprender inglés, ascendió en los rangos académicos hasta Cambridge, y después la UCLA. El emperador de Etiopía lo honró por sus amplios estudios en el idioma de su país. Más tarde recibió un reconocimiento de su labor por parte de la Casa Blanca.

Su último libro lo publicaron el día en que cumplía noventa y ocho años. Su sobrino revela la forma tan maravillosa en que se enfrentó con la última fase de su vida: «Con reticencia, pero también con madurez, se despidió de toda una vida dedicada a avanzar por las fronteras del aprendizaje, y comenzó a disfrutar de su ancianidad [...] No quería vivir en el pasado». Cuando Wolf, muy a su pesar, se mudó a un hogar de retiro, hizo muchas amistades nuevas, «esta vez, no todas basadas en quién él había sido como profesor, sino en quién había llegado a ser: un ser humano maravilloso, cálido y afectuoso [...] Se hizo un hombre considerablemente apacible, y aprendió a disfrutar la vida como nunca antes»[107].

El Dr. Howard Hendricks, profesor de seminario y autor, explica que cuando un equipo de investigación estudió a cien personajes de la Biblia, encontró que las dos terceras partes de esos personajes bíblicos tuvieron fallos en la segunda mitad de su vida. Dice que aquellos fallos tan grandes se debían a la aplicación de lo que pensaban que era cierto. «Porque conocían la Palabra [lo daban por sentado], estaban viviendo de acuerdo con ella, lo cual era tan incierto para ellos como lo es para nosotros»[108].

El apóstol Pedro dice que podemos escapar a la corrupción del mundo con sus perversos deseos de dinero, poder, lujuria y ambición. Señala que si no añadimos a nuestra fe las siguientes cualidades, seremos inútiles, estériles, ciegos y miopes. Pasar por alto estas cosas puede llevar a la depresión y a la lamentación al final de la vida, tanto a los cristianos como a los que no lo son. He aquí las mejores prácticas que nos sugiere Pedro, en orden:

- **Virtud.** Le podemos añadir moralidad excelente a nuestra vida, por buenos que creamos ser.

- **Conocimiento.** Siempre debemos tratar de aumentar nuestro conocimiento, que nos lleva a la sabiduría y nos ayuda a evitar los pasos mal dados y los errores.

- **Dominio propio.** La virtud y el conocimiento se comparan con facilidad al dominio propio. Sin embargo, estos deben venir primero para que nuestra conciencia se fortalezca contra los apetitos que hunden a tantos líderes.

- **Paciencia.** Si soportamos las dificultades y los sufrimientos, desarrollamos un concepto más sano de la vida, lo que puede dar paso en nuestros años finales a una sensación de contentamiento.

- **Piedad.** Piedad es la conciencia del sentido que tiene nuestra vida dentro del gran cuadro general, y de que Dios está tomando nota de todo lo que hacemos.

- **Afecto fraternal.** Esto consiste en buscar con todo propósito las oportunidades de manifestar nuestra bondad a otras personas y profundizar nuestras relaciones.

- **Amor.** Cuando tenemos un profundo afecto por las personas sin esperar que ese afecto sea correspondido, estamos evitando el tener que lamentarnos.

La gráfica que aparece a continuación ilustra el proceso aditivo de estas prácticas. Observa cómo cada una de las cualidades de esta serie exige mayor esfuerzo y se presenta después de la anterior. El amor, el rasgo máximo contrario a la lamentación, está edificado sobre los cimientos de todos los demás.

¿En qué lugar de esta línea te encuentras? Yo he estado en todos. La lista de Pedro es lógica y cronológica, pero para mí, la realidad ha sido un poco más caótica. Aunque he progresado, ha habido momentos en los que he necesitado regresar a un rasgo y ponerme a trabajar en él.

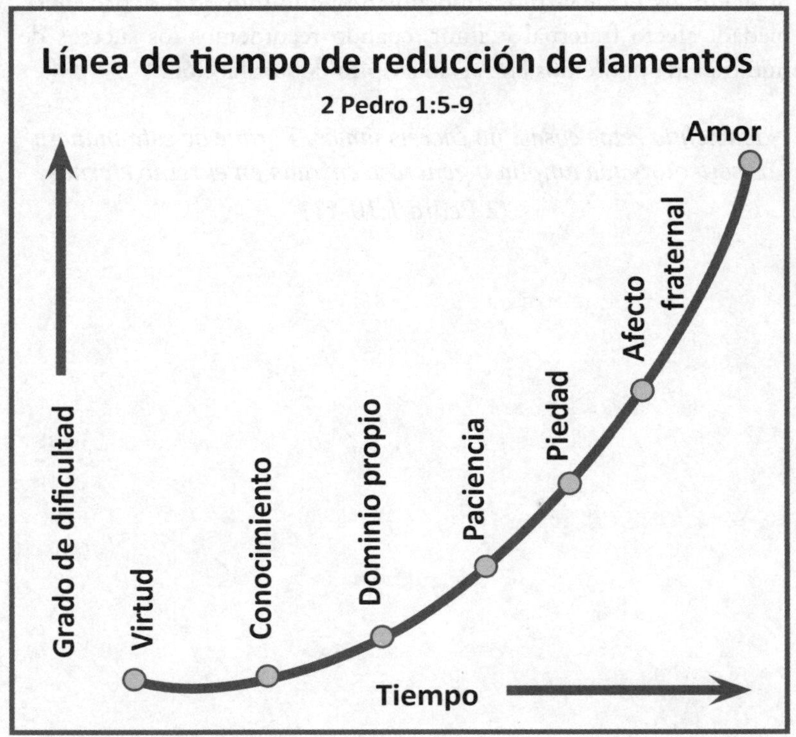

En 2 Pedro se nos exhorta a trabajar con mayor ahínco para progresar en esta ascensión. Si de veras queremos terminar bien, Pedro nos dice que debemos vivir como si en cualquier momento nos pudiera llegar el final de nuestra vida. La práctica de estas cualidades es una preparación para ese final. Robert E. Lee dijo: «Adquiere una visión apropiada de la vida, y aprende a ver el mundo bajo su verdadera luz. Eso te capacitará para vivir de una manera agradable, hacer el bien y, cuando seas sacado de la vida, salir de ella sin lamentarte»[109].

Pedro promete: «Si estas cosas están en vosotros, y abundan, no os dejarán estar ociosos ni sin fruto en cuanto al conocimiento de nuestro Señor Jesucristo» (2 Pedro 1:8). Uno de mis temores es el de llevar una vida ineficiente. Quiero dejar una huella en el mundo. ¿Tú no?

Principio de liderazgo #61 (2 Pedro)

Si añadimos a la fe virtud, conocimiento, dominio propio, paciencia, piedad, afecto fraternal y amor, cuando recordemos los sucesos de nuestra vida podremos lanzar un suspiro de satisfacción.

«Haciendo estas cosas, no caeréis jamás. Porque de esta manera os será otorgada amplia y generosa entrada en el reino eterno».
(2 Pedro 1:10-11)

62

Elimina el temor con una sola arma: *1 Juan*

«No hay pasión que le robe a la mente todos sus poderes para actuar y para razonar como el temor».
Edmund Burke

El temor puede causar extraños efectos en los líderes. Un autor dice: «El temor te mantiene callado cuando deberías hablar. El temor hace que abras la boca cuando habría sido mejor que callaras. Y, lo peor de todo para un líder, el temor te convence para que retrocedas y te escondas cuando más visible deberías estar[110]». El temor crónico produce estrés, ira y formas irracionales de conducta. Puede emanar desde los más altos cargos e infectar a toda una organización.

Muchos líderes también utilizan el temor como un recurso de administración. Un escritor dice: «¿Cuánta tierra chamuscada bajo la forma de oportunidades desperdiciadas, pérdidas en la productividad, deserciones de empleados, costos de nuevos entrenamientos y errores muy claros debe ser sacrificada sobre el altar de la arrogancia de una sola persona...?[111]». Esta clase de líder siembra la improductividad, pues sus seguidores dedican una cantidad valiosa de energía corriendo a aplacarlo.

En un ambiente de temor, los pensamientos que les pasan por la cabeza a nuestros seguidores los llevan a acciones predecibles:

- «Temo que me crean un idiota». Por tanto, no voy a pedir aclaraciones en las reuniones.

- «Temo perder credibilidad». Por tanto, no me voy a arriesgar a expresar ideas poco tradicionales.
- «Temo perder mi trabajo». Por tanto, voy a defender mi terreno hasta la muerte.
- «Tengo miedo de que no me den un ascenso». Por tanto, voy a presentar algunas ideas como si fueran mías.

El líder acosado por sus propios temores, tiene unas respuestas predecibles, aunque diferentes, ante esos mismos temores:

- «Tengo miedo de que me crean un idiota». Por tanto, le arranco la cabeza a mordidas al que insulte mi inteligencia de cualquier manera.
- «Tengo miedo de perder credibilidad». Por tanto, voy a evitar cuestiones de la organización que no comprendo.
- «Temo perder mi trabajo». Por tanto, voy a hacer cuanto me sea posible por darle una buena impresión a la junta, aunque sea a expensas de mis subordinados.

Cuando los líderes actuamos motivados por temores como estos, la gente tiende a reaccionar ante nuestras acciones observables, en lugar de tener compasión de nuestras luchas. Esto crea un ambiente disfuncional y repleto de temor que no deja que la compañía alcance el máximo de su potencial.

Uno de los temores menos convencionales es el temor al éxito. Con frecuencia, produce tanta ansiedad como el temor al fracaso. Cuando alguien le tiene temor al éxito, es posible que lo acosen uno o más de los siguientes síntomas:

Una humildad poco sana: El líder que sufre de esto, siente que no se merece todo el reconocimiento por sus logros. Tiene miedo o le da pena que lo honren. Esta reticencia social puede llegar a impedir que tenga nuevos logros en el futuro.

Un futuro desconocido: El líder que teme a lo desconocido piensa: «Por muchos que sean mis logros, mis éxitos se pueden venir abajo en cualquier momento. Si tengo demasiado éxito, seré el blanco favorito de mis rivales y críticos».

Unas metas inalcanzables: Un líder exhausto piensa que no tiene manera de mantener el mismo paso que lo llevó al éxito, y deja de intentarlo.

Como mencioné en el capítulo 23, Steve Jobs, director ejecutivo de la *Apple*, le dijo a la clase de Stanford que se graduó en el año 2005 que se alegraba de haber experimentado sus temores más grandes: que lo despidieran de la compañía que él mismo había fundado, y que le dijeran que le quedaban seis meses de vida. «No me daba cuenta entonces, pero resultó que el despido de la *Apple* se convirtió en lo mejor que me habría podido pasar», les dijo. «Me liberó para entrar en uno de los períodos más creativos de mi vida»[112].

Reflexionando sobre su cáncer pancreático, Jobs dijo: «Tu tiempo es limitado, así que no lo desperdicies viviendo la vida de otra persona. No dejes que el ruido de las opiniones de los demás ahogue tu voz interior [...] Recordar que vas a morir es la mejor manera de evitar el temor de que tengas algo que perder».

La primera epístola de Juan ofrece una panacea para el cáncer del temor: «En el amor no hay temor, sino que el perfecto amor echa fuera el temor; porque el temor lleva en sí castigo» (4:18). Una de las armas más eficaces contra nuestros temores es el amor.

El amor y el temor funcionan el uno contra el otro. Cuando tenemos temor, sentimos como si todo el mundo estuviera en contra de nosotros. Cuando nos sentimos amados, nos sentimos protegidos, sin que nos preocupe lo que piensan los demás, ni si nos van a atacar. Cuando logramos barrer el temor de nuestra vida, lo que queda es la seguridad en nosotros mismos. El gozo y la risa por sí solos no tienen el mismo efecto en el temor. Nos podemos reír con un chiste, o pasar un buen día, y el temor se apresura a regresar esa misma noche. El amor es más potente que el buen humor momentáneo.

El amor nos relaja. Nos suaviza con compasión por los demás. Nos restaura las energías que gastamos en el temor; nos infunde seguridad y valor. El amor nos aclara la mente para actuar con firmeza.

Es lo que permite que un líder lo sea de veras.

Principio de liderazgo #62 (1 Juan)

El arma menos utilizada contra nuestros temores es el amor.

«En el amor no hay temor, sino que el perfecto amor echa fuera el temor; porque el temor lleva en sí castigo». (1 Juan 4:18)

63

Sacrifícate, pide disculpas y no busques tu propia felicidad: *2 Juan*

«Alejandro, César, Carlomagno y yo fundamos imperios; pero ¿sobre qué basamos las creaciones de nuestro genio? Sobre la fuerza. Jesucristo es el único que fundó su imperio sobre el amor, y a estas horas hay millones de seres humanos que darían la vida por Él».

Napoleón

En el año 2001, un equipo académico analizó cien años de liderazgo. Hallaron que los líderes que llegan al éxito tienden a ser personas emocionalmente estables, fidedignas y conscientes, con poco énfasis en la extraversión[113]. Jim Collins llegó a la misma conclusión en *Empresas que sobresalen*, libro publicado también en el año 2006.

La Biblia identifica la práctica más eficaz de todas en el liderazgo, incluso por encima de la humildad: el amor. No obstante, sin su compañera, la verdad, el amor es como un atardecer sin amanecer.

El apóstol Juan había observado cómo Jesús le decía la verdad a la gente, aunque cayera mal. Jesús mantenía un equilibrio perfecto entre la verdad y el amor. Para él no podía existir la una sin el otro. En su segunda epístola, el apóstol Juan explica que la verdad y el amor son la defensa más eficaz contra los críticos y los falsos maestros. La manera de enfrentarse a estos es negarnos a renunciar a lo que sabemos que es cierto, y responder a sus falsedades con amor.

Para crear la clase de confianza que fortalece nuestro liderazgo y estrecha los lazos entre nuestros seguidores y nosotros, la verdad y el amor deben coexistir en nosotros en todo momento. A continuación aparecen varias formas prácticas de incrementar ambas cosas.

Deja de ser franco en los negocios. ¿Hasta qué punto eres franco con tu gente? Tom Yorton, el presidente de *Second City Communications*, advierte que no debemos ser «francos en los negocios». Dice: «Hace falta mucha valentía para ser totalmente francos en los negocios [...] Es más frecuente que las personas se hayan condicionado de tal manera que dejan sin revelar alguna cosa pequeña con el fin de no dar la impresión de que son débiles». La gente deja de confiar en su líder cuando este solo es franco a medias. Quieren conocer tus temores y tus sueños.

Sacrifícate por una justicia superior. Leí una asombrosa historia acerca de un juego de softball en el cual el amor superó el deseo de ganar[114]. Sara Tucholsky tenía dos corredoras en bases y un solo strike. En su siguiente intento, sacó la pelota por encima de la cerca; era el primer jonrón de su vida. Cuando iba por la primera base, una de sus rodillas cedió, y se desplomó. Volvió a primera arrastrándose, pero no se pudo mover más allá. Si sus compañeras de equipo la trataban de ayudar, le cantarían un *out*; si una corredora suplente ocupaba su lugar, el jonrón contaría como un *hit*.

Mallory Holtman, la primera base del equipo opuesto, quien era la líder en jonrones de la conferencia, hizo algo impensable. Con el permiso del árbitro, ella y sus compañeras del equipo cargaron a Tucholsky y recorrieron con ella todas las bases. El equipo de Holtman perdió el juego, y con él la oportunidad de entrar en los juegos finales de desempate.

¿Por qué lo hicieron? «Al fin y al cabo, no se trataba tanto de ganar o de perder», dijo Holtman. «Se trataba de esta chica. Bateó la pelota por encima de la cerca y estaba sufriendo, así que se merecía un jonrón»[115].

Cualquiera que fuera el precio, aquellas chicas sintieron la obligación de ver que se hiciera justicia, y estaba en sus manos la posibilidad de hacerla.

Reconoce la verdad, aunque te duela. Nunca abunda más la verdad que cuando un líder pide disculpas a los suyos por una mala decisión que ha tomado. Las personas saben cuándo un líder está tratando de salir bien parado. Sin embargo, cuando se quita la fachada y se sincera con los demás, estos reaccionan de maneras asombrosas.

John Kador, el autor de *Disculpa eficaz: Cómo hacer las paces*, construir puentes y restablecer la confianza, dice: «Las disculpas ahora se suelen ver como una señal de confianza. Los líderes que saben disculparse están diciendo que también ellos tienen que rendir cuentas, y que son transparentes y humildes, precisamente las cualidades de las cuales se espera que sean modelo la mayor parte de los líderes[116].

Busca el amor, no la felicidad. Cuando buscamos la felicidad, es raro que la encontremos. Y si la encontramos, no es lo que esperábamos. La felicidad bíblica se basa en dedicarnos a servir a los demás, y no en buscar el secreto de nuestra comodidad y paz. Depende de nuestra contribución al éxito de los demás.

Durante cuarenta y dos años, George Vaillant estudió la vida de un grupo de jóvenes graduados de Harvard, entre ellos John F. Kennedy. Su investigación descubrió fascinantes historias de jóvenes que habían sido estrellas en pleno ascenso, y habían sucumbido ante las psicosis, las drogas, el divorcio y la muerte temprana. El estudio llegó a la conclusión de que los hombres que tenían buenas relaciones familiares eran mucho más saludables en su ancianidad que los que no las tenían. En un vídeo que apareció en el portal de *The Atlantic* en la web, Vaillant dice: «La felicidad no se trata de mí [...] Felicidad es amor. Punto final»[117].

El consejo del apóstol Juan es sencillo, pero dos mil años más tarde, todavía nos cuesta trabajo seguirlo: «Y ahora te ruego, señora, no como escribiéndote un nuevo mandamiento, sino el que hemos tenido desde el principio, que nos amemos unos a otros» (2 Juan 5).

Principio de liderazgo #63 (2 Juan)

El líder que se aferra a la verdad y busca el amor encontrará el éxito y la felicidad.

«Sea con vosotros gracia, misericordia y paz, de Dios Padre y del Señor Jesucristo, Hijo del Padre, en verdad y en amor».
(2 Juan 3)

64

Aniquila a los traficantes de poder: *3 Juan*

«El típico oficial de las fuerzas militares estadounidenses es una personalidad ultra-tipo A, y eso generalmente es bueno para lograr que se hagan las cosas, pero en algunas ocasiones es perjudicial».

Michael Noonan, director administrativo del Programa sobre Seguridad Nacional en el Instituto de Investigación sobre Política Externa, y antiguo capitán del ejército estadounidense en Irak

Bill Cosby cuenta una historia de su niñez acerca de una ocasión en que lo regañaron por una de sus travesuras. Después de recibir los chichones disciplinarios correspondientes, se irguió, miró a su madre a los ojos y le dijo: «¡No me puedes hablar así! ¿No te das cuenta de lo que voy a ser algún día?».

Yo solía soñar con convertirme en el gerente de ventas de una estación de radio. Puesto que a los veintitrés años era ejecutivo de cuentas, pensaba que si lograba entrar a la gerencia, mi carrera estaría completa. Los gerentes ganaban buen dinero, eran amigos de todos los personajes importantes de la publicidad en la ciudad, y almorzaban gratis. Tenían el poder de aprobar o rechazar los tratos con un trazo de su pluma.

Dos décadas más tarde, y ya en la gerencia, tengo sueños diferentes. Me identifico con Jim Collins, quien mantiene su vida libre del exceso de compromisos. En un artículo del *New York Times*, describe una conversación con el ya fallecido Peter Drucker, quien le preguntó si le gustaba trabajar con ideas y palabras, o con personas. Collins confesó que lo abstracto le atraía. «Entonces, no debes levantar una organización grande», le dijo Drucker, porque el tiempo que hacía falta para administrarla, inevitablemente lo forzaría a olvidarse de los tiempos para pensar que tanto ansiaba tener[118].

¿Cuál es tu sueño con respecto a tu carrera? ¿Te estás dirigiendo hacia un aumento en tu autoridad y responsabilidad, o eres como Collins, que se siente satisfecho con una posición de autoridad limitada?

En la tercera epístola de Juan, el apóstol escribe acerca de un hombre con afán de poder que había en una iglesia, cuyo nombre era Diótrefes. Aquel hombre tenía responsabilidades limitadas, pero quería más. Se las arregló para convertirse en el falso jefe de operaciones de la iglesia, y expulsaba a la gente a su placer. No quería someterse a la autoridad de Juan, y lo calumniaba. En la iglesia nadie se le oponía, lo cual le permitió hacerse de más poder aun. Aunque Juan no se hallaba en la misma ciudad, no estaba dispuesto a soportarlo. Esto es lo que escribe: «Si yo fuere, recordaré las obras que hace» (v. 10). A partir del texto no podemos estar seguros, pero lo más probable es que Juan cumpliera su amenaza de destituirlo.

Un amigo mío trabaja en una compañía en pleno crecimiento, en la cual un gerente fue captando poder poco a poco a lo largo de los años. A medida que se fue haciendo más osado, fue uniendo a todo su departamento tras sí. Por último, recibió un título de alto nivel que utilizaba para resistirse a las pocas autoridades que aun tenía encima. Tenía la estrategia de intimidar a otros ejecutivos de la compañía, pero sus conquistas le fueron resultando contraproducentes. La gente se rebeló calladamente contra él. Los enfrentamientos y las políticas resultantes desgastaron mucho la energía de la compañía, y obligaron a marcharse a muchas personas de calidad.

Si un líder reacciona ante un acaparador de poder con tácticas agresivas, lo volverá a atacar. Con frecuencia un simple despido es todo lo que se necesita: un enfrentamiento privado y decisivo. Este puede que termine en una de dos cosas: (1) el acaparador capitula, pide perdón y calibra de nuevo su posición, o (2) se marcha de la organización. Si en lugar de esto el líder le declara la guerra, es posible que el gerente desahogue sus frustraciones en su propia gente.

Estas formas vengativas de conducta son raras en el mundo asiático de los negocios, donde la humildad es una norma cultural. Según un artículo aparecido en la revista *People Management*, la «distancia del poder» gobierna la mayoría de las relaciones en las culturas orientales colectivistas[119]. La gente allí tiende a respetar las diferencias de categoría, y actuar de manera deferente con sus superiores. En un caso, cuando se les pidió que trabajaran en equipo en un proyecto, las personas procedentes de culturas occidentales donde la distancia motivada por el poder es escasa, presentaron ideas y se ofrecieron a realizar determinadas tareas. Los autores escriben: «En contraste con esto, notamos que los empleados chinos que se hallaban en un nivel más bajo eran en extremo cautelosos, y se aseguraban de que los que estaban en un nivel más alto dentro del equipo hablaran y expresaran sus puntos de vista antes de atreverse a intervenir ellos»[120].

Haruka Nishimatsu, director ejecutivo de Japan Airlines, transformó su liderazgo y su compañía, a base de mostrarle a su gente tanto respeto como el que ellos le mostraban a él. Se rebajó su sueldo a noventa mil dólares, utilizaba el ómnibus y comía en la cafetería de los empleados. Pasó su escritorio a la oficina abierta donde había otros empleados, y estos lo estimaban sobremanera[121]. Después que tomara esas medidas, el valor de las acciones de Japan Airlines mejoró.

Olli-Pekka Kallasvuo, presidente y director ejecutivo de Nokia en Finlandia, dijo: «Tener humildad no significa que te quedes callado, o que no tengas el valor necesario para decir lo que piensas [...] Significa que sabes, como director ejecutivo, que tu papel consiste en servir a la compañía»[122].

Cuando un líder hace caso omiso de este papel, ¡hay que eliminarlo!

Principio de liderazgo #64 (3 Juan)

La gente que siempre está tratando de tener poder, o que reta la autoridad de su líder, necesita un primer flechazo de advertencia. El segundo flechazo debe dar en el blanco.

«Yo he escrito a la Iglesia; pero Diótrefes, al cual le gusta tener el primer lugar entre ellos, no nos recibe». (3 Juan 9)

65

Otorga cuatro clases de misericordia: *Judas*

«Los cobardes son crueles, pero los valientes aman la misericordia y les encanta salvar».
John Gay

¿Qué significa para ti la palabra «misericordia»? Conozco líderes que la consideran una debilidad. A sus colegas que la practican los clasifican como debiluchos. Pero según la epístola de Judas, la misericordia es un recurso imprescindible en la caja de un líder fuerte. Es central en la fortaleza del líder e indispensable como medio para alcanzar el éxito.

La definición que hace Judas de la misericordia va más allá de abstenerse de castigar. Indica que el liderazgo misericordioso consiste en *sorprender a tus seguidores con reacciones inesperadas ante sus dudas y sus malas decisiones.* Es una combinación de humildad, responsabilidad y cierta medida de dureza.

Hay un campo intermedio de misericordia que la mayoría de los líderes no exploran. O bien olvidamos demasiado rápido o castigamos por rutina. Entre ambos extremos, Judas ofrece una lista de cuatro puntos para usar diferentes formas de misericordia en diferentes momentos.

No estés siempre molestando a tu gente. Bill Gates tenía la costumbre de organizar dos veces al año un extenso tiempo a solas que llamaba «semana para pensar». Durante siete días completos se aislaba en una cabaña junto a un lago, y se quedaba despierto hasta altas horas de la noche para examinar informes acerca de nuevas ideas y tendencias. A nadie le estaba permitido visitarlo; ni siquiera a su familia. Salía de allí con una visión sobre el futuro de la tecnología, y una estrategia para que Microsoft la encabezara. En 1995, su reflexiva soledad tuvo por resultado un documento titulado «The Internet Tidal Wave», que dio origen al navegador Internet Explorer[123].

John Maxwell, escritor especializado en liderazgo, hace un calendario donde marca sus tiempos para pensar. «Recojo mis blocs para escribir, mis archivos y otros recursos, me salgo de mi zona de trabajo normal para establecerme en un lugar silencioso y tranquilo. Allí me concentro más [...] Sacar estas horas libres de distracciones me brinda suficiente quietud y silencio para que broten ideas creativas[124]».

Hay otro beneficio cuando te alejas para pensar: por misericordia te vas de tu oficina y no distraes a tu gente. Como resultado, el estrés y la multiplicidad de tareas de ellos decrecen, y su productividad y creatividad tienen espacio para florecer.

Evita de manera selectiva el dolor. No hay nada que enseñe mejor una lección que el dolor, ¿no es cierto? No necesariamente. Si un seguidor está a punto de hacer algo mal hecho, el líder compasivo contrasta la lección memorable que pudiera dar con el deseo de proteger a su seguidor.

Judas dice: «A otros salvad, arrebatándolos del fuego». Por supuesto, se está refiriendo a la salvación eterna de las personas, pero esto tiene aplicación también al liderazgo diario. Cuando alguien está a punto de quemarse, ¿cómo no voy a querer ahorrarle ese dolor? Si permito que experimente demasiado dolor, no va a permanecer mucho tiempo en mi compañía.

Claro, hay algunas personas que necesitan de vez en cuando algún chichón y algún arañazo. Detesto el dolor de mis malas decisiones, pero muchas veces, al mirar atrás, entiendo sus ventajas a largo plazo. Por otro lado me siento agradecido por las numerosas veces que mis jefes o mi padre me protegieron. Aquellas lecciones han quedado grabadas en mi vida, y movido por la gratitud, quiero hacer lo mismo por otros.

Ten misericordia con la gente que duda de ti. Muchas personas albergan dudas acerca de su líder o su organización. Esto puede ser saludable, puesto que las dudas acerca de un líder hacen de él una persona con los pies en la tierra. Si alguien no piensa que tengo una respuesta para todo, tal vez se sienta más cómodo franqueándose conmigo.

Judas dice: «A algunos que dudan, convencedlos». Cuando los que dudan como Tomás hacen preguntas en una reunión, todos se benefician. Algunas veces, cuando las personas expresan reservas acerca de mí o de mis decisiones, mi primera reacción es querer defenderme. Sin embargo, he aprendido a retrasar mi respuesta. Invariablemente, cuando me calmo, veo sabiduría en lo que estaban diciendo, y comprendo que no era a mí en absoluto al que estaban atacando.

En realidad, un cierto nivel de quejas es bueno en una organización. El profesor John Weeks, de *IMD Internationa*l, escribe que las quejas «unen a la gente con su alusión a una experiencia y un sufrimiento en común [...] Las quejas pueden ayudar a fortalecer los lazos sociales y crear un sentido de colectividad»[125].

¿Por qué Judas especifica que les debemos manifestar misericordia a algunos que dudan? El líder con discernimiento permite los beneficios sociales de las dudas, pero las eliminan cuando van demasiado lejos. Si no se controlan, pueden conducir a otros empleados que hasta el momento se sentían felices a pensar de manera negativa.

Abandona por misericordia a alguna gente. Hay quienes están tan amargados, o socialmente enfermos, que requieren de una cuarentena inmediata. Judas nos ordena que tengamos misericordia dejando que se vayan.

Cuando he tratado de rehabilitar la fuente ocasional de negatividad de nuestra compañía, solo he desperdiciado el tiempo y la energía: los de ellos y los míos. La separación era lo más humano en ese momento.

Principio de liderazgo #65 (Judas)

El líder misericordioso sorprende a sus seguidores con reacciones inesperadas ante sus dudas y sus malas decisiones.

«A algunos que dudan, convencedlos. A otros salvad, arrebatándolos del fuego; y de otros tened misericordia con temor, aborreciendo aun la ropa contaminada por su carne».
(Judas 22-23)

66

El trabajo en Filadelfia: *Apocalipsis*

«Nuestra fortaleza brota de nuestra debilidad».
Ralph Waldo Emerson

Aunque todo ser viviente pasa por el nacimiento, la madurez y la muerte, las organizaciones no siempre siguen esta curva tan ordenada.

Las primeras iglesias de la historia sufrieron este ciclo muy temprano, aunque la voz de su fundador estaba aún fresca en sus mentes. Jesús envía directamente un mensaje a siete de estas primeras iglesias en el Apocalipsis. Estas iglesias se hallaban en diferentes etapas de su ciclo de vida: algunas ya estaban declinando, otras estaban experimentando crecimiento. Solo una se gana la puntuación máxima: la iglesia de Filadelfia. Si tu organización posee las cualidades de esta iglesia, me quito el sombrero ante ti.

Éfeso: Con éxito, pero sin pasión. La queja de Cristo contra esta iglesia, es que ha perdido su pasión y su amor originales. El nombre de Éfeso significa «relajación». Para volver a encender su celo por la misión, y para desviar de ellos mismos su atención, Jesús los exhorta a que «hagan las obras que hacían al principio».

Perder la pasión es peligroso. Cuando Norbert Reithofer, director ejecutivo de la BMW, luchó por cambiar al fabricante de los autos ante el inminente desastre económico del 2008, le sorprendió la resistencia que mostró la compañía entera ante su sentido de urgencia. «Los mayores enemigos de la BMW son sus años de éxitos», dijo en un artículo del *Financial Times*[126].

Esmirna: Temerosa y pequeña. Esta pobre iglesia había sufrido grandes persecuciones, y se había encogido en tamaño y en poder. Se sentía derrotada, temerosa de que cualquier cosa que hiciera podría ser la última.

Cristo le dice: «No temas en nada lo que vas a padecer» (2:10). En otras palabras, aunque las cosas no se van a volver fáciles muy pronto, mantente erguida. Aprópiate de las riquezas espirituales que se hallan al alcance de todas las iglesias.

Cuando Papa John's Pizza se deshizo en el año 2001, John Schnatter, su fundador, dijo que la lucha por la supervivencia fue una de las experiencias más gratificantes de su vida. «Cada vez que estés pasando por problemas, tienes que averiguar qué es sólido, tanto en los negocios, como en la vida y en las relaciones. Lo sólido que tenía Papa John's era que la gente pensaba que teníamos una pizza mejor. De manera que nos enfocamos en ese punto». El hecho de centrarse en los puntos fuertes de su compañía, y no en sus temores, los sacó del peligro.

Pérgamo: Está tratando de complacer al mundo entero. El problema de esta iglesia es que se había casado con el mundo (*pergamum* significa «casada»). La razón de ser de la iglesia debía ser diferente a la del mundo que la rodeaba, pero las actitudes y los valores irreligiosos de Pérgamo habían traspasado las paredes de esta iglesia. El resultado fue una razón de ser diluida y unos resultados pobres.

¿Ha absorbido tu organización una mezcolanza de valores que han esterilizado su cultura? No es fácil mantenerte diferente y fiel a tu razón principal de ser. Hace poco, un cliente nos pidió que adaptáramos un importante servicio a sus requerimientos. Si yo hubiera aceptado, muchos proyectos con beneficios a largo plazo habrían quedado a un lado.

Tiatira: Pasaba por alto los valores centrales. Mientras que Pérgamo deja que sus valores y su cultura sean modificados, Tiatira abandona por completo sus principales puntos fuertes. Esta iglesia en su inseguridad mira primordialmente hacia fuentes externas de inspiración, y se enfoca solo en las últimas tendencias e ideas. No hay plan alguno. Jesús les dice: «Lo que tenéis, retenedlo hasta que yo venga» (2:25). Cambian de dirección con cualquier soplo del viento, olvidando su compromiso original de seguirlo solamente a Él.

Las organizaciones como Tiatira, es como si se hubieran dedicado a buscar lo novedoso. Sus líderes se entusiasman con las modas y las tecnologías, pensando en su propio bien. Se meten en proyectos, o presentan productos, que parecen importantes en la superficie, pero que no tienen mucho que ver con el negocio básico de la organización.

Sardis: Eficiente en su operación, pero muerta. Cristo se lamenta de que esta iglesia esté muerta. Tiene reputación de formalidad en sus reglas y de una adoración ritualista, pero su corazón es frío. Para el que la observe de manera informal, esta iglesia es una de las mejores. Sin embargo, para Cristo, esta se preocupa demasiado por sus tradiciones y sus procesos, y no la echaría de menos si desapareciera.

El enfoque en las operaciones había inhabilitado a la iglesia de Sardis. Lo mismo es cierto con respecto a las organizaciones que se obsesionan con la eficiencia. Marshall McLuhan dijo: «El precio de la vigilancia eterna es la indiferencia»[127]. En este tipo de entidades, las velas son elegantes y la cubierta está impecable, pero el punto de destino del barco está *adelante*, dondequiera que esto lo lleve.

Las organizaciones que solo buscan unas mejoras mínimas año tras año terminan aburriendo a sus empleados. El éxito se convierte en una palabra sin sentido. Aunque estas firmas hagan dinero o aumente su impacto, la muerte se respira en el ambiente. Se siguen las reglas, se terminan los proyectos y se pagan las facturas, pero al lugar le falta vitalidad.

Filadelfia: Experimentan un avivamiento, aunque sea débil aún (la única con la puntuación máxima). Jesús no tiene nada que corregirle a esta iglesia. Tal vez parezca débil, pero es fiel a su visión, y se mantiene sin dejarse profanar ni desviar. Dice de ella que es una iglesia que ha guardado la palabra de su paciencia, y le ordena: «Retén lo que tienes», para que no pierda la recompensa que le espera.

Cristo le promete a esta Iglesia «una puerta abierta, la cual nadie puede cerrar» (3:8), un avivamiento imposible de detener. Le dice que su debilidad es temporal, y que resurgirá muy pronto. De una forma extraña, su debilidad crea en ella hambre por un avivamiento. Toda organización que siente renovar su vida, se enfoca menos en sus debilidades, y más en su fuerza potencial. El entusiasmo acerca del futuro lleva a la gente a trabajar más fuerte para alcanzarlo.

Laodicea: Cargada de riquezas. La codicia de Laodicea tiene por consecuencia un estado de autocomplacencia. Esta iglesia se dice a sí misma: «No necesitamos nada de Dios. Tenemos dinero, influencia y poder. ¿Quién necesita más?». Pierde el deseo de hacer buenas obras.

Jesús le aconseja a esta iglesia que busque tiempos difíciles, para poder cosechar las riquezas resultantes de estos. La exhorta a purificar sus obras y su doctrina exponiendo su corrupto corazón al juicio Señor. Solo entonces logrará romper las cadenas de la riqueza.

Tal vez renunciar sea más fácil para Lahde, porque ya ha hecho millones. Sin embargo, oigo en sus palabras la voz de muchos que se sienten atrapados por el dinero y el poder. Si eso es todo lo que andamos buscando, nos espera desilusión.

Principio de liderazgo #66 (Apocalipsis)

Una organización encuentra su mejor momento cuando su gente se levanta de la debilidad en la emoción de una fortaleza y una visión recién encontradas.

«Yo conozco tus obras; he aquí, he puesto delante de ti una puerta abierta, la cual nadie puede cerrar; porque aunque tienes poca fuerza, has guardado mi palabra, y no has negado mi nombre».
(Apocalipsis 3:8)

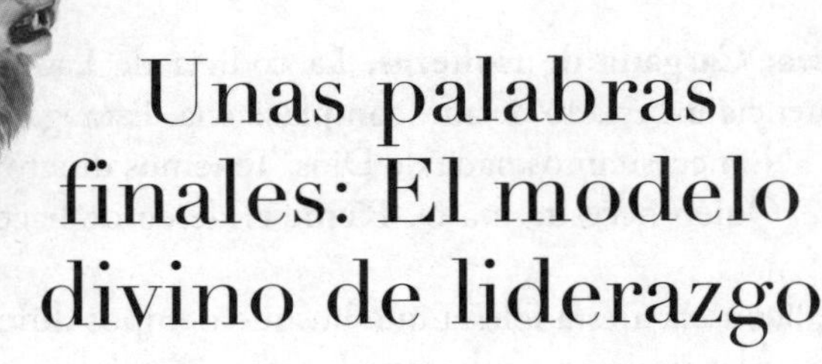

Unas palabras finales: El modelo divino de liderazgo

«Si estás buscando de buena fe una ventaja en los negocios, tienes que abrazar ideas que sean tan extrañas que tus iguales las rechacen».
Gary Hamel, autor de *The Future of Management*

Muchos buenos líderes menosprecian la Biblia. No obstante, si supieran lo que dice acerca del liderazgo, verían que han estado siguiendo principios bíblicos. Si las escuelas de comercio averiguaran cuál es la fuente original de gran parte de la sabiduría sobre el liderazgo que enseñan, le tendrían que atribuir el mérito a la Biblia.

Aun así, hay quienes piensan que los conceptos bíblicos sobre el liderazgo no son válidos en el mundo moderno. Sin embargo, la palabra «moderno» es un término subjetivo; piensa que el tiempo que pasó desde el principio del Antiguo Testamento hasta el nuevo fue de dos mil años. Muchas cosas habían cambiado; sin embargo, los escritores del Nuevo Testamento se basaron en las Escrituras antiguas, en lugar de remplazarlas. Ahora que han pasado otros dos mil años desde que se escribiera el Nuevo Testamento, las verdades bíblicas acerca de la naturaleza humana siguen siendo totalmente aplicables a la vida de los tiempos modernos. Y dentro de veinte siglos más, este mismo principio seguirá siendo cierto. ¿Cuál otro libro sobre el liderazgo podría durar tanto tiempo?

La Biblia es un manual de instrucciones sobre la forma de liderar y persuadir a las personas, a pesar de todos nuestros defectos. No conozco ningún otro libro que se vincule con tanta precisión con los seres humanos, o que les ofrezca tantas recompensas a los líderes que estudien sus páginas.

Si yo tuviera que resumir mi libro, me limitaría a señalar hacia Jesús, el León de la tribu de Judá, en lugar de señalar algún concepto o un conjunto de capítulos. Él personifica cada uno de los principios a los que me he referido. Es el único líder perfecto de la historia. Descendió a más fosos de leones que cuantos tú y yo veremos jamás. Estúdialo, y habrás estudiado el liderazgo.

Según las Escrituras, Jesús...

- reconstruye al deshecho
- prepara a sus seguidores
- relata historias
- pasa el testigo en la carrera de relevos
- acepta la debilidad
- mira al futuro lejano
- escucha con atención
- alinea todas las reuniones con la visión
- edifica el núcleo central
- protege el núcleo central
- acepta los cambios
- se conecta con las emociones de las personas
- debate
- alimenta la pasión de la persona
- castiga
- persevera en medio del sufrimiento
- redime errores
- se resiste a la negatividad
- gobierna con humildad
- se resiste a sus enemigos poderosos
- siempre introduce los cambios
- hace levantar todos los ojos hacia el horizonte
- obra en los corazones humanos
- ama
- les resta importancia a sus logros personales

- permite que haya errores
- levanta la energía de las personas
- manifiesta amor a sus enemigos
- en ocasiones, da la impresión de ser poco inteligente
- toma con firmeza el mando en medio de la batalla
- les da a los necesitados
- se prepara para las catástrofes
- hace crecer a las personas
- siembra y cosecha
- establece reglas
- resuelve conflictos
- encuentra seguidores leales
- piensa por adelantado los momentos finales de su vida
- se enfrenta de manera decisiva con los que le desafían
- restablece la visión perdida

Jesús es...

- creativo
- centrado
- bondadoso con sus críticos
- amistoso
- moral
- preocupado por los detalles
- compasivo
- lleno de contentamiento
- disciplinado
- paciente
- dramático
- imparcial
- flexible
- observador

- con poder de discernimiento
- eficiente
- adaptable
- marcado por cicatrices
- conciso
- veraz
- misericordioso

Y quiere hacerte a ti como Él es.

¿Estás listo para la transformación? Todo lo que tienes que hacer es aceptar su invitación a crecer. Si no le has entregado por completo el control de tu liderazgo y de tu vida, ¿qué estás esperando?

«He aquí, yo estoy a la puerta y llamo; si alguno oye mi voz y abre la puerta, entraré a él, y cenaré con él, y él conmigo».
(Apocalipsis 3:20)

Apéndice: Lista de los principios del liderazgo

#1 (Génesis)

Los líderes creativos obtienen de los demás los mejores pensamientos de manera individual antes de convocar a una sesión de intercambio de ideas para combinar sus pensamientos.

> «En el principio creó Dios los cielos y la tierra». (Génesis 1:1)

#2 (Éxodo)

Puesto que son unas fuerzas exteriores las que controlan el nacimiento, la muerte y la resurrección de los sueños, los líderes no deben permanecer atados a lo que habrían podido llegar a ser.

> «Mejor nos fuera servir a los egipcios, que morir nosotros en el desierto». (Éxodo 14:12)

#3 (Levítico)

El enfoque natural se crea a base de celebrar de forma estratégica las fuerzas básicas, reducir las operaciones que no son importantes y eliminar las distracciones.

> «Éstas son las fiestas que yo he establecido, y a las que ustedes han de convocar como fiestas solemnes en mi honor. Yo, el Señor, las establecí». (Levítico 23:2, nvi)

#4 (Números)

El líder que siempre está preparando a su personal está también incrementando su fortaleza espiritual, lo cual multiplica los efectos de sus capacidades y recursos.

> «No podremos subir contra aquel pueblo, porque es más fuerte que nosotros». (Números 13:31)

#5 (Deuteronomio)

Los líderes no tienen necesidad de apoyarse en fanfarrias artificiales, ni en presentaciones de alta técnica para motivar a la gente. Basta que relaten anécdotas.

> «Las grandes pruebas que vieron vuestros ojos, las señales y las grandes maravillas». (Deuteronomio 29:3)

#6 (Josué)

Cuando te jubiles, todo debe girar alrededor de tu sucesor. Ya ha girado durante suficiente tiempo alrededor de tu persona.

> «Como estuve con Moisés, estaré contigo; no te dejaré, ni te desampararé». (Josué 1:5)

#7 (Jueces)

Cuando elogias a tus críticos, ellos tienden a humillarte menos.

> «¿Y qué he podido yo hacer comparado con vosotros? Entonces el enojo de ellos contra él se aplacó». (Jueces 8:3)

#8 (Rut)

Las amistades tienen el poder de transformar tu organización.

> «Respondió Rut: No me ruegues que te deje, y me aparte de ti; porque a dondequiera que tú fueres, iré yo». (Rut 1:16)

#9 (1 Samuel)

Permite que tus empleados, y tú también, tengan debilidades. Sospecha de los que solo dan la imagen de ser muy fuertes.

> «El hombre mira lo que está delante de sus ojos, pero Jehová mira el corazón». (1 Samuel 16:7)

#10 (2 Samuel)

Para protegerte a ti mismo y proteger a tu organización de fallos morales, echa abajo el portal de entrada de las tentaciones.

> «Y sucedió un día, al caer la tarde, que se levantó David de su lecho y se paseaba sobre el terrado de la casa real». (2 Samuel 11:2)

#11 (1 Reyes)

Para crear una organización o un equipo que perdure, forma una comunidad y dale dos cosas: valores inconmovibles y metas a largo plazo.

> «Cuando Salomón era ya viejo, sus mujeres inclinaron su corazón tras dioses ajenos». (1 Reyes 11:4)

#12 (2 Reyes)

Reúne las piezas del futuro a partir de la inteligencia colectiva de tus clientes, miembros, empleados y proveedores.

> «Entonces el rey de Israel envió a aquel lugar que el varón de Dios había dicho; y así lo hizo una y otra vez con el fin de cuidarse». (2 Reyes 6:10)

#13 (1 Crónicas)

Evita un rendimiento pobre estudiando los detalles que forman tu organización, y también las débiles fuerzas que se hallan tras ellos.

> «Todas estas cosas, dijo David, me fueron trazadas por la mano de Jehová, que me hizo entender todas las obras del diseño». (1 Crónicas 28:19)

#14 (2 Crónicas)

Las reuniones fuera del lugar de trabajo resultan mejores cuando se enfocan solo en el propósito con el cual fueron convocadas.

> «Y la casa que tengo que edificar, ha de ser grande; porque el Dios nuestro es grande sobre todos los dioses». (2 Crónicas 2:5)

#15 (Esdras)

Identifica aquella cosa de la cual no puede prescindir tu organización. Edifícala, y después edifica toda una cultura alrededor de ella.

> «Nosotros somos siervos del Dios del cielo y de la tierra, y redificamos la casa que ya muchos años antes había sido edificada, la cual edificó y terminó el gran rey de Israel». (Esdras 5:11)

#16 (Nehemías)

Protege el núcleo y la cultura de tu organización con un grueso muro edificado por gente que quiere salvar su pellejo.

> «El remanente, los que quedaron de la cautividad, allí en la provincia, están en gran mal y afrenta, y el muro de Jerusalén derribado, y sus puertas quemadas a fuego». (Nehemías 1:3)

#17 (Ester)

No pierdas tiempo preguntando por qué pasan las cosas. Nunca lo sabrás con una seguridad total.

> «¿Y quién sabe si para esta hora has llegado al reino?» (Ester 4:14)

#18 (Job)

Trata el sufrimiento y la depresión con reconocimiento de debilidad y una mano extendida.

> «Desnudo salí del vientre de mi madre, y desnudo volveré allá». (Job 1:21)

#19 (Salmos)

Usa la música para despertar las emociones y lograr que la gente se sienta identificada con su trabajo.

> «Me acordaba de mis cánticos de noche; meditaba en mi corazón, y mi espíritu inquiría». (Salmo 77:6)

#20 (Proverbios)

Saca de tus reuniones los conflictos emocionales, pero favorece que se produzca un debate sano.

> «El hombre iracundo provoca peleas; el hombre violento multiplica sus crímenes». (Proverbios 29:22, NVI)

#21 (Eclesiastés)

La felicidad consiste en disfrutar sabiamente de la vida en el momento presente; no en asegurarnos un futuro económico que tal vez nunca lleguemos a ver.

> «Porque ¿qué tiene el hombre de todo su trabajo, y de la fatiga de su corazón, con que se afana debajo del sol?» (Eclesiastés 2:22)

#22 (Cantar de los Cantares)

El secreto para llegar a amar nuestro trabajo es la paciencia, no las grandes expectativas.

> «No despertéis ni hagáis velar al amor, hasta que quiera». (Cantar de los Cantares 2:7; 3:5; 8:4)

#23 (Isaías)

Para superar la mediocridad en un mundo tan altamente competitivo y tan poco dispuesto a perdonar, los líderes deben ser la encarnación de una fe idealista, al mismo tiempo que una fortaleza para la batalla.

> «Si vosotros no creyereis, de cierto no permaneceréis». (Isaías 7:9)

#24 (Jeremías)

Combate el agotamiento extremo enfrentándote a tus tensiones actuales y buscando las oportunidades, capacidades y pasiones que solían revitalizarte.

> «Si te convirtieres, yo te restauraré, y delante de mí estarás». (Jeremías 15:19)

#25 (Lamentaciones)

Guía como un padre amoroso que a veces tiene que cumplir sus amenazas y castigar.

> «Antes si aflige, también se compadece según la multitud de sus misericordias; porque no aflige ni entristece voluntariamente a los hijos de los hombres». (Lamentaciones 3:32-33)

#26 (Ezequiel)

Los líderes deben dramatizar la misión o causa de su organización, con el propósito de abrirse paso a través de los estorbos, y del enfoque de las personas en ellas mismas.

> «Tienen ojos para ver y no ven, tienen oídos para oír y no oyen, porque son casa rebelde». (Ezequiel 12:2)

#27 (Daniel)

El proceso de maduración es doloroso, pero sencillo: (1) define en quién te quieres convertir; (2) cuando te ataquen, niégate a ser lo que no eres.

> «Mas no podían hallar ocasión alguna o falta, porque él era fiel, y ningún vicio ni falta fue hallado en él». (Daniel 6:4)

#28 (Oseas)

El líder que sabe amar es un líder que inspira. No necesita apoyarse en motivaciones externas ni coerciones para hacer que la gente marche por el buen camino.

> «Me dijo otra vez Jehová: Ve, ama a una mujer amada de su compañero, aunque adúltera, como el amor de Jehová para con los hijos de Israel, los cuales miran a dioses ajenos». (Oseas 3:1)

#29 (Joel)

Los errores durante nuestra carrera y nuestras malas decisiones siempre estarán con nosotros, pero hay en ellos beneficios de los que tal vez no nos hayamos dado cuenta, y todavía estén esperando a que los cosechemos.

> «Y os restituiré los años que comió la oruga, el saltón, el revoltón y la langosta, mi gran ejército que envié contra vosotros». (Joel 2:25)

#30 (Amós)

La forma más elevada de integridad es la imparcialidad. El líder imparcial espera obediencia, reconoce la sinceridad fingida y no entra demasiado pronto en los debates.

> «Y el Señor dijo: He aquí, yo pongo plomada de albañil en medio de mi pueblo Israel; no lo toleraré más». (Amós 7:8)

#31 (Abdías)

La ley de la negatividad permanente afirma que la naturaleza humana continuamente gravita hacia los sentimientos negativos y la insatisfacción.

> «No debiste tú haber estado mirando en el día de tu hermano, en el día de su infortunio». (Abdías 12)

#32 (Jonás)

Puesto que nos es imposible describir el futuro, nuestros planes nunca deberán estar exentos de que un día los tiremos al mar.

> «Pero Jehová tenía preparado un gran pez que tragase a Jonás; y estuvo Jonás en el vientre del pez tres días y tres noches». (Jonás 1:17)

#33 (Miqueas)

El dictador humilde es despiadadamente eficiente, aunque sorprendentemente misericordioso.

> «Ya se te ha dicho lo que de ti espera el SEÑOR: Practicar la justicia, amar la misericordia, y humillarte ante tu Dios». (Miqueas 6:8, NVI)

#34 (Nahúm)

Cuando se enfrentan a una amenaza dominante, los débiles con mayor éxito son los que se levantan de inmediato y le presentan una feroz resistencia, aunque desconozcan cuál es el próximo paso que deben dar.

> «Así dice el SEÑOR: "Aunque los asirios sean fuertes y numerosos, serán arrancados y morirán"».
> (Nahúm 1:12, NVI)

#35 (Habacuc)

Los verdes pastos del futuro solo se pueden alcanzar por medio de una paciencia llena de decisión.

> «Aunque tardare, espéralo, porque sin duda vendrá, no tardará». (Habacuc 2:3)

#36 (Sofonías)

Las investigaciones basadas en encuestas, raras veces predicen la realidad de una manera absoluta. Deben ser equilibradas (o sustituidas) por la observación directa de la conducta.

> «Esta es la ciudad alegre que estaba confiada, la que decía en su corazón: Yo, y no más. ¡Cómo fue asolada, hecha guarida de fieras!». (Sofonías 2:15)

#37 (Hageo)

El líder que tiene por costumbre practicar tácticas para dar la vuelta al camino que lleva su compañía, evitará una restructuración más penosa después.

> «¿Quién ha quedado entre vosotros que haya visto esta casa en su gloria primera, y cómo la veis ahora? ¿No es ella como nada delante de vuestros ojos? Pues ahora [...] cobrad ánimo». (Hageo 2:3, 4)

#38 (Zacarías)

Cuando se avecina el fracaso, enfocar de nuevo a la organización en su razón de ser a largo plazo es lo que le da nuevas energías al equipo.

> «Esfuércense vuestras manos, los que oís en estos días estas palabras de la boca de los profetas, desde el día que se echó el cimiento a la casa de Jehová de los ejércitos, para edificar el templo». (Zacarías 8:9)

#39 (Malaquías)

El servicio bien hecho comienza en el corazón del que sirve; no en sus procesos ni en los instrumentos que utiliza.

> «Trajisteis lo hurtado, o cojo, o enfermo, y presentasteis ofrenda. ¿Aceptaré yo eso de vuestra mano? dice Jehová». (Malaquías 1:13)

#40 (Mateo)

Recuerda la Regla de Oro en tu liderazgo: Si quieres que tu gente se interese en su trabajo y en la organización, demuestra que te interesas en ellos como personas.

> «Así que, todas las cosas que queráis que los hombres hagan con vosotros, así también haced vosotros con ellos; porque esto es la ley y los profetas». (Mateo 7:12)

#41 (Marcos)

Las relaciones públicas más valiosas y eficaces van atemperadas por la sinceridad, la humildad y la sencillez.

> «Y les mandó que no lo dijesen a nadie; pero cuanto más les mandaba, tanto más y más lo divulgaban». (Marcos 7:36)

#42 (Lucas)

Los líderes llegan a conocer el verdadero carácter de su gente observando la forma en que se enfrentan a las responsabilidades y a las situaciones difíciles.

> «El que es fiel en lo muy poco, también en lo más es fiel; y el que en lo muy poco es injusto, también en lo más es injusto». (Lucas 16:10)

#43 (Juan)

La posición de un líder mejora cuando cumple lo que promete, habla a los individuos en lugar de dirigirse a los grupos y acepta gentilmente las humillaciones.

> «Es necesario que él crezca, pero que yo mengüe». (Juan 3:30)

#44 (Hechos)

El primer paso hacia el crecimiento de una organización consiste en acumular energía dentro de un equipo de gente muy bien conectada entre sí.

> «Y la multitud de los que habían creído era de un corazón y un alma; y ninguno decía ser suyo propio nada de lo que poseía, sino que tenían todas las cosas en común». (Hechos 4:32)

#45 (Romanos)

Asociarnos con nuestros competidores a corto plazo es la manera más simple de vencerlos a largo plazo.

> «Así que, si tu enemigo tuviere hambre, dale de comer; si tuviere sed, dale de beber; pues haciendo esto, ascuas de fuego amontonarás sobre su cabeza». (Romanos 12:20)

#46 (1 Corintios)

Puesto que la subjetividad echa a perder nuestras decisiones, y no podemos conocer todo lo que sucederá en el futuro, no deberíamos tener temor de parecer insensatos cuando sigamos nuestros propios instintos.

> «Lo necio del mundo escogió Dios, para avergonzar a los sabios; y lo débil del mundo escogió Dios, para avergonzar a lo fuerte».
> (1 Corintios 1:27)

#47 (2 Corintios)

Cuando hay grandes problemas de operación que amenazan con hundir el barco, no basta con establecer prioridades. El líder debe forzar a los empleados a ayudarse unos a otros, y eliminar sin compasión las ineficiencias que haya en los procesos.

> «Para que en este tiempo, con igualdad, la abundancia vuestra supla la escasez de ellos, para que también la abundancia de ellos supla la necesidad vuestra, para que haya igualdad». (2 Corintios 8:14)

#48 (Gálatas)

La mejor manera de dar es la que forma parte de tu modelo estratégico, en lugar de ser una simple inversión en relaciones públicas positivas.

> «Solamente nos pidieron que nos acordásemos de los pobres; lo cual también procuré con diligencia hacer». (Gálatas 2:10)

#49 (Efesios)

Planifica las reacciones de tu compañía ante los desastres ambientales, los delitos violentos y las fuerzas debilitadoras del mercado.

> «Sobre todo, tomad el escudo de la fe, con que podáis apagar todos los dardos de fuego del maligno». (Efesios 6:16)

#50 (Filipenses)

Antes de contratar a una estrella que nadie conoce, busca los diamantes que hay en tu compañía y que necesitan que los tallen, y en especial la gente que tiene la reputación de ayudar a otros a triunfar.

> «Nada hagáis por contienda o por vanagloria; antes bien con humildad, estimando cada uno a los demás como superiores a él mismo». (Filipenses 2:3)

#51 (Colosenses)

No conviertas en un ídolo la sabiduría que lees, escuchas o experimentas. Sé suficiente líder para ponerla en tela de juicio o aplicar solo una parte de ella.

> «Y esto lo digo para que nadie os engañe con palabras persuasivas». (Colosenses 2:4)

#52 (1 Tesalonicenses)

Multiplica la energía humana productiva no desperdiciando el tiempo de tu gente, no haciendo demasiado caso de las normas que no sean razonables e imponiendo la paz.

> «Os rogamos, hermanos [...] que procuréis tener tranquilidad, y ocuparos en vuestros negocios, y trabajar con vuestras manos [...] a fin de que os conduzcáis honradamente para con los de afuera, y no tengáis necesidad de nada». (1 Tesalonicenses 4:10-12)

#53 (2 Tesalonicenses)

El líder híbrido diagnostica una situación, discierne el estilo de liderazgo que se necesita y lo aplica de acuerdo a sus mejores capacidades.

> «Así que, hermanos, estad firmes, y retened la doctrina que habéis aprendido, sea por palabra, o por carta nuestra». (2 Tesalonicenses 2:15)

#54 (1 Timoteo)

Los líderes probados y agotados en la batalla son los que sigue la gente.

> «Y éstos también sean sometidos a prueba primero, y entonces ejerzan el diaconado, si son irreprensibles». (1 Timoteo 3:10)

#55 (2 Timoteo)

Al igual que el agricultor, el líder que triunfa comprende las estaciones por las que pasa su organización y le saca partido a su ritmo.

> «El labrador, para participar de los frutos, debe trabajar primero». (2 Timoteo 2:6)

#56 (Tito)

Complementa un enfoque en lo positivo con directrices para enfrentarse a lo negativo.

> «Evita las cuestiones necias, y genealogías, y contenciones, y discusiones acerca de la ley; porque son vanas y sin provecho. Al hombre que cause divisiones, después de una y otra amonestación deséchalo». (Tito 3:9-10)

#57 (Filemón)

Cuando estés resolviendo un conflicto entre los miembros del equipo, ve saltando entre la autoridad que tienes sobre ellos, y tus relaciones personales con ambas partes.

> «Te he escrito confiando en tu obediencia, sabiendo que harás aun más de lo que te digo». (Filemón 21)

#58 (Hebreos)

El líder que maneja de manera consciente su vida mental, raras veces se verá traicionado por unas microexpresiones que estén en conflicto con sus palabras.

> «Porque la palabra de Dios es viva y eficaz, y más cortante que toda espada de dos filos [...] y discierne los pensamientos y las intenciones del corazón».
> (Hebreos 4:12)

#59 (Santiago)

Para controlar los efectos indeseados de tus palabras: (1) habla menos, (2) purifícate de ambiciones egoístas y de amarguras y (3) no alardees de tus planes; limítate a ejecutarlos.

> «He aquí, ¡cuán grande bosque enciende un pequeño fuego! Y la lengua es un fuego». (Santiago 3:5-6)

#60 (1 Pedro)

Todo líder necesita por lo menos un seguidor que obedezca las órdenes sin hacer preguntas y sin titubear.

> «Estad sujetos con todo respeto a vuestros amos; no solamente a los buenos y afables, sino también a los difíciles de soportar». (1 Pedro 2:18)

#61 (2 Pedro)

Si añadimos a la fe virtud, conocimiento, dominio propio, paciencia, piedad, afecto fraternal y amor, cuando recordemos los sucesos de nuestra vida podremos lanzar un suspiro de satisfacción.

> «Haciendo estas cosas, no caeréis jamás. Porque de esta manera os será otorgada amplia y generosa entrada en el reino eterno». (2 Pedro 1:10-11)

#62 (1 Juan)

El arma menos utilizada contra nuestros temores es el amor.

> «En el amor no hay temor, sino que el perfecto amor echa fuera el temor; porque el temor lleva en sí castigo». (1 Juan 4:18)

#63 (2 Juan)

El líder que se aferra a la verdad y busca el amor encontrará el éxito y la felicidad.

«Sea con vosotros gracia, misericordia y paz, de Dios Padre y del Señor Jesucristo, Hijo del Padre, en verdad y en amor». (2 Juan 3)

#64 (3 Juan)

La gente que siempre está tratando de tener poder, o que reta la autoridad de su líder, necesita un primer flechazo de advertencia. El segundo flechazo debe dar en el blanco.

«Yo he escrito a la Iglesia; pero Diótrefes, al cual le gusta tener el primer lugar entre ellos, no nos recibe». (3 Juan 9)

#65 (Judas)

El líder misericordioso sorprende a sus seguidores con unas reacciones inesperadas ante sus dudas y malas decisiones.

«A algunos que dudan, convencedlos. A otros salvad, arrebatándolos del fuego; y de otros tened misericordia con temor, aborreciendo aun la ropa contaminada por su carne». (Judas 22-23)

#66 (Apocalipsis)

Una organización encuentra su mejor momento cuando su gente se levanta de la debilidad en la emoción de una fortaleza y una visión recién encontradas.

«Yo conozco tus obras; he aquí, he puesto delante de ti una puerta abierta, la cual nadie puede cerrar; porque aunque tienes poca fuerza, has guardado mi palabra, y no has negado mi nombre». (Apocalipsis 3:8)

Notas

1. Véase http://bibleresources.bible.com/Bquotes.php.
2. Véase http://www.mckinseyquarterly.com.
3. Véase http://johnharmstrong.typepad.com/john_h_armstrong_/2006/09/the_death_of_a_.html.
4. Véase http://www.sciencedaily.com/releases/2001/01/010125080258.htm.
5. Véase http://www-csg.army/mil.
6. «Transforming to What We Want to Be», por el general John P. Jumper, en el número de agosto de 2005 de The Boar's Tale.
7. Jim Collins, *Good to Great*, HarperCollins, Nueva York, 2001, p. 86.
8. Véase http://advance.uconn.edu.
9. Véase http://www.tributespaid.com/content/you-have-american-history-one-great-captains.
10. Véase http://www.psa.org.
11. Véase http://www.safety-council.org/news/sc/2000/sept-2k.html.
12. Véase http://www.psa.org.
13. Véase http://www.usatoday.com.
14. Véase http://en.wikipedia.org.
15. Véase http://en.wikipedia.org.
16. Véase http://en.wikipedia.org.
17. Véase http://media.gallup.com/DOCUMENTS/whitePaper-Well-BeingInTheWorkplace.pdf.
18. Véase http://www.hbsp.harvard.edu.
19. *Ibíd*.
20. Véase http://www.ceopen.com/march_2005/100year.html.
21. Arie de Geus, *The Living Company, Harvard Business School Press, 1997 (Publicado en español con el título La empresa viviente*).
22. Véase http://www.brainyquote.com/quotes/authors/p/peter_f_drucker.html.
23. Bertrand de Jouvenel, *The Art of Conjecture*, Weidenfield and Nicolson LTD, 1900.
24. Véase http://www.fastcompany.com/magazine/51/offsite.html.
25. Véase http://www.inc.com/resources/leadership/articles/20070301/dao.html.
26. Phil Rosenzweig, *The Halo Effect, Free Press, Nueva York, 2007.*
27. *Ibíd*.
28. Véase http://money.cnn.com/2008/01/28/news/companies/google.qa.fortune/index.htm.

29. Véase http://www.aare.edu.au/03pap/fie03612.pdf.
30. Phil Rosenzweig, *The Halo Effect*, Free Press, Nueva York, 2007, p. 126.
31. Véase http://www.msnbc.msn.com/id/24165010.
32. Véase http://archives.cnn.com/2002.
33. Véase http://raystedman.org/daily-devotions/psalms.
34. Véase http://www.nytimes.com/2005/08/16/science/16qna.html.
35. Daniel Levitin, *This Is Your Brain on Music*, Penguin Group, Nueva York, 2007.
36. Véase http://thinkexist.com/quotation/if_i_were_not_a_physicist.i_would_probably_be_a/12641.html.
37. Véase http://www.nytimes.com/2006/01/31/science/31essa.html.
38. Véase http://www.cerebromente.org.br/n15/mente/musica.html.
39. Véase http://ezinearticles.com/?Music-in-the-Workplace&id=564815.
40. Véase http://www.pbc.org/files/messages/3077/0222.html.
41. Véase las citas de www.vincelombardi.com.
42. *Ibíd*.
43. Véase http://www.macobserver.com.
44. Véase http://www.fastcompany.com/magazine/34/one.html.
45. Véase http://www.macobserver.com.
46. Véase http://discussionleader.hbsp.com/taylor/2008/06/why_37signals_works_to_one_dow.html.
47. *Ibíd*.
48. Véase http://hbswk.hbs.edu/item/4823.html.
49. Véase http://www.managesmarter.com/msg/content_display/management/e3iea611acf871335b6445df43da1889bcc.
50. Véase http://www.thetowntalk.com.
51. Gostick y Elton, *The Carrot Principles*, Free Press, Nueva York, 2007.
52. Véase http://www.bloomberg.com/apps/news?pid=20601080&sid=alki97_F5nY8&refer=asia.
53. Véase http://www.businessweek.com/managing/content/aug2008/ca2008085_228120.htm.
54. Véase http://blueleterrible.org/Comm/ray_stedman/adv/adv_amo.html.
55. Véase http://howto.wired.com/wiki/Feign_Sincerity.
56. Véase http://www.time.com.
57. Aarón Ben-Ze'ev, *The Subtlety of Emotions, MIT Press, Cambridge, 2000.*

58. Stefan Klein, *The Science of Happiness*, Marlowe & Company, Nueva York, 2006.
59. Véase http://www.summary.com.
60. Véase http://sethgodin.typepad.com/seths_blog/2008/10/page/2.
61. Jim Collins, *Built to Last*, HarperCollins, Nueva York, 1994, capítulo 2.
62. Véase http://www.deloitte.com/view/en_US/us/Services/consulting/6573ef62bc827210VgnVCM100000ba42f00aRCRD.htm.
63. Véase http://www.winstonchurchill.org/learn/speeches/speeches-of-winston-churchill/103-never-give-in.
64. Véase http://www.americanrhetoric.com/speeches/mlkihaveadream.htm.
65. «Watch, Don't Listen», *Quirk's Marketing Research Review, 2003.*
66. *Ibíd.*
67. Véase http://www.turnaround.org.
68. Véase http://www.nba.com/timberwolves.
69. Jack Stack, *A Stake in the Outcome*, Currency, 2002.
70. Relatado por Bob Burton en PRwatch.org.
71. Véase http://www.msnbc.msn.com.
72. Heike Bruch y Sumantra Ghoshal, «Unleashing Organizational Energy», MIT Sloan Management Review, otoño de 2003.
73. Véase http://hbr.org/product/manage-your-energy-not-your-time/an/R0710B-PDF-ENG.
74. Jim Mackey y Liisa Välikangas, «The Myth of Unbounded Growth», *MIT Sloan Management Review, invierno de 2004, vol. 45, n.º* 2, pp. 89-92.
75. Andreas B. Eisingerich y Leslie Boehm, «Group Analysis», *MIT Sloan Management Review*, 14 de septiembre de 2007.
76. W. Chan Kim y Renée Mauborgne, *Blue Ocean Strategy*, Harvard Business School Press, 2005, p. 17.
77. John E. Treat, George E. Thibault y Amy Asin, *The Rise and Fall of Strategic Planning*, Free Press, Nueva York, 1994.
78. Sydney Finkelstein, *Why Smart Executives Fail*, Portfolio Trade, 2004.
79. Véase http://www.beginnertriathlete.com/cms/article-detail.asp?articleid=1192.
80. *Ibíd.*
81. Véase http://www.brycchancarey.com/abolition/wilberforce2.htm.
82. Véase http://www.continuitycentral.com.
83. Véase http://www.avalanche.org.
84. Véase http://www.virginia.edu/uvatoday/newsRelease.php?id=2972.

85. La conferencia «Time Out» de 2007, según cita de Bob Buford en su circular ActiveEnergy.net, edición de 26/10/07.
86. Phil Rosenzweig, *The Halo Effect*, Free Press, Nueva York, 2007.
87. Véase http://www.brainyquote.com/quotes/authors/r/robert_e_lee.html.
88. Véase http://www.quotedb.com/quotes/3308.
89. George Barna, *A Fish Out of Water*, Integrity Publishers, Brentwood, TN, 2002.
90. Véase http://www.economist.com/people/displaystory.cfm?story_id=12926536.
91. Véase http://www.finchannel.com/index.php?option=com_content&task=view&id=24976&Itemid=1.
92. Molly Hennessy-Fiske, «Tuskegee Airmen's dual fight», LA Times, publicado de nuevo en el Courier-Journal, 18/01/09.
93. David Barton, *The Bulletproof George Washington*, WallBuilders Press, 1990.
94. Véase http://www.managesmarter.com.
95. Véase http://query.nytimes.com/mem/archive-free/pdf?res=9507E4DF1F3EE233A25751C2A96F9C946697D6CF.
96. Véase http://economics.about.com/od/americanagriculture/a/farm_business.htm.
97. Véase http://planning.lbcc.edu/Resources/Teamwork/want_collaboration.pdf.
98. Véase http://thinkexist.com/quotation/without_forgiveness_life_is_governed_by_an/177996.html.
99. Véase http://www.iama.org.au/mediation.htm.
100. Véase http://www.news.solftpedia.com.
101. Véase http://freedom.businessweek.com/?fr_story=63bef5b71b8cd4ebe416cc3d7c523134d61162e4.
102. Véase http://www.nytimes.com/2009/02/15/weekinreview/15marsh.html?_r=1.
103. Véase http://www.paulekman.com.
104. Véase http://www.forbes.com/2009/04/14/trappist-business-lessons-leadership-management-mepkin2.html.
105. Véase http://thinkexist.com/quotation/no_man_has_ever_risen_to_the_real_stature_of/298707.html.
106. Elbert Hubbard, folleto «A Message to García».
107. Véase http://umich.edu/~aos/WolfLeslau.html.
108. Bob Buford, *Finishing Well*, Integrity Publishers, Brentwood, TN, 2004, p. 124.
109. Véase http://www.brainyquote.com/quotes/r/robertele-402201.html.

110. Chris Clarke-Epstein, *78 Important Questions Every Leader should Ask and Answer*, AMACON, Nueva York, 2002.
111. Jessica C. McWade, «Weighing the Cost of Abuse», Boston Business Journal, 5/27/2005.
112. Véase http://www.macobserver.com.
113. Véase http://www.nytimes.com.
114. Véase http://nbcsports.msnbc.com/id/24392612./
115. *Ibíd*.
116. John Kador, *Effective Apology: Mending Fences, Building Bridges, and Restoring Trust*, Berrett-Koehler, San Francisco, 2009.
117. Véase http://www.theatlantic.com/doc/200906/happiness.
118. Véase http://www.nytimes.com/2009/05/24/business/24collins.html?pagewanted=print.
119. Véase http://www.imd.ch/research/challenges/TC082-08.cfm?bhcp=1.
120. *Ibíd*.
121. Véase http://www.moneymorning.com/2008/12/23/us-ceo.
122. Véase http://hbr.harvardbusiness.org/2007/01/moments-of-truth/ar/1.
123. Véase http://online.wsj.com/article_email/SB111196625830690477.IZjgYNklaB4o52sbHmla62Im4.html.
124. Véase http://johnmaxwellonleadership.com/2009/03/20/seeking-creativity-in-its-natural-habitat.
125. Véase http://www.imd.ch/research/challenges/TC055-08.cfm?bhcp=1.
126. Véase http://www.ft.com/cms/s/0/72885602-9196-11dd-b5cd-0000779fd18c.html.
127. Véase http://www.marchallmcluhan.com/poster.html.

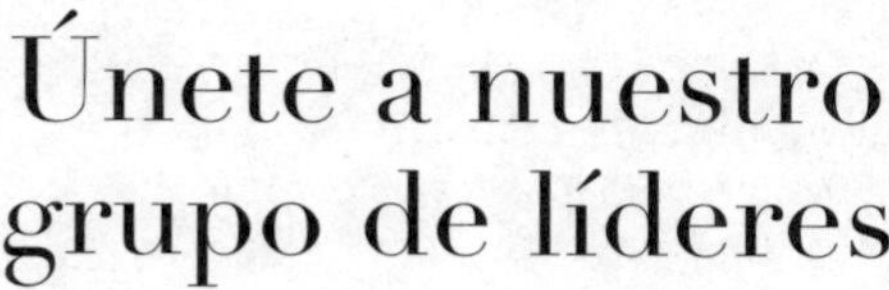

Únete a nuestro grupo de líderes

He creado un grupo de discusión en Linkedin llamado «Biblical Leadership Principles», y me encantaría conocer tus experiencias en el foso de los leones. Para hallar el grupo, solo tienes que escribir su nombre en el campo de búsqueda de linkedin.com.

Te conectarás y aprenderás con otros líderes que están probando las enseñanzas bíblicas al respecto. He descubierto que esto alienta en gran medida, además de ser una forma estupenda de que el grupo comparta artículos y recursos para el liderazgo.

Te puedes comunicar conmigo en:

www.linkedin.com/in/tomrharper

www.twitter.com/in/tomrharper